古びた未来をどう壊す？

世界を書き換える「ストーリー」のつくり方とつかい方

Dohjin Miyamoto
宮本道人

光文社

はじめに

「未来は変えられない」と、あきらめているあなたへ

「未来」って、皆さんにとって、どういうものですか？

科学技術が進歩したらスゴいことができるようになるのかな、とワクワクする人もいれば、先のことを考えるだけで不安になる人もいるでしょう。

未来がどうなるかなんてわからないのだから、時の流れに身を任せるしかない、とクールに考えている人もいるかもしれません。

いずれにせよ、「未来」は、自分ではコントロールしようのない大きな力で決まるもの、運命や宿命のようなもの――と思っている人は多いのではないでしょうか。

あるいは、かつては未来が楽しみだったけど、そう思えなくなってしまった、という人もいるかもしれません。たとえば、こんな感覚に覚えはないでしょうか？

- **やりたかったことを実現したら、燃え尽きて次の目標がなくなってしまった。**
- **目標に向かって頑張ってきたけど、思ったほど変化がなくて、疲れてしまった。**

◉ほしいと思っていたものを、いざ手に入れたらすぐに飽きてしまった。

◉日常がマンネリ化していて、未来もこの繰り返しかと思うとうんざりしてしまう。

——。

未来をもっとよくしたいと思っても、自分ひとりの力で変えられることなんて限られている

そんな、開き直りのような、あきらめのような思いを漠然《ばくぜん》と抱えている人はけっこういます。

そういう人は、「未来」に対して、はるか遠くから近づいてくる未知のもの、というイメージを抱いていると思います。最初は「点」にしか見えなかったものが、だんだん大きくなってきて、いざ近くでじっくり見てみると、期待していたものじゃなかった……という感じ。

でも、未来って、本当にそういうものでしょうか?

僕は違うと思います。

未来はいつもあなたの目の前にあって、自由にさわったり、いじくって変形させたりできます。でも「未来がいじくれる」「未来はどんどん変えられる」なんて思ってない人がほとんどで、みんなそのチャンスに気づかずに平々凡々とした日々を送っています。

すぐそばにあるのに見えないのはなぜか?

それは、目の前に**「古びた未来」**が立ちはだかって視界をふさいでいるからです。この本は、そんな「古びた未来」をどう壊すかを考えるために書きました。

3つの「古びた未来」に対抗する

といっても、「古びた未来」ってなんだそりゃ、と思いますよね。実はこの言葉には、3つの意味を込めています。

古びた未来❶——固定観念でガチガチの未来

ひとつ目は、固定観念から生まれた未来像です。世の中にあふれる「専門家による未来予想」は、だいたいこれです。

皆さんも、色んなジャンルの専門家の未来予想を聞いて「なるほど、未来はそうなるのか！」と思ったことがあるでしょう。株の専門家は株価を予想するし、ファッションの専門家はトレンドを予想するし、野球の解説者は優勝チームを予想します。

専門家は、当然そのジャンルに詳しいので、そういう人の予想は、いかにも当たりそうです。もちろん、当たることもあります。でも「あれ？　全然当たってないじゃん」と肩透《す》かしをくらった経験も、けっこうあるのではないでしょうか。

そう、実は専門家の予想は意外に当たりません。『専門家の予測はサルにも劣る』という本があるぐらいです。専門家は知識が豊富です。だからこそ未来を当てられないのです。

というのも、知識の主成分は「過去」です。過去と同じ条件がこれからも続けば、知識に基づく未来予想はそこそこ当たるでしょう。でも、条件が変わった瞬間、知識は何の役にも立たない固定観念になってしまいます。

「あらゆる未来を乗りこなしたい」と考える人は、「何が何でも未来を当てよう」という欲望に駆られて知識やデータなどの「ファクト」を集めがちです。しかし、「ファクト」は当然ですが過去に基づくものばかりなので、知識やデータに頼れば頼るほど、未来予想が過去からの影響を強く受けることになります。

つまり、固定観念に縛られたありきたりでどこかで見たような「古びた未来」になりやすいのです。

古びた未来❷——いったんレールが敷かれた未来

2つ目は、一度決めた方針によって、変化しにくくなった未来像です。

たとえば「将来、こんな仕事がしたい」という夢をあなたが持ったとします。その夢を宣言すれば、家族や友人は、きっと応援してくれるでしょう。しかし、途中で他のことに興味が湧《わ》いてきたとしたら？　せっかく応援してくれた人たちをがっかりさせちゃうかも……と思うと、何となく「やっぱり、あの夢を追うのはやめました」とは言いにくい。こうして、一度決めたことが「圧」として作用してしまうことは少なくありません。

「思いつきで成功しました」という人より、「小さい頃からの夢をかなえました！」という人の方を「スゴい」と感じてしまうのが人情です。だから自分も「変える人」より「変えない人」、初志貫徹《しょしかんてつ》した人でありたいと思ってしまう。でも、そのせいで「変えないこと」が目的になってしまうとしたら、あまりに不自由です。

会社も同じで、「長期的な視点が大事」とか「一貫したビジョンが必要」とかいわれます。確かに、経営者がコロコロと方針を変えたら現場は振り回されてしまいます。しかし、時には思い切って方針を転換することも必要です。

たとえば、コロナ禍のような思いもよらない変化が訪れたとき、「人と人とのふれあいこそがわが社の伝統」と、かたくなにリモート勤務やリモート営業を導入しないでいたらどうでしょう？　さまざまな弊害《へいがい》を招くことになってしまいます。

一度決めたことを貫き通すのにこだわりすぎると、無難な姿勢になり、チャレンジができなくなることもあるのです。

古びた未来❸——一部の人が決めた未来

3つ目は「一部の人」が決めて、他の人に押しつける未来像です。

たとえば、子どもの進路や就職先まで、勝手に「期待」してくる親がいます。部活などでも「○○大会○連覇！」みたいな目標を、部員の気持ちを無視してがむしゃらに目指させる指導者がいたりしますよね。立派なビジョンを掲げている会社でも、それが現場で働く人の思いを反映していない、ということはよくあります。

勉強したり、練習したり、働いたりするのは自分なのに、「目指すべき」とされる未来像は誰かが決めてしまう――。そのために悲しい思いをした経験は、誰にでもあるのではないでしょうか。ここでは、「未来像を与える側」と「未来像が与えられる側」が分断されています。

難しいのは、未来像を与える側は、それを「当たり前」と考えて疑問視していないこと。むしろ「善意」と信じていることも少なくありません。でも、自分が作った未来像を他人に押しつけることができるのは、明らかに「特権」です。そんな特権を持つ人は、他人が未来を語ることを無意識に制限しようとします。

僕自身、「手を動かしていない人間は未来を語るな」みたいに言われて悲しい思いをしたことがあります。ＳＮＳでそういう言説がバズっているのもよく見ます。なにかスゴい人間が放つスゴい発言に見えるのかもしれませんが、実はこういった物言いこそが典型的な特権者の振る舞いで、自覚のあるなしに関わらず、他人の口をふさいで、自分だけが「与える側」でいようとするんですね。

国の法律や政策を決めるような会議でも、出席しているメンバーが高齢の男性ばかり、というケースは今でも少なくありません。これでは未来像が偏ってしまって当然です。

つまり、知らず知らずのうちに、たくさんの人が「自由に未来を語ること」から遠ざけられて、古びた未来に縛られているという現実があります。

どうでしょう？

「古びた未来」は、意外に身近にはびこっているなぁ、と感じませんか？　こうした古びた未来に囲まれていると、ブッ飛んだ未来像が生まれにくくなります。自分だけのオリジナルな未来像を考えるのが難しくなるのです。

では、この状況を打破することはできるのでしょうか？

――できます。

「ハズレる未来予想」を作ったり、使ったりすればいいのです。

再び、なんだそりゃ、と思われたでしょうか。

「当たる未来予想」の作り方なら知りたいけれど、ハズレる未来予想なんて何の役にも立たないよ、という意見もあると思います。でも僕は**「ハズレる未来予想」こそがめちゃめちゃ重要だ**、と声を大にして言いたいのです。

「ハズレる」にも3つの意味を込めました。そう、「古びた未来」に対抗するためです。

❶固定観念からハズレる
❷いったん敷いたレールからハズレる

❸ 一部の人の思惑からハズレる

過去の亡霊みたいな固定観念とか、いったん敷いたレールとか、一部の人が勝手に作った「古びた未来」から、どんどん遠ざかっていこう！

というのが本書の主張です。

そして僕は、**ブッ飛んだイノベーティブな未来を、いつでも、いくつでも、気軽に、誰もが語れるようになる方法**を、この本を通して皆さんに配りたいと思っています。

「ハズレる未来予想」をストーリーで作ろう

では、どうすれば「ハズレる未来予想」が作れるのでしょうか。

ストーリーの力を使おう、というのが本書の提案です。

近年、ストーリーの力は**「ナラティブ」**と呼ばれ、重要視されています。たとえば、2022の東京大学の入学式で、藤井輝夫《ふじいてるお》総長は、式辞でナラティブの意義を強調しています。一部を引用してみましょう。

ナラティブとは、もともと文学研究の領域で発展した理論でしたが、いまでは広く臨床心理や教育・ビジネスの分野で使われています。（中略）ナラティブは、それぞれの個人の認識のなかで、世界のありかたそのものを規定し、社会のなかでどう行動することが望ましいのかという価値そのものを決めているわけです。人びとがつくりあげ、人びとの理解をしばる物語であるからこそ、また自分たちで変え、自分たちが考えるなかで別なナラティブを生みだしていくこともできます。臨床心理学の領域では、症状に苦しむ患者の理解を支配している物語のことを「ドミナント」なナラティブととらえ、その思いこみを解除する「オルタナティブ」な物語を、対話のなかで探ろうとします。「ナラティブ」とは、まさにそうした実践そのものだといってよいでしょう。

表現はちょっと難解《なんかい》ですが、ここでは、**既存の物語を、自分たちで新しく書き換えていくことが重要だ、**ということが語られています。そして、ここで「人びとの理解をしばる物語」『ドミナント』なナラティブ」と言われているものは、僕が言う「古びた未来」とほぼ同じです。それを「ハズレる未来予想」という新しいナラティブで書き換えていくのです。

なぜ、ストーリーの力を応用すれば「ハズレる未来予想」を作ることができるのか、ということ、「未来」は「今」にとって常にフィクションだからです。

そもそも、細部まで当たる未来予想なんて、一つもありません。

結果的に予想が当たったとしても、予想した時点では、それが当たるかどうかは誰にも分かりません。その瞬間が来るまでは「ハズレるかもしれない未来予想」でしかありません。つまりそれはフィクション、虚構です。

それなら、未来を「今の続き」と考えず、最初からフィクションとして発想してみる。すると「ハズレる未来予想」が生まれてくるはずです。

そして、フィクションの数あるジャンルのなかでも「ハズレる未来予想」にピッタリなのが「ＳＦ」、つまり「サイエンス・フィクション」です。なぜなら、ＳＦはずっと未来について考えてきたジャンルだからです。

「ＳＦプロトタイピング」という言葉を聞いたことがあるでしょうか。

もともとはインテルの未来学者、ブライアン・デイビッド・ジョンソンが生み出した概念で、日本でも最近注目されるようになりました。簡単にいうと、**「フィクションの力を活用し、斜め上の未来ビジョンの試作品を創作・議論・共有する手法」**です。もうちょっと噛《か》み砕《くだ》くと、**「簡単なＳＦを作りながら未来像をみんなで語ろう」**みたいな考え方ですね。

日本でも２０２０年ごろから、産（企業）、官（政府や地方公共団体など）、学（大学など教育・研究機関）の幅広い領域でＳＦプロトタイピングが試されるようになりました。

かくいう僕自身が、三菱総合研究所、農林水産省、筑波大学など、産官学にわたるＳＦプロトタイピングのプロジェクトをサポートしてきました。

こうした実践の中で、僕自身も試行錯誤《しこうさくご》を繰り返し、オリジナルな方法をさまざまに編《あ》み出してきたし、他の実践者からもさまざまな方法論を聞いてきました。

ただし、「ハズレる未来像」の作り方、使い方を体系的に説明した本は、日本にも、世界にも、まだありません。それにチャレンジしたのが本書です。

特に力を入れたのは、**「ハズレる未来像」を現実にどう役立てるか**、という部分です。

というのも「SFプロトタイピング」では、どうしても「未来像をつくる」ことに重心が置かれます。そのため、せっかく作った「ハズレる未来像」をどう使うのか、という部分が置き去りになりがちなのです。

SFのようなブッ飛んだ未来像も、要素を分解し、そこから逆算して「やるべきこと」「できること」を考えていけば、現実に役に立てられるし、未来も変えられます。

ただし、それにはコツがあります。SFプロトタイピングで「未来像をつくる」時、現実の制約から自由になって、ブッ飛んだフィクションとして発想することが大事なように、「未来像をつかう」時も、現実に迎合《げいごう》して真面目になってしまわず、あくまでブッ飛んだフィクションのまま、扱うことが大事なのです。

本書では、これを**「SFバックキャスティング」**と命名し、そのプロセスをメソッド化しました。過去に誰も説明していない、本書オリジナルの考え方です。

本書の構成

SFプロトタイピングで「ハズレる未来像」を作るとイノベーションが起こせる。そして、SFバックキャスティングで「ハズレる未来像」を使うことでもイノベーションが起こせる。それが本書を貫く軸です。そのために「ハズレる未来像」を、作って、使いこなしていく方法を、本書では全7部に分けて紹介していきます。

まず第1部では「フィクションの持つ力」について考えます。フィクションが人間の文明を発展させてきた様子を、はるか古代から振り返るとともに、未来を考えるためにはフィクションの中でも特に「SF」が重要であることを示します。

続く第2部では「対話を生み出すフィクション」というSFの特性を掘り下げます。また、「SFプロトタイピング」という手法が生まれて、広がってきた経緯を説明します。

第3部では、「世界を書き換えるストーリーのつくり方、つかい方」という、本書のテーマの全体像を解説します。未来像を作るプロセスである「SFプロトタイピング」と、未来像を活用するプロセスである「SFバックキャスティング」をそれぞれ説明し、2つを合わせた思考法「SF思考」の全体像を示します。SFを使って何ができるのか、また、使うためにはどんな準備をすればいいのか、ここを読めばわかっていただけると思います。

具体的な実践方法を解説するのは、第4部から第7部です。

まず第4部では「SFプロトタイピング」のワークショップの方法論をあれこれ紹介します。そして第5部では、実際にSF作品として仕上げるための方法と、作例を紹介します。

同様に、第6部では「SFバックキャスティング」のワークショップの方法論を、第7部では、SFから逆算して得られたヒントやビジョンを現実化する方法を紹介します。

この本に沿《そ》って、考えたり、動いたりすれば、誰だって古びた未来を壊せます。

なんだか先が見えないな……。という気分になったら、この本のどこかをテキトーに開くだけでも、きっとヒントが見つかると思います。

「世界を書き換える」なんてデカめの看板をサブタイトルに掲げていますが、気負う必要は何もありません。

自分の将来の姿を自由に思い描いたり、友達に聞かせたらウケる面白い未来ストーリーを考えたり……。そんなちょっとしたことも、立派な世界の変え方です。

「ハズレる未来像」こそが、周囲を変えていく。

その可能性を、一緒に考えていきましょう。

第2部 対話はＳＦになり、ＳＦは古びた未来を壊す

第5部
未来ストーリーを「あらわす」
——世界観とプロットを「ＳＦ作品」に仕上げる

第6部 未来ストーリーを「つかう」 ――フィクションを要素分解し、現実とのリンクを探す

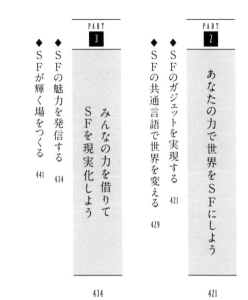

第1部

未来は「ストーリー」によって作られる

INTRODUCTION

小さなおはなしに潜む、大きな力

僕が小さかったころ、おばあちゃんはうちに遊びに来るたび、いつも夜寝る前に「おはなし」をしてくれました。

ベッドから抜け出した僕とおばあちゃんが、うちの飼い猫の背に乗って、窓辺から飛んで月夜をさまよって、ピラミッドにたどり着く。たとえばそんな幻想的なおはなしです。

おばあちゃんはおはなしの達人で、僕のリクエストや質問に応えてその場でアレンジをしつつ、毎回のように違うおはなしをしてくれました。

その日いっしょに見たTV番組や、最近おばあちゃんが読んだ本の内容、子どもにはなじみ深い童話のストーリーなど、いろいろなトピックをごった煮的におはなしに投げ込み、僕がいちばん楽しめるよう、工夫をこらしてくれていたのです。

それは、僕とおばあちゃんの2人でつくる、2人だけのためのおはなしでした。

月日が経ち、僕は大人になり、おばあちゃんは5年前に亡くなりました。

そのとき、僕は「ああ、あのときのおはなしをぜんぶ記録しておけば良かったな」と後悔しました。

でももちろん、そんなことができないからこそ、物語が徹底的に自由で、面白かったのだと思います。

翌朝にはすっかり忘れ去られて、二度と再現できない無数のおはなし。取るに足らない、**小さなおはなし**。でも、僕の人生にいちばん影響を与えたフィクションとは、どう考えてもおばあちゃんが語ってくれたこれらのおはなしなのです。

現実の僕はただ布団にくるまっているだけだとしても、空想は驚くほど自由で、どこまでも遠いところまで飛んでいける。どんなことでも実現できるし、何にでもなれる。そう最初に教えてくれたのが、ほかでもないおばあちゃんのおはなしだったからです。

おはなしには、そういう力があります。

世の中には素晴《すば》らしいおはなしがあふれています。迫力たっぷりのハリウッド映画、奇想天外なファンタジー小説、人間離れした超人が活躍するアクションコミック、広大な宇宙を舞台にしたSFアニメ……。でも、これらの**大きなおはなし**は、実はフィクションの世界のごく一部です。

世の中を見渡せば、タイトルもない、尻きれトンボの、いい加減な、だけどとびきり面白い、無数の小さなおはなしが作られては消えています。

家族が近況を心配して送ってくれた手紙や、結婚式のために友達が作ってくれたムービーの方が、偉大な映画や文学より人生に残るってこと、きっとよくありますよね？

僕はそんなオーダーメイドの「小さなおはなし」たちが大好きで、その力はもっと注目されてもいいんじゃないか、なんとか日の目を浴びせられないかと、ずっと考えてきました。

そして、今の僕は**おはなしの力を分析し、どうやったらおはなしを使いこなせるか**を研究や仕事として考えています。

企業、大学、自治体などと一緒に共同でおはなしを作ることもしています。特にＳＦの枠組みを応用することが多いため、こうした考え方の一部は「ＳＦプロトタイピング」「ＳＦ思考」という名前で呼ばれています。

ビジネスや教育の役に立つ、という観点から、メディアでもたびたび取り上げられるようになったため、「新しい考え方」「特別な手法」というイメージで捉えている人も多いと思います。もちろんそれも間違いではないのですが、僕の根本にある考えは、小さいころからあまり変わっていません。

誰かといっしょに、面白いおはなしを作れたらいいな。

それだけの思いで、僕は動いています。

本書は、そんな**「おはなしの使い方のおはなし」**を書いた本です。

目の前の現実にうんざりしていたり、落ち込んでいたり、がっかりしていたり、辛《つら》い思いをしている人も多いと思います。でもその現実のすぐ隣には、どこまでも広がるおはなしの豊《ほう》饒《じょう》な世界があります。

おはなしが好きな方も、おはなしの価値がまだよくわからないという方も、ぜひ気軽な気持ちで読んでいただければ幸いです。

では、しょっぱなの第1部ではまず、おはなし（フィクション）にはどんな力があるのか、について考えてみたいと思います。

PART 1

古びた未来を壊すためには「マジメに未来を考えない」ことが重要

閉塞感を生む「未来圧」

皆さんのまわりで、最近こんなことはありませんでしたか？

- パートナーから「自分のことだけじゃなくて私たちの家族の将来のことも考えて仕事を選んでよ」と言われた
- 先生から「ちゃんと将来のことを考えて勉強しなさい」と言われた
- 上司から「目の前の仕事をするだけじゃなくて、この先デカくなりそうな新規事業のアイデアを出して」と言われた
- ウェブで「老後に備えて資産運用を考えましょう」という記事を目にした
- ＴＶで「ＳＤＧｓを意識して、持続可能な未来を作ろう」と言っているのを聞いた

これらはどれも「未来」に関する圧力です。

未来について、もっとよく考えるべきだ——。

今、そんな有形無形の**未来圧**[※1]が世界中で高まっています。未来という言葉が直接入っていなくても、「ビジョンを描こう」「夢を持とう」というメッセージは四方八方から聞こえてきますよね。

確かにそれらは正論です。先のことを一切考えずに遊び呆《ほう》けていたら、立派な大人にはなれないでしょうし、資源をバンバン使い捨てていたら、地球環境がめちゃくちゃになって人間が住める場所はなくなるでしょう。

だとしても「未来を考えることは、問答無用《もんどうむよう》に良いことだ」といわんばかりの言葉に、つい重苦しい圧を感じてしまう人もいるのではないでしょうか。[※2]

その気持ち、僕もよくわかります。

結局のところ、未来がどうなるかなんて誰にもわかりません。だから、「未来を考えろ」と迫《せま》る人が「未来を考える正しい方法」をセットで示してくれることはありません。たいていの場合、やたら抽象度の高い理想論か、根拠の不確《ふたし》かな個人的な予想を押しつけてくるだけです。

にもかかわらず、「未来を考えないこと」の代償《だいしょう》は「人生」だったり「地球」だったりして、やたらと重い。方法のあいまいさと、課される責任の重さにあり得ないほどのギャップがあるのです。真面目な人ほど悩んでしまうのも当然でしょう。

こうして、多くの人が**未来疲れ**[※3]に陥《おちい》って、モヤモヤと悩むことになります。僕のもとにも、そんな悩める人たちからの相談がよく寄せられます。みんな、切実な顔で答えを求め、こう聞いてくるのです。

どうやって未来について考えればいいんでしょうか？

そんな皆さんの悩みを解決することを目指して、僕は本書を書くことにしました。

マジメに未来を予想しても、「古びた未来」しか手に入らない

その悩みに答える前に、そもそもの前提を少し疑ってみたいと思います。まず、こんな問いから始めてみましょう。

マジメに未来を予想することは、今の自分にとって現実的にトクになるのか？

ここで大事なのは、「**マジメに**」「**今の自分にとって**」という部分です。

未来を考えることが、**未来の社会や未来の自分にとって**重要なのは、いうまでもありません。明日のことを何も考えず、毎日持ち金をすべて使い果たしていたら、明日の自分は確実に困ります。短期的利益だけでなく、長期的利益を気にしなければいけないのは当然です。

しかし、頑張って未来と真剣に向き合ったとしてすぐ得るものはあるのか？　読者の皆さんも、ちょっと立ち止まって自分で答えを考えてみてから、次を読み進んでみて下さい。トクだというなら、どこがトクなのか。ソンだというなら、どこがソンなのか――

……どうですか？　何かしら、考えていただけたでしょうか？

もちろん、唯一絶対の正しい答えはないでしょう。百人いたら、百通りの答えがあっていいと思います。

さて、僕の答えはこうです。

半分ＹＥＳで、半分ＮＯ。

我ながら、とても中途半端な答えです。皆さんを騙《だま》したようでとても申し訳ないのですが、この答えにはけっこう色々な思いを込めたので、順番に説明します。

◉ＹＥＳ、つまり未来を考えることの良い面について

これは、皆さんも実感としてよくご存じだと思います。**「未来を考えています」という姿勢を周囲に見せると、単純に「プラス評価」につながる**のです。

たとえば、大学受験の志望理由書に「これから学ぶ知識を未来にどう役立てたいか」を書いたり、就職活動の面接で「自分のスキルが会社の未来にどう役立つか」を語ったりすることは、合格のための基本的なセオリーです。

友人関係を考えてみても、「いざというときのために貯金しています」とか「ステップアップをめざして資格を取ります」という人がいたら、応援したくなりますよね。

企業活動にも似たようなところがあります。「地球の未来を考えて、目先の利益確保より環境配慮を優先します」という姿勢を社会に見せると、市場価値が上がるのです。

ただし、このYESには留保が必要です。なぜなら、未来を考える人がトクをする社会では、「未来を考える余裕がない人」「未来を考える方法がわからない人」がソンをするからです。

ここでひとつの疑念が頭をもたげてきます。

未来を考えることが、「未来を考えていない人を出し抜く手段」になったとしたら？

残念ながら、これは現実世界で頻繁《ひんぱん》に起こっていることです。未来を考えられなかった人のお金が、未来を考えられた人に流れるというのは、直感的にもわかっていただけるはずです。

未来を考える人が、これに対し「見て見ぬふり」をしていて良いのでしょうか？

これが続けば、「未来を語る」こと自体への不信感が、どんどん増してきてしまいます。そういう人の考える未来を応援したいと、誰が思えるでしょうか？　結局のところ、そういう「未来語り」ならぬ「未来騙《がた》り」は周囲の人を離れさせ、すぐに自分もソンをします。

「未来を考えること」を語る際には、この点に気をつけなくてはなりません。

「未来を作る力」をもっと民主化しなければならない。未来を語り合うための開かれた方法がなくてはならない。[※4]そう僕は思っています。

「何らかの力を持つ一部の人たちが、自分に都合のいい未来を他の人に押し付けて一気にトクをする世界」ではなく、「みんながいろいろな未来を楽しく語り合い、ドキドキしながらそれを少しずつ実現していける世界」を作るべきだ、と思うのです。

◉NO、つまり未来を考えることの悪い面について

さて、今度はそもそも、「未来を考える」ってこと自体に悪い面があるよね、という話をしたいと思います。

未来を考えて、すぐに今の自分に活かそうとする姿勢って、「自分の持つ可能性への視野」を案外狭くしてしまうこともあるのではないでしょうか？

もっと別の側面から話をすると「せっかく考えるなら、そんな未来じゃダメでしょ？」という言い方もできるかもしれません。つまり、「目の前の現実によく似た未来」「現在の続きにありそうな未来」を考えるだけでは意味がないし、そんなに大きなトクも生まれない、と僕は思っているのです。

先ほども触れたように、結局のところ、未来がどうなるかなんて誰にもわかりません。

なのに、やたらと未来圧をかけてくる人は、過去、現在、未来が一直線につながっていることを前提にして未来を語ってきます。「今がこうだから、未来はこうなる。だからこんな準備をしなくちゃいけない」と。

しかし、そのようにして語られる未来って、**未来というより「時計の針が進んだだけの現在」**ではないでしょうか。それも、言ってみれば**「古びた未来」**だと思うのです。だって、すでにわかっている過去の姿に、未来という衣をまとわせただけなのですから。

この手の未来予測は、まっさらのスケジュール帳を予定で塗りつぶしてしまう行為に似ています。余白がないから、イレギュラーなことが起きたときに柔軟に対応できないし、時間が経つにつれて、選べる選択肢がどんどん減っていく。

「未来はこうなるはずだ」と決めつけることで、本来ならさまざまなことを起こし得る未来のポテンシャルを十分に活かせなくなるのです。

……と、こう書いてしまうと、ここまで読んだ方は、未来を考えることなんてマイナス面の方が大きいじゃん！　と思われるかもしれません。

でも、それは違います。僕はこれまでずっと、マイナス面よりプラス面が大きくなるような未来の考え方が作れないか、古びた未来を壊して新しい未来が作れないかを模索《もさく》してきました。

本書を読んでいただければ、そのテクニックがわかっていただけると思います。

たったひとつの夢より、たくさんの可能性

未来圧が高まる中では、「夢」という言葉も取り扱いに注意が必要です。

「夢」と聞くと、多くの人はポジティブな印象を抱き、夢に向かって頑張る人を温かく応援しようとします。しかし**問題は「夢」が「唯一無二のめざすべき姿」になってしまいがちなこと**です。**夢を複数形で考える人は少ない**のです。

野球少年なら甲子園、サッカー少年ならワールドカップ、歌やダンスがうまければ世界のスター、就職すれば出世をめざし、起業するなら一攫千金《いっかくせんきん》……。

どんな分野であれ、「夢」は「ヒエラルキーの頂点になること」と相性がいい。しかし、頂点をめざす以上、夢をかなえられるのはほんの一握りの人だけになってしまいます。

憧れの姿をはっきり思い描き、そこに向かって努力して、実際に夢をつかみとれたなら、それは確かにすごいことです。しかし、そのための条件が「勝ち続けること」だとすると、大部分の人は途中で脱落し、結果的に夢は破れることになります。そして、1%の勝者と99%の敗者に分断されてしまいます。

ひとつの夢だけを支えにしていると、それ以外のことが見えなくなりがちなので、夢がかなえられなかったときのリカバリーや方向転換にも大変な苦労を要します。

ヒエラルキーの頂点＝夢、という構図はわかりやすいので、他人から押しつけられることも少なくありません。**本人の意向を無視して、外部から「夢」が与えられてしまう**のです。

たとえば僕の場合も、大学の物理学科に入ったとき昔からの友人たちから「夢はノーベル賞だね！」とよく無邪気に言われました。もちろんノーベル賞なんて取れたらそれに越したことはないですが、実は中学の頃からずっとライター業に興味があったので、研究者一本でやっていく気は毛頭なく、「みんな直線的な進路を想定しがちなんだなぁ」と不思議に思いました。

このように「夢は○○だね！」と周囲に言われ続けることでその気になり、その夢を一直線にめざしてしまうケースも意外に多いように思います。

また、**世間が期待する道を歩かない人が、「夢に破れた人」として勝手に同情されるケース**もよく目にします。というかこれも僕自身の実体験です。

ここで簡単に自分のキャリアをざっくり紹介しておくと、僕は大学時代に素粒子・原子核物理を学び、大学院でショウジョウバエ幼虫の脳・神経科学を研究し、並行してライター業を始め、博士号取得後にビジネス領域で役に立つワークショップの開発に力を入れ始める、みたいな人生を歩んできました。背後には「科学技術とエンタメと社会の開かれた関係を築きたい」「虚構と現実のつながりを理解したい」という一貫した興味があり、そこからさまざまな可能性を探ってきたのです。

でも、研究ジャンルを変えたというと「前の分野で挫折したんだね」、ライター業を始めたら「理系を諦めるんだね」、ビジネス界に進出したら「アカデミアでやっていけなくて社会でやっていくんだね」と、周囲からさまざまなレッテルを貼られました。みんな、勝手に決めつけて憐《あわ》れむのが大好きなんですよね……。

みなさんも、きっとこの手の経験があるでしょう。

なんだか、不自由だなぁ。閉塞感にまみれた社会、打破したいなぁ。

「夢」からみんな自由になって、自分と社会に潜むたくさんの可能性を追うのが当然の社会になったらいいのに。

僕はこう思っています。きっと一度、「夢」というワードを振り払って生きた方が、あなたの人生は豊かになるはずです。

そして、大事なのは単に**「自分と世界のブッ飛んだ可能性を空想しよう」という姿勢を持つ**ことだと思うのです。それが風穴となって「未来圧」から逃れることができ、新たな視野が立ち上がってくるはずです。

たったひとつの夢にしがみつくより、たくさんの可能性を持っていた方が圧倒的に自由になれる。そんな考えが「古びた未来」を壊すことにつながる、と僕は思っています。

PART 2

フィクションは人類の運命を変えた

フィクションを使いこなす生物種、ホモ・サピエンス

さて、このパートでは、いきなり話題を変えて「フィクションと人類」という壮大なテーマを語っていきたいと思います。

といっても、もちろんここまでの話とまるっきり無関係なわけではありません。

前パートの最後で僕は**「たくさんの可能性を持つことが大切」**と書きました。

そして、たくさんの可能性を生み出す上で、これからお話しする「フィクション」が非常に役に立ちます。

実際、人類はフィクションを通して斜め上の可能性を見出し、成長してきました。

その営みには、現代を生きる我々にも学べるところがたくさんあります。

ここでは、その実例をさまざまな角度から紹介していきたいと思います。

スケールの大きい話になりますが、そもそも**人類は、フィクションから現実を生み出すことで発展してきた生物種**だという考えがあります。

僕たちホモ・サピエンスの祖先が、生まれ故郷のアフリカ大陸を出てユーラシア大陸に広がり始めたのは今から約7万年前のこと。そこから一気に勢力範囲を拡大し、今では地球の至るところで大繁殖し、食物連鎖《しょくもつれんさ》の頂点に君臨《くんりん》し続けています。

なぜ、ホモ・サピエンスだけがここまで圧倒的に繁栄できたのでしょうか？

歴史学者のユヴァル・ノア・ハラリは、世界的なベストセラーになった『サピエンス全史』で、その理由を「虚構」だと語っています。虚構、すなわち「まったく存在しないものについての情報を伝達する能力」があるから、人間は協力できるようになったというのです。

難しいなぁ、わけわからんなぁ、と思われた方もいるかもしれません。

もうちょっと丁寧に説明しましょう。

レストランで１０００円のランチを食べることを想像してみて下さい。ランチの材料になっている野菜も、肉も、パンも、すべてあなたの身体を維持するために大きな役割を果たす、栄養のある食べ物です。

これに対して、あなたがレストランに渡すのは、１０００円札という紙切れ1枚です。ピッとスマホやカードをかざすだけのキャッシュレス払いなら、紙切れさえも渡さないかもしれません。

このやりとりが成立するのは、あなたもレストランも、その紙切れを野菜や肉やパンと同じだけの価値があると信じているからです。でも、その価値は絶対的なものではありません。もし戦争や大災害で国がめちゃくちゃになってしまったら、誰も貨幣《かへい》の価値を保証できなくなって、本当に「単なる紙切れ」になってしまう可能性もあるのです。すると、このやりとりは成立しなくなります。レストランでご飯を食べたいと思っても、あなたが持っている服とか工具のような、実用性のあるものを差し出して物々交換しないといけなくなるでしょう。

つまり**「この紙切れには価値があることにしよう」というお約束**があるから、貨幣経済が成り立っているのです。

貨幣に限らず、国家も、法律も、宗教も、広い意味では同じような「お約束」です。人間社会を成り立たせるために作り出した概念、モノとしての実体のない「虚構」なのです。

これらをコミュニティで共有できたからこそ、協力が可能になり、文明を築《きず》くことができたというのが、ハラリの考えです。

リスク共有とビジネスはフィクションとともに

文字を持たない有史以前の人類が、実際にどんな虚構をどう共有していたのか、正確にはわかりません。それでも「原初のフィクション」について想像をめぐらすことはできます。

たとえば、2017年にインドネシアのスラウェシ島の洞窟で発見された約4万4000年前の壁画は、原初のフィクションを考える上で、とても面白い題材です。

水牛のような動物がたくさん描かれたその壁画は、一見すると狩りの風景の描写です。しかし、よく見ると、現実に存在しない「架空のもの」が描かれています。

明らかに縮尺を無視した超巨体の動物と、くちばしやシッポのついた人間たち……。

壁画を調査したチームは、この壁画を、神話や伝説に基づいて描かれた「世界最古の物語」と見なしています。※5

確かに、今にも動き出しそうなこの壁画を見ていると、「自然に潜《ひそ》むリスクを警告しているのかも?」「集団生活のルールを伝えようとしているのかな?」「神様を讃えているのかも?」など、色んな想像がふくらんできます。

おそらく、人類は太古の昔から、**フィクションをコミュニティで共有することで生き延びてきた**のでしょう。

良い可能性、悪い可能性、さまざまな可能性を、フィクションを通してみんなで模索してきたのです。

「文学」が登場するのは、この壁画の時代から何万年も後のこと。紀元前4000〜3000年に、メソポタミア文明を築いたシュメール人が、文字の起源となる楔形《くさびがた》文字を発明するのを待たなくてはなりません。

ただし、この**楔形文字が誕生する前に、「クレイ・トークン」と呼ばれる記号体系が存在していた**ことが知られています。クレイ（粘土）のトークン（券）という名前の通り、数センチぐらいの小さな粘土片です。

粘土片には、羊、着物、銀、パンなど、いろいろなモノを表す記号が刻まれています。シュメール人たちはこれらを使って、何がどれだけ売買されたかを記録するなど、目の前にないモノの代わりに、一種の証書としてやりとりしていたようなのです。粘土片をモノに見立てることで、物々交換よりも高度で複雑な取引を可能にして、会計システムを運用していたのですね。1000円札のような「お約束」の過去バージョンです。

書字（＝書かれた文字）の起源は、このあたりにあると考えられています。

僕が面白いなぁ、と思うのは、**「読み書き能力」と「ビジネス」が、ある意味ではかなり一緒に発展した**ということです。もちろん、それ以前にも話し言葉はあったでしょうし、物々交換も行われていたでしょう。こうした原始的な取引を、「目の前にないもの」までやりとりできるように引き上げたのが**「見立ての力」**です。

人類は「書字」を手に入れたことで、架空のものをやりとりするビジネスを誕生させたといえるのです。

世界最古の物語を「実用書」として使った王さま

さて、クレイ・トークンの時期を経て、いよいよ楔形文字という書字を手に入れたシュメール人は、粘土板に刻んだ文字で文学を残すようになりました。

特に有名なのが、**世界最古の物語といわれる『ギルガメシュ叙事詩』**です。実在した王、ギルガメシュがモデルといわれますが、中身は完全に神話です。

半神半人のギルガメシュ王が、神様が粘土から作った男、エンキドゥと戦ったり、友情を育んだりしながら成長していく――。その後も怪物と対決したり、神様といさかいを起こしたり、血湧《ちわ》き肉躍《にくおど》る冒険譚《たん》が展開されます。

この物語には、唯一無二の原典があるわけではありません。物語としては紀元前2000年ごろには成立していたようですが、なにしろ文字を記録するメディアが粘土板しかない時代ですから、ほとんどがバラバラになって失われてしまいました。

最もまとまった形で残っているのは、ニネヴェという古代都市のアシュルバニパル王宮跡から、19世紀になって発掘された12枚の粘土板です。

紀元前7世紀にこの地で在位していたアシュルバニパル王が、何百年も前から語りつがれてきたこの古い物語をこよなく愛し、何度も筆写《ひっしゃ》させ、書庫で大切に保管していたため、かなり良好な状態で発掘されたのです。

ハーバード大学教授のマーティン・プフナーは、著書『物語創生』で、アシュルバニパル王が『ギルガメシュ叙事詩』を物語として楽しんだだけでなく、これを極めて重要視し、この物語をお手本にして自らの領土を広げていった様子を紹介しています。

王を神話化した荒唐《こうとう》無稽《むけい》な物語が、後世の王に「実用書」として使われていたのです！

『ギルガメシュ叙事詩』は、近代ヨーロッパにも大きなインパクトを与えました。

1872年、大英博物館で粘土板の解読に取り組んでいたジョージ・スミスが、旧約聖書の「ノアの方舟」とそっくりな大洪水のエピソードを発見したからです。

それまで、旧約聖書こそが「すべての書物の起源」と考えられていたのに、実は先行する物語があり、楔形文字で記されていたというのですから、敬虔なキリスト教徒にとってはすごい衝撃だったことでしょう。

先ほども触れたマーティン・プフナーは、『ギルガメシュ叙事詩』や聖書のように、**社会に大きな影響を及ぼす書物を「基盤テキスト」と呼んでいます**[※6]。

多くの宗教が大切にしている聖典、さまざまな文化や地域に根ざした伝説や神話……。

人間が生み出し、長い年月にわたって語りつがれたフィクションを記したテキストは、さまざまな形で現実に影響を与えながら人類の発展をドライブしてきました。

基盤テキストが、互いに影響し合い、融合したり、分裂したりしながら変化していく大きな流れを見ていると、不思議な感覚に襲われます。

人類がフィクションの力を使いこなしてきたと同時に、**フィクションもまた、人類を利用しながら増殖し、成長し続けているのではないか、**という気すらしてくるのです。

フィクションで発表されてきた哲学の系譜

学問が発展していくと、フィクションは「知」を伝えるツールとしてさかんに使われるようになります。

その先駆けが、**ローマ時代の哲学者、ルクレティウスの『物の本質について』**です。

紀元前55年ごろに書かれたこの本のテーマはなんと「宇宙論」。といっても、形式は論文調ではなく「詩」です。**宇宙論を詩で表現する**なんて、僕ら現代人から見てもすごく斬新ですよね。今ならSFにカテゴライズされるのではないでしょうか。

紀元前のことですから、宇宙論といっても科学的に理論化されたものではありません。しかし、原子論が主張されていたり、進化論の萌芽《ほうが》が見られたり、重力の存在が示唆されていたり……と、本質をズバリと突く予言のような内容がとても多く、先見性たっぷりです。

この本が、なんと1500年も後になって再ブレイクします。印刷革命に沸く15世紀のヨーロッパで出版され、当時の知識人に熱心に読まれたのです。

そして、読者の顔ぶれがすさまじい。『君主論』で知られるマキャベッリ、地動説を唱えたガリレオ、万有引力を発見したニュートン……と大物揃い。ただ読まれただけでなく、彼らの思想や発見にも大きな影響を与えています。[※7]

近代になってからも、哲学者はよく小説を書いています。**難解な思想をフィクションに落とし込むことで多くの読者を獲得しただけでなく、逆にフィクションなればこそ語り得る哲学もある**のです。

たとえばヴォルテールは『カンディード』でユーモラスに人生の機微《きび》を説き、ニーチェは『ツァラトゥストラはかく語りき』で自らの思想を孤独な男に代弁させました。そして、サルトルは『嘔吐』で屈折した青年の生き様を通じて人間の実存について語っています。

思考を伝えるツールとしてフィクションを使うこと。それは決して、突飛な発想ではありません。複雑な思考の本質を、単純化せず、しかもわかりやすく人々に伝えたいときこそ、豊かな比喩《ひゆ》表現が駆使《くし》できるフィクションが本領を発揮します。

さらに言うと、フィクションは単なる情報伝達ツールではないからこそ、**フィクションとして語ろうとする中で、そしてフィクションとして読もうとする中で、新しい発見をも生むもの**だと思います。

哲学者である前に、まず小説家として世に出たサルトルは、特に文学に寄せる思いの強い哲学者でした。同時に「アンガジュマン」をとても重視していました。アンガジュマンとは「政治参加」「社会参加」などと訳されることが多い概念で、社会のさまざまな問題に参加し、自分の態度を決めて意見を示すことを意味しています。そしてサルトルは、**文学を創作すること**

はもちろん、読者として文学を読むこともアンガジュマンであるといっています。

文学を書くことも、文学を読むことも、一見すると社会から隔絶《かくぜつ》した個人的な愉《たの》しみに思えるかもしれません。でも、それも社会参加になり得るのだ、という見方は、これから先で本書が提示していくことともつながる観点ですので、ぜひ少しのあいだ心に留めておいて下さい。

"飢えた子どもを前にしたとき、文学は意味を持つか?"

さて、そのサルトルはかつて「飢えて死ぬ子どもを前にしては『嘔吐』は無力である」と発言して、多くの文学者や哲学者を巻き込む大論争を巻き起こしています。『嘔吐』は先ほど紹介したように、サルトル自身の書いた小説ですね。社会に参加することを重要視していた哲学者にとって、「文学の有効性」は、生涯を通じた大きなテーマだったのでしょう。※8

でも実際のところ、文学は飢えた子どもをも救っていると、僕は思っています。

一例が、チャールズ・ディケンズの『オリバー・ツイスト』です。

舞台は19世紀のイギリス。天涯孤独の少年オリバーは、日々の食事すら満足に与えられない劣悪《れつあく》な環境の救貧院で暮らしています。ある日、たった一杯の粥《かゆ》のお代わりを求めたことを問題視されて救貧院を追われたオリバーは、やがて犯罪グループと行動をともにするようになり……。

1837年から雑誌に連載されたこの小説は、当時のイギリスの社会状況を色濃く映したものでした。数年前の「救貧法」の改正によって予算が大幅に削られた救貧院は、福祉施設とは思えないような非人道的な場所になっていたんですね。

自身が幼少期に貧困に苦しみ、12歳から靴墨《くつずみ》工場で働いた経験を持つディケンズは、貧困層の暮らしぶりをリアリティたっぷりに描き出しました。これが評判となり、社会悪の告発につながります。この**『オリバー・ツイスト』の大ヒットが、後の救貧院の改革や、子どもの扱いの見直しにつながっていく**のです。

社会的弱者の置かれた状況を迫真的に描き、世論に大きな影響を与えた文学としては『アンクル・トムの小屋』も有名です。作者は女性作家のハリエット・ビーチャー・ストウ。善良な黒人奴隷トムの過酷な人生を描いたこの小説は1852年にアメリカで出版されるとベストセラーになり、その後の黒人奴隷廃止の機運を高めました。

ボトムアップで社会を変えようとしたプロレタリア文学

庶民もまた、フィクションの力を変革のパワーに変えてきました。その代表的なジャンルが「プロレタリア文学」です。日本のプロレタリア文学で特に有名なのは、1929年に発表された小林多喜二の『蟹工船』でしょう。

「おい地獄さ行《え》ぐんだで！」

という強烈なセリフで始まるこの小説には、船上で働く労働者の過酷な労働環境が、これでもか、というぐらい生々しく描かれています。労働者階級のリアルな苦しみをフィクションに託し、社会を変えようとした、ものすごい気迫が伝わってきます。『蟹工船』は、発表当時も大ブームとなりましたが、「ワーキングプア」が社会問題化した2000年代後半にもベストセラーになっています。

エンタメ文学の中では、「社会派ミステリー」も社会変革の意識が強いジャンルです。医療、司法、経済などをテーマに、現代社会に潜む問題を、ミステリーにうまく組み込むことでえぐり出し、世に問う作品が数多く生まれています。

また、有名なところでは『三国志演義』も多くの人に変革のパワーを授けたフィクションです。3世紀の中国で、魏《ぎ》、呉《ご》、蜀《しょく》が三国に分かれていた時代を中心に、義兄弟の契《ちぎ》りを交《か》わした3人の武将、劉備《りゅうび》、関羽《かんう》、張飛《ちょうひ》の武勇や、天才軍師と名高い諸葛孔明《しょかつこうめい》の活躍を描いたこの物語は、史書『三国志』をベースに、後世にドラマチックにアレンジされて成立した長編小説です。

その面白さで人気を博したのはもちろん、さまざまな戦略がわかりやすく解説されていることから、兵法書としても盛んに読まれてきました。清の時代に民衆を率いて反乱を起こした洪《こう》秀全《しゅうぜん》も、中華人民共和国の建国者である毛沢東《もうたくとう》も愛読していたといわれます。

日本でも、吉川英治《よしかわえいじ》の『三国志』をはじめ多種多様にアレンジされていて、今もビジネス書として読まれることが少なくありません。

フィクションの政治利用、プロパガンダとどう向き合うか

フィクションが社会に、人に、大きな影響を及ぼすとなれば、時の権力者もその力を利用しようと考えます。

実際、フィクションがプロパガンダに、つまり政治的な宣伝に利用された例は、歴史を振り返っても枚挙《まいきょ》に暇《いとま》がありません。

今では「名作」「古典」として評価される作品の中にも、元はプロパガンダとして創作された作品は少なくないのです。

名探偵『シャーロック・ホームズ』シリーズの作者として有名なコナン・ドイルは、第一次

世界大戦下では積極的に戦争協力を行い、『シャーロック・ホームズ最後の挨拶』では、ホームズをドイツのスパイと対決させています。

20世紀に大きな発展を遂げた映画文化も、戦争にさかんに利用されてきました。

そもそも映画という存在自体を大きく発展させた傑作として名高いアメリカ映画『國民の創生』（D・W・グリフィス監督、1915）は、南北戦争を題材に、白人至上主義的な思想を美徳として描く作品です。

ナチス・ドイツが豪華なプロパガンダ映画で人々の心をつかんだのは有名な話ですし、日本でも、大日本帝国時代にはナチス・ドイツを模倣《もほう》して「日本文学報国会」や「大日本言論報国会」などの組織がつくられていました。

第二次世界大戦下では、ウォルト・ディズニー・スタジオがたくさんのプロパガンダ作品を制作していますし、日本でも、ゴジラやウルトラマンを生み出した特撮映画の巨匠、円谷英二《つぶらやえいじ》が、戦時中は露骨な国策映画を手がけています。

第二次世界大戦末期から冷戦時代にかけて書かれたジョージ・オーウェルの『動物農場』（1945）や『一九八四年』（1949）は、全体主義社会の恐怖を描くディストピア小説として有名です。これらは共産圏でほぼ禁書のように扱われる一方で、アメリカ政府は「反共プロパガンダ」としての利用を試みました。翻訳を奨励《しょうれい》し、積極的に世界に広めようとしたのです。ＧＨＱが占領していた日本でも、いち早く翻訳出版されています。

作者がまったく意図しない形で物語が政治的に意味づけされることもあります。インターネット上でさまざまに意味をつけられて広がっていくネタや画像は、しばしば「インターネット・ミーム」と呼ばれますが[※9]、この〝ミーム〟として有名なのが、ぎょろりとした目のカエルの顔に人間の体を持った緑色のキャラクター「カエルのペペ」です。

もともとは政治的な色合いは全くない、『ボーイズ・クラブ』というマンガシリーズに登場するユーモラスなキャラクターにすぎなかったペペが、やがてネット上の掲示板などで人気を博し、元の作品や作者の意図から離れて増殖してしまったのです。そして、最終的に人種差別的な政治思想を持つ「オルタナ右翼」といわれる一団のマスコットに勝手にされていくという恐ろしい様子が、ドキュメンタリー映画『フィールズ・グッド・マン』で詳しく描かれています。

大昔から続く、フィクションをめぐる覇権争い

フィクションを「つかう」動きが力を持てば、カウンターとして「封じる」動きも出てきます。

フィクションが提示する豊かな世界観には、未来を変える力があるからこそ、その世界観をよしとしない人々から反発を招くことがあるのです。

先ほど紹介した本『物語創世』の冒頭には、1968年に、アポロ8号が月面の周回に成功したときのエピソードが語られています。月から地球の姿を眺めた宇宙飛行士らは、その荘《そう》厳《ごん》な体験を地球の人々に伝えるために、宇宙空間で聖書の天地創造のくだりを朗読したのです。これに反発したのが、神の存在を認めない無神論者たちでした。「NASAが今後聖書を宇宙に紐付《ひもづ》けて読むことを禁じろ」と、アメリカ政府を相手取って裁判を起こしたんですね。

こういった例は無数にあります。1950年代のアメリカでは、コミックが青少年に良くない影響を及ぼすという世論が噴出《ふんしゅつ》して、大人気だったコミック文化が一気に勢いを失った時期がありました。

2001年には、サウジアラビアが、ポケットモンスターのカードゲームを禁止しています。イスラームが認めていない進化論が表現されていて、悪影響を及ぼすというのです[※10]。

最近では、2022年に公開されたアニメ映画『バズ・ライトイヤー』が、作中の同性愛描写を問題視され、UAEやサウジアラビアなど複数国で上映禁止になりました。

フィクションの力を恐れる人物は、はるか古代から存在します。古代ギリシャの偉大な哲学者プラトンです。**プラトンは、代表的著作である『国家』の第10巻で「詩人追放論」と呼ばれ**

る主張を展開しています。

字面だけを見ると、「なぜわざわざ詩人を追放するんだろう」と謎ですが、理想とする国家を作るためには、人の心を惑わす物語が邪魔になる、と考えたわけです。

ジョナサン・ゴットシャルは『ストーリーが世界を滅ぼす――物語があなたの脳を操作する』で、プラトンを批判した哲学者カール・ポパーの文章を引用しながら、以下のように語っています。

ポパーはプラトンに厳しすぎると私は思う。だが、プラトンの時代からこのかた構想された全体主義的ユートピアの鉄則が必ず「物語を管理し独占すること」である、というポパーの考察は正しい。これはナチス時代のドイツ、ソ連、北朝鮮、クメール・ルージュ時代のカンボジア、毛沢東時代および現代の中国など、20世紀の悪夢のような全体主義の実験国家すべてに例外なく当てはまる。いずれの体制も、ジャーナリズムから芸術まであらゆる形態のストーリーテリングを独占することにこだわった。（106頁）

日本で生活していると、物語をここまで恐れて、検閲したり弾圧しようとすることにピンとこないかもしれません。しかし、物語をめぐる戦いは、歴史を振り返ると世界中で繰り広げられてきました。物語には、世界を書き換える力がある――。それは実は、海外では当たり前の事実として扱われていることも多かったりします。

可能性を発明し、世界を書き換えるフィクションの力

フィクションを作ることでビジネスが生まれ、フィクションを作ることで権力が拡大し、フィクションを作ることで知識が広がり、フィクションを作ることで社会は変わる――。

ここまで、いかにフィクションが現実を変え、未来に影響を与えてきたかを見てきました。もちろん、いいことばかりではなく、悪い影響もありました。しかし、そんなの無理だとか、あり得ないとか、バカバカしいとか言われる前に、とにかくフィクションが先に広まってしまう。そのエネルギーから、**古びた未来がどんどん壊れ、世界は書き換えられていった**ことは事実です。

未来圧が高まっている今こそ、そんなフィクションの力を使わない手はありません。

あらゆる可能性に開かれた未来を考えることは、本来はどこまでも自由です。それをプレッシャーに感じてしまう背景には、**未来と改善、未来と目的を当たり前のようにセットにして考えるクセがつきすぎている**からではないでしょうか。つまり多くの人の脳ミソは「古びた未来」にとらわれてしまっています。

フィクションをテコにして、いったん「今」のくびきから離れて未来にジャンプすること。

今いちばん一発ブチかませるのは、この飛躍です。

人類は、事実をそのまま記録したり、データの指し示す確度の高い予想を記すだけでなく、わざわざ現実を「フィクション」として飛躍させ続けてきました。

すると何が起こるでしょうか？

そこにあるのに、ないことにされてきた選択肢、見えなかった選択肢が見えてくるのです。

この「フィクションの力」はそのまま、古びた未来を壊すことにつながります。

「パーソナル・コンピューターの父」と呼ばれるアラン・ケイにこんな名言があります。

有名な言葉なので、知っているという人も多いでしょう。

未来を予言する最良の方法は未来を創造することである※11

確かに！　と膝を打ちたくなる名言ですが「未来を創造する」なんて、ケイほどの天才じゃなきゃ無理じゃない？　とも思ってしまいます。

しかしこの言葉、原文に当たると、**「創造する」の部分が「create」ではなく「invent」と表現されている**ことに気づきます。※12

createが「ゼロから何かを生み出す」こと（≒創造）を指すのに対して、inventは「既存の材料から別のものを組み立てる」こと（≒発明）を指すというニュアンスの違いがあります。

つまり、以下のように訳すこともできるのです。


未来を予言する最良の方法は未来を発明することである

これ、実はものすごく大きなポイントではないかと僕は思っています。ケイがそもそも言いたかったのは、個人のクリエイティビティに任せてゼロから何かを生み出さなくちゃいけないというより、工学的な発想で選択肢をもっと増やそうということではないでしょうか。

未来を望ましい姿にしたいなら、この世界に別の可能性を見出し、そこから何かを作っていくための方法論を探すこと。「創造」よりも「発明」すること――。それが大事だと言っているように僕には思えます。

先の言葉に続けて、ケイはこうも言っています。


そうすれば「未来はわれわれが手を加えるのを待っている――われわれは無力ではない」ということができるからです。むやみやたらにニュートンの法則を犯すようなことさえしなければ、新しいテクノロジーを生み出せるのではないでしょうか。まず、何が必要なのかを決定し、つぎにそれを実現するべきでしょう。

いくら「未来は変えられる」といっても、物理法則から逸脱した奇跡を期待するのには無理があります。しかし、そこさえ踏み外さない範囲なら、いくらでも望む方向に作り上げられる。**「別の選択肢を構築する自由がある」**というのが、この言葉の真意ではないかと思うのです。

これは、フィクションに対する僕の考えと非常に近いものです。

そして、未来を発明することにかけては、SFというジャンルがそのプロフェッショナルです。

『サピエンス全史』で虚構の重要性を説いたハラリは、最新刊の『21 Lessons』でこう語っています。

二一世紀には、SFはおそらく最も重要なジャンルになるのではないか。なぜならSFは、AIや生物工学や気候変動のようなことを、人々がどう理解するかを決めるからだ。私たちには真っ当な科学もたしかに必要だが、政治的な視点からは、SF映画の佳作は、「サイエンス」誌や「ネイチャー」誌の論文よりも、はるかに価値がある。

（316～317頁）

実際に、ＳＦというジャンルが生まれた20世紀以降、ＳＦ作品の中の空想に過ぎなかったテクノロジーを、人類はこれまでどんどん現実に変えてきました。

ロボット、サイバースペース、アバター、メタバース……。

テクノロジー界隈《かいわい》で、当たり前のように使われているこれらの言葉は、すべてＳＦ由来です。[※13]

次のパートでは、この「ＳＦ」というジャンルにフォーカスして、フィクションの持つ力の大きさを、より深く掘り下げることにしましょう。

PART 3

古びた未来を壊すには、ＳＦを使いこなす力が必要だ

ＳＦは「別様の可能性」を描くエンタメジャンル

本書の読者の中には、ＳＦについてまったく知識がない人もいると思います。そこで、

というシンプルな疑問に答えるところから話を始めたいと思います。

「SF」って何だろう?

SFの細かい定義については後ほど詳しく説明する予定なので、ここでは軽く触れるにとどめますが、僕自身はSFを**「別様の可能性を描くエンタメジャンルである」**と捉えていて、本書でもこれからだいたいこの理解に沿ってSFという用語を使っていきます。[※14] といってもピンときませんよね。順序立てて説明します。

「SF」という言葉は、一般的に**「サイエンス・フィクション」**の略語であると理解されています。日本語では「空想科学小説」と訳されたりするので、SFと聞くと、いかにも科学的な意匠《いしょう》をまとってはいるけれど、謎のメカニズムで動く宇宙船やロボットがバンバン登場する**『スター・ウォーズ』**のような作品を思い浮かべる人が多いのではないでしょうか。これらの作品は多くのSFファンに熱狂的に支持されていて、いかにもSFというイメージです。

では、**『風の谷のナウシカ』**はどうでしょうか? 日本国内はもとより世界中で幅広い層に愛されている傑作アニメです。本作はSFと聞いて真っ先に思い浮かべるタイプの作品ではないかもしれませんが、日本で最も歴史あるSFの賞「星雲賞」を受賞しており、SFファンからはSF作品であると認識されていることがわかります。でも、皆さんの中には、この文章を読みながら「ナウシカはファンタジーだと思ってた」と首をかしげる方もいるかもしれません。

ファンタジーとSFの線引きは実はけっこう難しいのですが、スター・ウォーズもナウシカも、**我々の世界の「ありえるかもしれない別の姿」を描いている**点に着目してみて下さい。スター・ウォーズは「遠い昔、はるか彼方の銀河系で……」というテキストで始まりますし、ナウシカは戦争で文明が滅びた地球の1000年後を描いています。SFが「別様の可能性を描くエンタメジャンル」であるなら、いずれもSFだと納得していただけるのではないでしょうか？

ちなみに、SFの元祖といわれている作品のひとつに**『フランケンシュタイン』**[※15]があります。怪物が出てくる、あのフランケンシュタインです。「怪物ホラーまでSFなの？」と驚くかもしれませんが、200年以上前に書かれた原作を読むと、巷《ちまた》に流布《るふ》しているイメージとはかなり印象が違うことに気づきます。優秀な科学者が怪物を作ってしまう物語を通じて、科学者の社会的責任を鋭く問う作品なのです。

「怪物が出てきて怖い」という面を見ればホラーですが、「科学が怪物を作り出す」という我々の世界の「あり得るかもしれない別の姿」を描いたという点で、本作はまぎれもなくSFに位置づけられます。

このように、SFとは、最新の科学的知見を盛り込んだ難解でハードなものから、ファンタジーやホラーに近いものまで、非常に幅広い世界観を包み込むフィクションのジャンルです。そして、取り扱う世界観が極めて多様だからこそ、「別様の可能性を描く」という共通点が際立つのです。※16

今、時代の変化の速さに戸惑《とまど》っている人は多いと思います。テクノロジーの進化に合わせてビジネススタイルも生活スタイルも変えなくてはいけないし、仮にコロナ禍が収束しても、別のウイルスがもたらす新たなパンデミックや、思いもよらない自然災害など、次なる危機に備えなくてはいけません。変化が激しい世界では、過去の勝ちパターンや既存のマニュアルは通用しなくなります。臨機応変に環境に適応して生き延びていかなくてはならないのです。

こうした環境では、**過去の常識に縛られず、世界の「あり得るかもしれない別の姿」を常に考えられる人ほど有利**です。SFが示すさまざまな可能性を、ぜひそのために使いこなしてほしいと思います。

人類は「SFになる」ことで進化してきた

しかし、何も今が特別な時代だというわけではありません。そもそも僕らが暮らすこの日常だって、フィクションから生まれてきたものなのです。

インターネットなんて全然なかった時代から、SFではAIやロボットが繰り返し描かれてきました。当時そんなＳＦを楽しんでいた人が、もし現在にタイムスリップしてきたら、誰もがスマホを持ち歩き、SiriやAlexaと会話している僕らの暮らしを見てどう思うでしょうか。「まんまＳＦだ！」と思うに違いありません。

まず空想し、次に空想したものを作り出し、それが実現した世界を生きる。人類はこのサイクルを繰り返し、「ＳＦになる」ことで進化してきました。**僕ら自身がＳＦになろうとすることは、未来を引き寄せることに等しい**のです。

ＳＦにまったく興味がない人でも、「アンドロイド」「ロボット工学」といった、ＳＦから生まれた言葉を普通に使っているし、そこから恩恵も受けています。

言葉を創造することはＳＦに限らず、フィクションの力のひとつです。たとえば、シェイクスピアは造語の達人で、「fashionable（オシャレな）」「bedroom（ベッドルーム）」「critic（批評家）」といった、今ごく普通に使われている言葉の中にも、彼が作品で初めて使ったとされる言葉がたくさんあります。

フィクションなんて自分の生活に関係ないと考えているとしたら、それはとんでもない誤解です。フィクションは現実と密接な関係があるどころか、**僕たちが生活している現実の土台は、フィクションによってかたちづくられている**といっても過言ではありません。

現実とかけ離れた空想も、それを実現したいという人間の欲望と結びつけば、大きなエネルギーを生み出します。そして、どんどん現実化され、科学技術として積み重なっていきます。

いくのです。

「ただの文字列」が現実に猛烈な影響力を及ぼし、現実は放っておけばどんどんSFになって

「SF格差」が拡大していく

実際、グローバルなビジネスシーンでは、驚くほど鮮やかにSFを使いこなしているリーダーが数多く存在します。ビジネスの分野だけでなく、政治家やアクティビスト、さまざまな領域のオピニオンリーダーにも、ビジョンを語り、コミュニケーションを深めるための手段としてSFを使いこなす人が増えています。

ひるがえって日本では、なかなかフィクションを使いこなすというアイデアが広がりません。これはけっこう深刻な問題なんじゃないかな、と僕は心配しています。

デジタル社会の問題点のひとつに、**デジタルデバイド（情報格差）**があります。社会のデジタル化が急速に進んだ結果、スマホやパソコンなどの情報端末を十分に使いこなせない人は、使いこなせる人に比べると、得られる情報の量も質も圧倒的に下がり、それがひいては経済格差を生み出してしまうことが社会問題になっているんですね。

同様に、今後は「SFを使いこなせるかどうか」によって生じる**SFデバイド（SF格差）**※17

が拡大していくことになるのではないでしょうか。

「ＳＦ格差」がわかりやすく可視化されているのが、テスラvsトヨタです。

２０２０年7月、アメリカのＥＶメーカー、テスラの時価総額がトヨタ自動車を抜いて自動車メーカーの世界首位に躍り出たというニュースが話題になりました。日本経済新聞はこの理由を「ＥＳＧ投資の広がりを追い風に、テスラの株価は過去1年で5倍近くに伸び」、「将来の成長への期待が株式市場の評価につながっている」と報じています。※18

トヨタが首位陥落！　などと表現するとショッキングですが、目の前の現実を見れば、トヨタはまだまだ圧倒的に強いのです。２０２１年度のトヨタの販売台数実績は約９５１万台。対するテスラは約94万台で、軽く10倍以上の差をつけています。テスラの自動車にはたびたび不具合も発生しており、モノとしての問題点や脆弱性《ぜいじゃくせい》も指摘されています。にもかかわらず、テスラは巨額の資金を調達し続け、ＥＶをものすごい勢いで社会に普及させてきました。そして、トヨタを凌駕《りょうが》する「時価」を獲得するに至りました。実はこのパワーの源泉が、ＳＦなのです。

ＳＦ格差を加速させる「ＳＦ投資」

テスラＣＥＯのイーロン・マスクは、卓越《たくえつ》したＳＦの使い手です。

マスクは子どもの頃から1日10時間もSFを読んでいた、というのはアメリカでは有名な話です。アイザック・アシモフによるSF大長編『銀河帝国興亡史（ファウンデーション）』シリーズをはじめ、月が地球の植民地となった未来を舞台にしたロバート・A・ハインラインの『月は無慈悲な夜の女王』、ダグラス・アダムスのドタバタ宇宙コメディ『銀河ヒッチハイク・ガイド』などを愛読していたと、自らたびたび語っています。

マスクはこれまで、「人類の火星移住計画」「チューブ型の超高速道路」「脳にチップを埋め込んで電脳化」など、SFを地で行く突飛な事業構想を次々にぶち上げて、世界をあっと驚かせてきました。それらを単なる大風呂敷で終わらせないのが彼のすごいところで、いずれも着実に人を巻き込み、資金を集め、事業化を進めています。

現実の延長線上にないアイデアを楽しみ、そこからあり得る未来の可能性を取り出して示し、実現の道すじを描く――。これぞSF思考の真骨頂です。抽象的なビジョンを、具体的なイメージをともなう「物語」として語り直すことは、機能や性能や根拠で補強されたロジックを並べるより、ずっと強く人々の心を動かします。そして、心だけでなく巨額の資金を動かすことも可能にします。**実績ではるかにテスラを上回っているトヨタを、テスラが「企業価値」で凌駕した理由のひとつは、間違いなくこのSF格差にある**といえます。

このように説明すると、SFの活用は「大げさなイメージで実体のなさをごまかすズルいやり方」に思えるかもしれませんが、それは違います。

モノが飽和《ほうわ》し、価値が成熟した世の中では、既存のロジックだけで説明できるものには、もはや大きな価値が宿らなくなっています。日本企業が得意とする「いいものを作る」「きちんと作る」「たくさん作る」という能力は素晴らしいものですが、それだけでは未来志向の価値が生まれなくなっているのです。

こうした環境変化を背景に、今、企業経営における「ナラティブ（物語）」の重要性が、よく指摘されるようになっています。「その企業が何をめざしているのか」というビジョンを、物語としてわかりやすく語らなければ、評価が得られないようになってきているのです。

今後成長する可能性が高い事業を見きわめようとする投資家側も、SF的なビジョンを重視するようになっています。先見の明のあるベンチャーキャピタリストとして名を馳せる**ピーター・ティールも、ピーター・ディアマンディスも、マーク・アンドリーセンも、SFファン**です。ブッ飛んだ未来像をクリアに描ける事業は投資家を引きつけ、巨額の資金調達を可能にしていく傾向がどんどん強くなっているといえます。

NewsPicsの記事※19に、このような投資家心理が表現された面白い記述がありました。

ベンチャーキャピタリストもSFが大好きだ。VC2社の共同創業者であるブラッド・フェルドは、SFというジャンルを読むと「さまざまな投資対象に関して、脳のなかで無意識のフレームワークが生まれる」と語っている。

ＳＤＧｓ時代の投資のトレンドに**「インパクト投資」**があります。金銭的なリターンよりも「社会的なインパクト」を求める投資で、その企業に投資した結果、地域福祉が向上して貧困率が下がったとか、緑化が進んで炭素排出量が減ったとか、そういうポジティブな社会変化が重要視されるようになってきています。

これにならえば、ＳＦ好きの投資家のやり方は「世の中をＳＦ化する」ための**「ＳＦ投資」**といえそうです。

まさに「ＳＦ投資」の対象となっているテスラの広告予算は、なんとゼロだと言われています。**ＳＦ的な未来をぶち上げることそのものが、広告以上に投資家や顧客を引きつけている**のです。

ＳＦ的なビジョンが巨額の投資と結びつくことで現実化のパワーを与えられ、さらにビジョンのスケールが大きくなっていく——。恐ろしいことに、**ＳＦ投資が、ＳＦ格差をさらに広げてしまう**、というわけです。

「メタバースというフィクション」を生きる時代

ＳＦ格差はビジネスだけの問題ではありません。これからは、「個人間のＳＦ格差」も大きな問題になってくるでしょう。

フェイスブックCEOのマーク・ザッカーバーグが、社名を「メタ」に改めることを発表したのは、2021年10月のことです。SNS企業からメタバース企業に生まれ変わり、約100億ドル（約1兆1000億円）を投資するというのです。以来、「メタバース」は一気にバズワードと化し、新たな産業分野として認識されるようになりました。

メタバースとは、インターネット上で複数人が交流可能な3Dの仮想空間を意味します。ユーザーはこの空間にアバターでアクセスし、経済活動を行えるようになる。そんな認識をもとに、さまざまな企業がこのメタバースブームに便乗して、玉石混交《ぎょくせきこんこう》でメタバース関連サービスが毎日宣伝されまくっています。

ちなみに、そもそも**「メタバース」も「アバター」もSFから生まれた言葉**です。Amazonを創業したジェフ・ベゾスと親交の厚いSF作家、ニール・スティーヴンスンの『スノウ・クラッシュ』（1992）に初めて登場しました。

30年前には完全な虚構だったメタバースですが、3Dグラフィック技術が進化し、ハードウェアのスペックが向上し、リッチなデジタル空間を支える通信環境が整ってきたことで、現実と見まがうほどリアルな仮想空間の実現が見えてきました。あと数十年もすれば、現実と仮想空間の境界を意識せずに行き来できるようになるかもしれません。メタバースで仕事をするのも趣味を楽しむのも当たり前になり、**「フィクションの中の生活」が日常化していく**のではないかと思います。

それは、フィクションを楽しみとして受け入れるだけでなく、一人一人が自分のフィクションを作り、使い分けていく時代がやってくることを意味しています。洋服や部屋のインテリアをコーディネートするように、自分専用のフィクションを構想し、プロデュースし、そこで快適に過ごせる人が大きなパワーを持つようになるのです。そのためには、一人一人にSFを使いこなす力が求められてきます。

こうなってくると、個人間でもSF格差が生まれてきますよね。本書を読んでいるあなたもSFの使い手にならないといけない時代が、すぐそこまで迫っています。

しかし、ここまで挙げてきた例は、さまざまな「力」を持っている人間がフィクションをどう使ってきたかを並べたに過ぎません。時の権力を握っている王さまだとか、知恵のある哲学者とか、資本を持つ実業家とか……。

そこで、本書では**「普通の人たち」がフィクションを使いこなすための方法を示す**必要があると考えています。

特別な力を持たない者たちが、フィクション、中でもSFの力を活用して、民主的に新しい未来を考え、世界を書き換えていくためにはどうすればいいのか――。実はそこでは、何も、今成功者が使っている方法をまんま真似ようとする必要はありません。

SF格差社会の覇者、イーロン・マスクのやり方を**「過去を売っている」**と看破する論者もいます。コンサルタントで、アメリカのテック・カルチャーに詳しい池田純一《いけだじゅんいち》です。

マスクの本質は、「未来売ります！」のセールスマン。それも1950年代の黄金SF期にすでに描かれていた「過去の未来」を売り出している。「未来売ります！」と言いながら、その実、「過去を売っている」わけだ。

誰もが知っている「未来像」を売り物にする。IPOが当たり前になり、証券取引がそれこそRobinhoodのようなアプリによってデモクラタイズされた今、アプリを使って取引に加わる個人の投資家にも通じるわかりやすさも重要なのである。※20

確かにマスクのぶち上げる未来は、SFファンにとっては、もはや懐かしい未来像です。本書の言葉でいうと「古びた未来」といえます。

とすれば、僕たちが手に入れるべきは、もっと新しい未来を使いこなす方法です。

その方法を具体的に示す前に、続く第2部では、SFというジャンルの本質を探りたいと思います。実はSFには、そもそもの成り立ちから「コミュニケーションを活性化する」側面があります。言い換えれば「対話」のために生まれたフィクションがSFなのです。だからこそ今、SFはここまで活発に使われるようになっているのだと、僕は考えています。

次の第2部では、SFの歴史をひもときながら、他のフィクションとは異なる特色や、SFに宿る力について、じっくり考えていきましょう。

第1部のまとめ

- フィクションには「古びた未来」を壊し、「新しい未来」を生み出していく力がある。
- 人類の進化は、フィクションとともにあるといっても過言ではない。
- 世界を書き換えるためにSFを使いこなしている人と、そうでない人の「SF格差」が広がっている。

※1 「未来圧」は僕の造語です。未来を考えるべきだという有形無形の圧のことを指します。

※2 アメリカでは「変化しろ」「チャレンジしろ」という圧力の高まりが「ハッスル・カルチャー」と名付けられていて、それを嫌って拒否する若い人も増えているのだとか。どこも大変な世の中ですね。

※3 「未来疲れ」というのも僕の造語です。未来について考えさせられ、精神的に疲れてしまうことを指します。

※4 未来を創る力を民主化した例として、僕がよく挙げるのが、サンフランシスコ発のAllbirds（オールバーズ）というスニーカーブランドです。ＳＤＧｓの意識が高いブランドで、ペットボトルを再利用した靴ひもとか、サトウキビ由来樹脂のソールなどを独自開発して、２０１９年にすでにカーボンニュートラルを実現しています。すごいのは、それらの独自製法を公開してオープンソース化していること。つまり他者が真似して作ってもＯＫなのです。普通は知的財産として守ろうとする情報を自ら公開する。それだけだとソンしているようにしか見えませんが、実はトクにもなっている。これによって「環境リーダー」であることが世の中に知れ渡り、ファンが増えるからです。それに、地球環境を守りたくて、そのための技術を考えているのですから、その方法が世の中に広まることは、自分たちが望む未来に近づくことでもあるのです。実際に、レオナルド・ディカプリオなどのセレブも愛用していて、知名度も人気も高まっています。

※5 「世界最古の物語」が、４万年以上も前の壁画に記録されていた（『WIRED』２０２０年１月） https://wired.jp/2020/01/23/a-43900-year-old-cave-painting-is-the-oldest-story-ever-recorded/ この壁画があるのはスラウェシ島南部の「レアン・ブルシポン４」と呼ばれる洞窟です。水牛「アノア」が猟師の一団と対峙している様子が暗赤色で描かれていて、芸術家のサインを思わせる手形も残されています。

※6 プフナーは基盤テキストについて次にように定義しています。「基盤

テキストとは、時間の経過とともに影響力や重要性を増し、やがて文化全体のソースコードとなり、人にその人自身の出自を教え、いかに人生を生きるべきかを知らしめるテキストである。基盤テキストはしばしば祭司が管理し、それを帝国や国家の中心に祀っていた」（マーティン・プフナー著、塩原通緒・田沢恭子訳『物語創世』早川書房、2019、26頁）

※7
『奇書の世界史』（三崎律日著、KADOKAWA、2019）では、『物の本質について』が「世界の物質のあり方や、人の生き方について語った、物理の教本と人生論を合わせた啓蒙書のような書籍」と紹介されています。後世の知識人たちにどう受容されたかも詳しく説明されているので、興味のある人はぜひ一読を。

※8
サルトルのこの発言は、1964年に行われた「ル・モンド」紙のインタビューでのこと。この発言が発端となって論争が起き、同年12月に、フランス共産主義連盟の機関紙「クラルテ」の主催で、サルトルほか、イヴ・ベルジェ、シモーヌ・ド・ボーヴォワールなど5人の作家が参加した討論会が開催されました。この討論会の発言は『文学は何ができるか』（サルトル著、平井啓之訳、Kawade world books、1966）にまとめられています。

※9
「ミーム」とは、もともと「生物の遺伝子のように伝えられていく人間社会の習慣や文化」を指す言葉で、生物学者のリチャード・ドーキンスが『利己的な遺伝子』（日高敏隆・岸由二・羽田節子・垂水雄二訳、紀伊國屋書店、1991）で、遺伝子（gene）の対になる概念として提唱したもの。

※10 「ムスリム圏でポケモンGO禁止はウソ」ヨハネスブルグまでも実地調査した男が〝その目〟で見てきた、新興国のゲーム産業やブラックマーケットの実態とは？（電ファミニコゲーマー　取材・文／透明ランナー　２０１７年4月14日）https://news.denfaminicogamer.jp/interview/global-games-market

※11 「教育技術における学習と教育の対立」『アラン・ケイ』所収（鶴岡雄二 翻訳、浜野保樹 監修、アスキー出版局、１９９２）

※12 EDUCOM Bulletin,Fall/Winter 1983〈Learning vs. Teaching with Educational Technologies by Alan Kay〉

※13 重力子（graviton）、生物工学者（biotechnician）など、今では当たり前のように使われている科学用語にもSFに起源を持つ言葉は数多くあります。英語辞書の代名詞『オックスフォード英語辞典』の元編集者、ジェシー・サイドローワーが作った「Historical Dictionary of Science Fiction」（SF歴史辞典：https://sfdictionary.com）は、そんなSF用語を網羅し、その成り立ちや使われ方の経緯までわかるすごいオンラインSF辞典です。参考記事：ニューヨークタイムズ「エアロカーからゼロ・グラビティまで、SF生まれの言葉を追うTracking the Vocabulary of Sci-Fi, from Aerocar to Zero-Gravity https://www.nytimes.com/2021/01/26/arts/science-fiction-dictionary.html

※14 もちろん、SFという言葉の解釈にも色々あります。あくまでこれは僕の解釈です。

※15 たとえばイギリスを代表するSF作家、ブライアン・オールディスが

まとめたSF史『十億年の宴　SF――その起源と発達』（浅倉久志・酒匂真理子・小隅黎・深町眞理子訳、東京創元社、1980）で、メアリー・シェリーによる『フランケンシュタイン、あるいは現代のプロメテウス』がSFの起源であると指摘しています。

※16 こうしたSFの特徴をより的確に表現するために、SFを「サイエンス・フィクション（≠科学的なフィクション）」ではなく「スペキュレイティブ・フィクション（≠思索的なフィクション）」と呼ぶ人もいます。この点は第2部でもう少し詳しく説明します。

※17 「SFデバイド」「SF格差」も僕の造語です。ちょっと語呂が悪いので、個人的には語呂よく「サイファイデバイド」（サイファイはSFの別の略称）と名付けたいところなのですが、いかんせんサイファイという略称が日本では浸透していないため、主に「SF格差」と呼んでいます。

※18 2020年7月2日、日本経済新聞夕刊「テスラ時価総額22兆円　トヨタ抜き車トップ」

※19 テック界の大物たちが推薦する「未来を考えるためのSF」10選 https://newspicks.com/news/2418422/body/ (Jessica Stillman/Contributor, Inc.com、翻訳：梅田智世／ガリレオ)

※20 テスラもスペースXも…イーロン・マスクが手がけるビジネスの「意外な共通性」https://gendai.ismedia.jp/articles/-/91144（池田純一、現代ビジネス2022年1月10日）同じ記事の中で、ハーバード大学教授のジル・ルポールが、SFにインスピレーションを得たマスクの試みを「Xキャピタリズム」と名付けていることが紹介されているの

も面白いです。eXtreme（規格外）の発想で世界からのeXodus（脱出）を試みる、といったたくさんのXをともなう試みとして、マスクのイズムを捉えるという見立てなんですね。

第2部

対話はＳＦになり、ＳＦは古びた未来を壊す

INTRODUCTION

おみくじは当たらないから盛り上がる

ゆらゆら揺れる紙片に、文字がぼんやり浮かび上がってきて――。

「あ、大吉です」

「こちらも大吉でした」

水面を見ながら、僕たちはお互いの「未来」を淡々と報告していました。

京都の下鴨神社で、友人の哲学者、谷川嘉浩《たにがわよしひろ》さんと「みずみくじ」を引いたのです。

この日、僕は学会に出席するという目的を終えた後、京都在住の谷川さんに案内してもらって散策を楽しんでいました。

途中で立ち寄った下鴨神社で、観光客に人気のおみくじ「みずみくじ」（300円）があったので、谷川さんと一緒に引こうという話になったのです。

なかなかオシャレなおみくじで、境内を流れる川に浮かべて紙片が水に濡れると、徐々に文字が浮かび上がってくるという趣向が凝らされていました。

僕たちは同じ「大吉」でしたが、「金運」「願い事」など、細かく書いてある項目はけっこう違っていたので、そんな未来のあれこれについて、ひとしきり雑談を交わしました。

そのときふと、こう思いました。

おみくじに書かれている内容が、もっと「当たる可能性が高い未来予測」だったら、こんなに楽しく語り合えるのか？ と。

ちょっとＳＦ的な想像をしてみて下さい。

たとえば、おみくじに人間ドックの検査結果から推定された余命が書かれていたらどうでしょう？

見せ合うのも気まずいし、朗らかに語り合うのも厳しそうですよね。

あるいは、あなたの行動パターンをＡＩが読み取って「今後95％の確率で借金まみれになるので行動を変えましょう」と言ってきたら、それを友人と笑いながら語り合えるでしょうか？

つまり、おみくじというのは、書かれているのが不確かなものだからこそ、一ミリくらいドキドキしながら文字が出てくるのを待ったり、それをネタにゆるゆると未来を語り合えたりするのだ、というのが、そのときの僕の気づきでした。

「コミュニケーションのネタとして、当たらない未来の断片を買った……って感じですよね」

僕がそう言うと、谷川さんから面白い返事が返ってきました。

「ソクラテスの〝デルフォイの神託〟みたいですね」

なんとも哲学者らしい返しです。ちょっと難しいと思うので、説明をしましょう。

デルフォイの神託とは、古代ギリシャの聖地「デルフォイの神殿」で、ソクラテスの友人が授かったお告げのこと。内容は「ソクラテスより知恵ある者は誰もいない」というものでした。

これを聞いたソクラテスは「そんなはずはない。自分より知恵のある者はきっといる」と考えます。そして、自分より知恵のある人間を探すことにしました。

ソクラテスは多くの知識人を訪ね歩いて、彼らと対話し、意外なことを発見します。「自分に知恵がある」と思っている人も、実は「美」とか「善」といったものごとの本質については何も知らない。なのに、知っていると思い込んでいるのです。

一方、ソクラテス自身は「自分は知らない」ことを知っている。これがいわゆる「無知の知」です。[※1]

つまり、神託という**不確かな未来の断片によって、他者とのコミュニケーションが発生し、哲学史に残る新しい発見がもたらされた**――。

どうでしょう？　そう考えると、谷川さんの気づき、めっちゃ深くないですか？

対話と発見を引き出すこと。つまりそれこそが、予言や神託の重要な役割のひとつなんですね。宗教でも、天国だったり、来世だったり、未来の話がよく持ち出されますが、これにも同じような機能があるかもしれません。

人類は昔から何かにつけて未来をネタにしてコミュニケーションしてきたし、それによって進歩してきたのです。[※2]

そして、数あるフィクションの中でも、特にSFは「対話のための文学」だと僕は思っています。この第2部では、SFがいかに異なるジャンルをつなぐコミュニケーションのツールとして発展してきたか、そして、その特色によってどう現実に活かされてきたかを見ていきましょう。

PART 1

SFとは、コミュニケーションの文学である

SFはアマチュア作家の科学コミュニケーションから生まれた

ここまで読んできた方にはなんとなくわかっていただけるかもしれませんが、SFも「デルフォイの神託」に似ています。

未来のコミュニケーションのネタとして書かれ、発展してきたという側面もあるジャンルだからです。

それを確認するために「SFの起源」を軽くひもといてみましょう。といっても、何をSFの起源とするかは、SFをどう定義するかによっても変わります。

ここではひとまず、「SFの起源」として名指しされることの多い3つの作品を取り上げて、その共通項について考えてみたいと思います。

【起源その1】 ホラ話をネタに、批判的に現実を見る

――『本当の話』ルキアノス

最初に取り上げるのは、紀元170年頃に書かれたとされる『本当の話』です。

ややこしいですが、『本当の話』というのはタイトルであって、実際は本当の話ではありません。というより、タイトルとは真逆のホラ話なのです。

さて、この**『本当の話』は、旅行記の体裁を取った奇想天外なフィクションで、世界最古のSFとも言われる作品**です。**作者のルキアノスは、古代ローマの思想家**です。弁舌に優れ、哲学にも明るく、作家としても活躍した人物で、ユーモラスな風刺小説を数多く手がけています。

内容は、めちゃくちゃブッ飛んでいます。冒頭部分のストーリーをちょっと要約してご紹介するだけでも、こんな具合です。

ある日、ルキアノスは大西洋に船で漕《こ》ぎ出しました。すると、つむじ風に船ごと上空に巻き上げられて、そのまま月面に到着します。月の王さまに謁見《えっけん》して話を聞くと、なんと月と太陽は戦争のまっただ中だというではありませんか。ルキアノスも前線で戦いに参加しますが、敵

軍につかまって今度は太陽に連れて行かれて……。

この作品が書かれた2世紀といえば、日本はまだ弥生時代です。現存する日本最古の物語『竹取物語』（かぐや姫）が登場するのは9〜10世紀頃とされていますから、だいぶローマは進んでいたんだなぁと驚きます。

物語の冒頭でルキアノスは**「学者なら、研究の合間にこういうアホらしいものを読まないといけない！」**みたいなことを自信たっぷりに語っています。冗談めかした調子ではありますが、確かに、ホラだらけのこの物語には、神話、歴史、文学、芸術、哲学といった人類の叡智《えいち》の数々が「風刺」という形でたっぷり練り込まれており、現実を批判的に考えるヒントに満ちているといえます。

常識を疑い、権威あるものに鋭いツッコミを入れて物議を醸《かも》し、言論を活性化しよう——そんなルキアノスの批判精神が、SF的な物語形式の端緒《たんしょ》になっています。

【起源その2】豪華メンバーの怪談ワークショップ!?
——『フランケンシュタイン』メアリー・シェリー

次は、19世紀生まれの『フランケンシュタイン』です。第1部でも少し触れましたが、科学の課題を先見的に取り入れた本作も、しばしばSFの起源だと言われます。内容はさておき、ここでは書かれたきっかけに注目しましょう。

『フランケンシュタイン』は、文学史に残る伝説の一夜をきっかけにして生まれた作品です。「ディオダティ荘の怪奇談義」と呼ばれるこのエピソードを、怪奇ミステリーファンならご存じの方も多いでしょう。

ディオダティ荘とは、スイスのレマン湖畔に建つ屋敷の名前です。1816年の夏、ロマン派の詩人バイロン卿が、侍医のジョン・ポリドリとともに滞在していたこの屋敷を、メアリー・シェリー（当時はメアリー・ゴドウィン）は、恋人のパーシー・ビッシュ・シェリー（ロマン派の詩人。後にメアリーと結婚）とともに訪れます。

教養あふれるメンバーが集結した**ディオダティ荘では、詩や創作にまつわる刺激あふれる会話が交わされ、話題は最新の科学や医学にも及んだ**といわれています。

ある日、悪天候で室内に閉じ込められた彼らは、退屈をまぎらわせようと怪奇談義に興じます。そして「せっかくだから、それぞれが怪談を考えよう」というバイロンの提案で、物語づくりにチャレンジすることになりました。メアリーはこのときわずか18歳。**小説など一度も書いたことのなかった彼女は、この夜に得た着想をもとに『フランケンシュタイン』という傑作を書き上げた**のです。

つまり、**『フランケンシュタイン』は、科学と創作に関するコミュニケーションによって生**

命を吹き込まれ、対話への応答として誕生した物語といえます。

余談ですが、この夜を別荘でともに過ごしていたジョン・ポリドリは、その後『吸血鬼』を書き上げています。フランケンシュタインと吸血鬼という、今も親しまれているモンスター界のスターが同じ一夜に揃って誕生したなんて、面白いですよね。

【起源その3】 科学コミュニケーションを活性化せよ！

――『ラルフ124C41+』ヒューゴー・ガーンズバック

ヒューゴー・ガーンズバックは、「SF」という言葉の生みの親であり、「SFの父」とも呼ばれる人物です。SFで最も権威ある賞といわれる「ヒューゴー賞」は、彼にちなんで名付けられました。

ガーンズバックはSF作家でもありますが、同時に優れたエンジニアであり、起業家でもあり、編集者でもありました。

彼は1908年に、自ら開発した無線機を販売するビジネスを展開するかたわら、世界初の無線雑誌『モダン・エレクトリックス』を創刊します。しかしある号で、予定していた原稿が掲載できなくなるというトラブルが発生。誌面を埋めるべく、自作の小説を掲載します。

27世紀の未来を舞台に、天才発明家が宇宙規模で大活躍する壮大なラブ・ロマンス！　それが『ラルフ124C41＋』[※3]でした。

ガーンズバックの目的は、無線をはじめとする科学テクノロジーにまつわる情報を広く発信することにありました。そこでこの小説にも、未来のテクノロジーがふんだんに盛り込まれています。それが、読者層であるエンジニアやアマチュア無線家に刺さったのです。フィクションという形式が、技術を広める上で結果的に大きな役割を果たしたといえます。

この小説が評判になったことで、ガーンズバックは1926年に世界初のSF専門誌『アメージング・ストーリーズ』を創刊しています。ここで「サイエンティフィクション」という造語が初めて提示され、後に「サイエンス・フィクション」と言い換えられました。SFという言葉はここから生まれたのです。

つまり、**無線雑誌の原稿の穴埋めで、エンジニア向けに掲載した小説が、SFというジャンルの始まり**、というわけです。

以上、ここまで見てきた3つの作品は、作られた時代も、形式も、テーマもバラバラですが、いずれも「SFの起源」と呼ばれる名作です。

これらには次の共通点があります。

◉学問的な知識をもとにフィクションが作られていること
◉作者は、フィクション創作に特化した専業作家ではないこと
◉「コミュニケーションのネタ」として作品が生まれていること

つまりSFは、「文学的価値の純粋な追求」というより、人と人がコミュニケーションするための、ある種の実用的なニーズに即して生まれた奇妙なジャンルといえます。

外の世界への冒険から始まり、内面の探索へと進化していく「SF」

起源をどこに置くかはさておき、SFは「サイエンス・フィクション」というぐらいですから、科学の発達と切っても切れない関係があります。

科学が発達すると、それによって未来がどう変わるかについて空想をふくらませ、それをネタにしてコミュニケーションを活性化させる……。

そんなサイクルをぐるぐる回しながら発展してきた文学ジャンルなんですね。

やがて時代とともにジャンルが成熟していくと、表現方法も多様化し、サブジャンルも生まれ、作品そのものの質・量ともに厚みを増していきます。すると、芸術表現としても、エンターテイメントとしても、作品そのものの完成度がますます求められるようになります。

テーマも、科学技術だけでなく、社会批判や、技術がもたらし得るリスクへの警鐘《けいしょう》、技術と人間の関係……と大きく広がっていきました。

こうした変化を背景に、SFを再定義しようという流れが生まれてきたのが、1960年代の「ニュー・ウェーブ運動」です。

SFのSは「サイエンス(科学)」だけではなく、「スペキュレイティブ(思索的)」のSでもある、といわれるようになり、「SF＝スペキュレイティブ・フィクション」との解釈が広がっていったのです。

先ほど、SFは「未来」や「科学」に関するコミュニケーションとして始まったと書きました。それが、より根源的な人間存在の可能性を掘り下げていく、哲学的なジャンルへと変容していきました。

ニュー・ウェーブ運動に関わったSF作家のひとり、J・G・バラードはこんな面白いことを言っています。

真のSFの第一号は——誰も書かなければ私自身が書こうと思うのだが——記憶を失った男が浜辺に横たわり、錆《さ》びた自転車の車輪を見つめ、その車輪と自分との関係のなかにある絶対的本質をつかもうとする。そんな物語になるはずだ。※4

引用しておいてこんなことを言うのも気が引けますが、ほとんど意味不明ですよね。

でも、よく読むと、ここに込められた思いがなんとなく浮かび上がってきます。

彼は**「人とモノとの関係」あるいは「自分とモノとの関係」をゼロベースで考えるのがSFだ**、と言いたかったのではないでしょうか。人間について思索を深めるためには、周囲のモノとの関係をいったんゼロに戻した地点に立ち返らなければならない、と主張していたわけです。※5
ここまで、海外のSFのことばかり話してきましたが、ここで、日本のSFについても触れておきたいと思います。

そもそも日本最古の物語は『竹取物語』だと言われており、そういう意味では日本のフィクションはSFから始まっていると言っても過言ではありません。ただ、もっと詳しく日本のSFの歴史を話そうとするとけっこうややこしくて本筋から長々と脱線してしまうので、詳しく知りたい方は長山靖生《ながやまやすお》『日本SF精神史【完全版】』などを読んでみて下さい。

ここでは僕が特に対話性という点で重視すべきだと思うSF作家、宮沢賢治《みやざわけんじ》と小松左京《こまつさきょう》について触れていきたいと思います。

実践を愛した、SF作家としての宮沢賢治

宮沢賢治をSF作家と呼ぶことについては、違和感を覚える人が多いかもしれません。誰もが知っている国民的作家ですし、一般的には童話作家、あるいは詩人と呼んだ方がしっくりくるでしょう。でも、僕の考えでは、彼は完全にSF作家です。

代表作の『銀河鉄道の夜』が宇宙を舞台にしているから?

もちろんそれもあります。しかし、それだけではありません。

作家としてのあり方にも、作品の持つ意味にも、SFの本質が宿っていると思うのです。

『注文の多い料理店』『よだかの星』『オツベルと象』など、彼の作品を初めて読んだのは国語の教科書だった、という人も多いのではないでしょうか。それはある意味、とても正しい出会い方です。というのも、**宮沢賢治はもともと岩手県花巻市の農学校の教師で、生徒たちへの読み聞かせのため、あるいは学校演劇の台本として書かれた作品も多い**からです。

小さな農学校の生徒たちのためだけに作られた名作の数々。

賢治はこれらを、英語、土壌学、肥料学、代数、音楽などのさまざまな教育に実践的に活用していました。

そんな彼が強く主張したのが「みんな、芸術家になろう!」ということです。

職業芸術家は一度亡《ほろ》びねばならぬ
誰人《たれびと》もみな芸術家たる感受をなせ
個性の優れる方面に於《おい》て各々《おのおの》止《や》むなき表現をなせ
然《しか》もめいめいそのときどきの芸術家である
創作自ら湧き起り止《や》むなきときは行為は自《おの》づと集中される
そのとき恐らく人々はその生活を保証するだらう
創作止《や》めば彼はふたたび土に起《た》つ
ここには多くの解放された天才がある
個性の異《ことな》る幾億の天才も併《なら》び立つべく斯《かく》て地面も天となる

（ルビは引用者による）

これは賢治の『農民芸術概論綱要』という文章の一部です。「芸術家は一度亡びねばならぬ」というのはかなり過激でビックリしますが、熱い思いは伝わってきます。賢治は**生活の中にこそ芸術を位置づけ**ていて、「土を耕すこと」も「文学を創造すること」も同じように創造的な活動だと考えていたのです。

現在の知名度を考えるとウソみたいですが、賢治は存命中、作家としてはほぼ無名でした。第一詩集『春と修羅』は自費出版で、全国的に知られるようになったのは、死後に詩人の草野心平が尽力してからの話です。しかしだからといって、生前の賢治の活動が、現実に何の影響力も持たなかったかというと、そんなことはまったくありません。

賢治はふるさと岩手に「イーハトーブ」という美しい名を与え、文学の中に架空の理想郷を作り上げて現実に重ねました。同時に、現実にもしっかり向き合って、土地の人々を教育し、土壌の改良に取り組み、自ら畑を耕しました。

文学者と生活者、フィクションと現実、妄想と実践を行き来しながら、物語と現実をともに豊かにし、物語を手がかりに、その関係性についてゼロベースで考えていった宮沢賢治の姿には、先ほどのJ・G・バラードが主張した「真のSF」に通じるあり方が現れているように思えます。

現実とSFの橋渡しに精力を傾けた小松左京

もうひとり、忘れてはならない日本SF界の巨人が小松左京です。

小松左京は『日本沈没』や『首都消失』などのSF作品を生み出し続けた作家であると同時に、優れた未来学者でもありました。

1970年に開催された大阪万博では、当時新進気鋭のSF作家だった小松が「万国博を考える会」の中心人物として基本理念の草案づくりに深く関わりました。そして、「人類の進歩と調和」というスケールの大きなビジョンを作り上げたのです。

企業が出展したさまざまなパビリオンにも、SF関連のクリエイターが多数参加し、多数の企業、政府、研究者と協力しています。彼らの想像力は、人工知能やロボットをテーマにした展示に結実しています。

たとえば、三菱グループの「三菱未来館」には、SF作家の星新一《ほししんいち》や矢野徹《やのてつ》、『SFマガジン』初代編集長の福島正実《ふくしままさみ》、星新一の挿絵でも有名なイラストレーターの真鍋博《まなべひろし》、ゴジラシリーズを作ってきた東宝の円谷英二、田中友幸《たなかともゆき》、伊福部昭《いふくべあきら》など、一流のSFクリエイターたちが多数参画して斬新な未来像を提示しました。[※6]

万博開催を2年後に控えた1968年には、小松左京は民族学者の梅棹忠夫《うめさおただお》らとともに「日本未来学会」を創設しています。

面白いのは、彼らの活動によって未来ブームが巻き起こり、小松のもとに「**トイレットペーパーの未来**」「**味噌の未来**」といった原稿依頼が殺到したということです。そんな世間の風潮にへきえきとしている様子が、自身のエッセイで軽妙に語られています。

50年も前の日本で、ビジネスとエンタメが高度に融合した「未来コミュニケーション」が盛り上がっていたことはとても重要です。SFを単なる空想ではなく、現実を変えるため、社会をより良くするためのエネルギーとして活用した第一人者が小松左京だったんですね。

PART 2

アメリカで誕生した「SFプロトタイピング」

未来を描きたいという欲望
——SFプロトタイピング前史

1960～1970年代に未来ブームが盛り上がっていたのはアメリカも同様です。日本と違ったのは、アメリカでは、このブームが一過性のものでは終わらず、「未来学」が学問としてしっかり発展したことです。東西冷戦の緊張が高まる中、軍事的なニーズがあったことも背景にあり、未来学者という職業も確立されました。

この「未来学」の領域で活躍したのがSF作家たちでした。『宇宙のランデヴー』『2001年宇宙の旅』などで知られるアーサー・C・クラークはじめ、フューチャリストとしても活躍していたSF作家は少なくありません。

そもそも**「未来学」の端緒には、『タイム・マシン』や『透明人間』などで知られるSF作**

家、H・G・ウェルズが存在しています。ウェルズはドイツ人学者オシップ・フレッチハイムとともに「未来主義（futurism）」という学問分野を提唱しており、後にフレッチハイムが「未来学（futurology）」という言葉を1973年に生み出すことになります。

「SFの起源」の話のところでは触れそこねましたが、H・G・ウェルズも「SFの起源」といわれることが多い作家です。そして彼もまた小説家以外にさまざまな顔を持つ人物でした。学術誌「Nature」などにしばしば寄稿する科学ライターでもあり、文明批評も活発に行うジャーナリストでもあるという多彩さです。そんな中で、SFというジャンルと、未来学というジャンルの両方の原型を作り上げたと考えると、なかなかにすごい人物ですよね。

ところで「未来学」というと「未来を当てることを目指す学問」と想像する人が多いかもしれませんが、それはちょっと違います。

現代の未来学者であり、フューチャー・トゥデイ・インスティテュートの創設者であるエイミー・ウェブは、『シグナル　未来学者が教える予測の技術』[※7]の中で次のように書いています。

> 未来学者の仕事は、予言を語ることではない。データを集め、台頭しつつあるトレンドを見つけ、戦略を考え、未来におけるさまざまなシナリオの発生確率を計算することだ。こうした予測は、組織が破壊的変化に直面するなかでもリーダー、チーム、そして個人が、質の高い情報に基づいて判断を下す一助として使われる。
> （12頁）

「さまざまなシナリオの発生確率を計算すること」、つまり、**「当たる当たらない」よりも「多様な可能性について考える」のが未来学のポイント**なのです。

未来予測については、SFの文脈とは別に、さまざまな手法が開発されてきました。

たとえば、未来予測調査でよく使われるのが「**デルファイ法**」です。ソクラテスが「無知の知」に気づくきっかけになった「デルフォイの神託」のデルフォイを英語にした言葉です。

ソクラテスが「知」について調べるために、知識のありそうな人の話を聞きに行ったように、予測したいテーマの専門家に意見を聞き、それを集約して再び専門家の意見を聞き……というフィードバックを繰り返すことで、意見をだんだん収束させていく方法です。

また、ビジネスコンサルティングでよく使われる手法に「**シナリオプランニング**」があります。条件の異なる未来のシナリオを複数つくり、さまざまな可能性に備えようという手法です。

これらの方法論は「未来についてのコミュニケーション」というより、「未来に確実に備えよう」という姿勢が強いといえるでしょう。

しかし、どのような方法を使おうと、結局のところ未来は基本的にその時が来てみないとわからないものです。

カナダのジャーナリスト、ダン・ガードナーは、『専門家の予測はサルにも劣る』という本の中で、権威のある専門家がさまざまなデータを駆使《くし》して行う未来予測がいかにあてにならないかを、おびただしい事例を挙げて論証しています。それは、素人のあてずっぽうの予測に比べてマシであるどころか、劣ることすら少なくありません。本書には、数学者アンリ・ポアンカレのこんな言葉が引用されています。

世の中で起きるあらゆることについて完璧な知識を持っていれば、次に起こることを計算できるというのは、理論上は正しい。しかし、その知識にほんの小さな問題があれば――ほんの小さな見落としでも誤解でも――そのひび割れはどんどん大きくなるだろう。やがて巨大なものになり、結果として予測は完全に外れる。このようにして「予測は不可能になるのだ」。（64頁）

このことからもわかるように、「完璧な知識」なんて持ちようがなく、当然ですがどの手法にも一長一短があるわけで、未来予測に関わる人の多くはみんな自分の知識の狭さに悩まされていると思います。

そんな中、未来を考えるのにフィクションを使ってみようという流れが生まれてきます。SF作家のブルース・スターリングが提唱し、ジュリアン・ブリーカーとともに広げた「**デザイン・フィクション**」です。

これはざっくりいうと「フィクションのなかに登場するモノを深掘りする」的な考えなので

すが、この言葉ができた当初は「物語にリアリティを与える手法」として使われており、後に「未来創造のために物語を活用しよう」という考えにシフトしていった——という経緯があります。ここでスターリングは「**物語的《ダイジェティック》プロトタイプ**」という言葉を使います。物語で未来をプロトタイプしておくことの重要性が言及され始めたのです。

「SFプロトタイピング」という概念の誕生

そんな中で生まれたのが「**SFプロトタイピング**」です。この概念を最初に世に示したのは、2009～2016年にインテル初の未来学者として活躍したブライアン・デイビッド・ジョンソンです。

インテルで研究開発を進めているようなテクノロジーが10年後の社会でどのように受け入れられるかを予測し、製品開発に活かすのが、未来学者としての彼の仕事でした。

しかし、新技術がイノベーティブなものであればあるほど、それが普及したときの社会の姿を具体的にイメージするのは簡単ではありません。

そこで「未来をSFでシミュレートしよう」と思い至ったんですね。

ジョンソンが「SFプロトタイピング」という概念を、初めてまとまった形で対外的に発表したのは2009年です。人工知能研究のプロトタイプとして、ジョンソン自身が

2008年に書いた小説「不明瞭なメカニズム」を例に、この新しい概念を国際会議で紹介しています。[※8]

ジョンソンは翌2010年に、別の国際会議でSFプロトタイピングのワークショップを開催。2011年には、これらの内容をさらに発展させて『インテルの製品開発を支えるSFプロトタイピング』という書籍を出版しています。[※9]

この本の冒頭の「はじめに」に、SFプロトタイプの目的と定義が明快に語られているので、引用しておきましょう。

科学的事実にもとづくSFを、単に未来を想像するだけでなく、新技術や新製品の開発に使うとしたら。現実世界での可能性を追求したり、未来のテクノロジーをいま使ったとしたらどうなのか、そんなことを考えるための道具として、小説や映画、コミックを使うとしたら。

（中略）

SFプロトタイプとは、現実の科学技術にもとづいて創作された短編小説や映画、コミックのことである。そうした発想自体は新しいものではなく、それこそ百年以上前から、作家は事実にもとづくフィクションを手がけてきた。SFプロトタイプが他と異なるのは、創作物を開発の過程におけるひとつの段階、あるいはインプットとして使っており、その点を明確にしていることにある。

（23頁）

「ＳＦをプロトタイプにする」なんていうと、いかにも突飛なアイデアのようですが、ＳＦというジャンルそのものが、コミュニケーションと、その先の実践までをセットにして進化した流れをふまえれば、実に的確にＳＦの特色を拾い上げているといえないでしょうか。

今「ＳＦプロトタイピング」というと、いかに目先のビジネスに活用するか、という点に特に注目が集まっているように思います。しかし、あらためてこの本を読み返してみて興味深いのは、ジョンソン自身はこの頃、ＳＦの「即時のビジネス活用」に、そこまで興味がなさそうだったという点です。

この本の最後は、「科学者が作家に、作家が科学者になる」というセクションで締めくくられています。ここからもジョンソンの考えを引用してみましょう。

ＳＦプロトタイプの目標は、科学と未来の可能性との間における対話である。科学者や同僚、研究パートナーの間で交わされる対話であり、対話そのものを拡大し、アーティストやデザイナー、ごく普通の人々にまで参加してもらうための手段でもある。

（２４６頁）

ジョンソンはインテル社内でフューチャリストとして活躍していたわけですから、自身はコンサルタントとして、ＳＦをバリバリにビジネス活用していたわけです。しかし、彼が設計したワークショップなどの手法そのものは、単に斬新なアイデアを創出するためというよりも、さまざまな人の「対話」を重視したものであったことは、もっと注目されてもいいポイントだと思います。

ビジネスに広がっていったＳＦ活用

アメリカではジョンソン以降、ＳＦプロトタイピングの研究、実践を進めていこうというムーブメントが拡大します。

２０１２年にはアメリカのアリゾナ州立大学において、**「科学と想像力センター」(Center for Science & Imagination：CSI)」**が創設されます。ここではＳＦプロトタイピング研究がひとつの柱となっており、研究者、アーティスト、起業家、市民など多様な人が多様な立場で交流してイノベーション創出に取り組める場が目指されています。

２０１２年は、ＳＦでコンサルティングを行う企業**「サイ・フューチャーズ(SciFutures)」**が設立された年でもあります。同社は外部ブレーンとして多くのＳＦ作家を抱え、ビジネスコンサルティングサービスのメニューとして本格的にＳＦプロトタイピングを実践しました。

製品コンセプトや企業ビジョンにアドバイスする案件を請け負い、成果物として「ＳＦ小説」を納品するのです。同社の顧客には、ビザ、インテル、フォード、ペプシコなどそうそうたる企業が並んでいます。

この動きは世界に広がっていきます。フランスではＡＩＤ（国防イノベーション庁）が軍事的脅威を予測するのにＳＦ作家を雇ったり、スウェーデンでは海洋環境の未来を考えるのにＳＦプロトタイピングを用いる「Radical Ocean Futures」というプロジェクトが実施されたり、中国では国営企業の最新技術をモチーフにした短篇ＳＦをまとめた書籍が発行されていたりもします[※10]。

こうした実践が進むにつれて「ＳＦプロトタイピング」や、先ほどお話しした「デザイン・フィクション」といった概念の知名度は高まりました。同時に、「宣伝のためのストーリーを作る手法」として使われることも増え、広告的な側面ばかりが一般に認知されるようになっていきました。しかし、ジョンソンのそもそもの目的意識を見てもわかるように、**ＳＦプロトタイピングは、広告として設計されたものではありません。あくまで「未来のプロトタイプ（試作品）」と位置づけられていた**のです。こういったズレを批判する向きもあります。たとえば、MIT Technology Reviewの２０２０年7月の記事〝「デザイン・フィクション」大企業に乗っ取られた精神〟のリード文にはこうあります。

SF小説家のブルース・スターリングが生み出した「デザイン・フィクション」の概念は、「もう1つの近未来」を想像するためのスペキュラティブなデザイン・プロセスだ。だが、初期のデザイン・フィクションに込められた批判的精神は消え、今や大企業の広告手法として利用されている。[※11]

鋭い批判だと思います。本書の「古びた未来」批判とも通底するものがある話ですね。でも、なんでこんな状況になってしまったのでしょうか？

僕の経験からいうと、ここには3つの理由が重なっていると思います。

ひとつ目は、**広告の案件ばかりが社会で目立つ**という理由です。SFプロトタイピング案件の多くは普通、社外に出ません。僕が関わった企業案件でも「未来像の試作」に重点を置くケースがほとんどで、広告にするどころか、大半は「社外秘」扱いです。特に新規事業のアイデアに関わる案件では機密情報を含むことも多いので、外に出すなら一部の情報を伏せたり、置き換えたり……と、表現を修正しなければいけません。一方、広告的な案件だけは、外からしっかり可視化されます。そのため、事情を知らない人から見るとそうした案件ばかりがSFプロトタイピングだと思われることになるのです。[※12]

2つ目は、**少しでも外部に出す場合、企業は自社をネガティブに描いた表現を、SFプロトタイプから消したがる**という理由です。SFプロトタイピングの主目的のひとつは、さまざまな未来像を考えることです。当然、その企業が未来に出す製品やサービスが暴走する可能性も考えるべきです。でも、それをそのまま外に出して、ボーっとネットサーフィンをしている人がそれを読めば、「この企業ってヤバいのかも？」という印象だけが残ってしまうかもしれません。多くの企業はそれを危惧します。イノベーションよりリスク回避を重視する企業ほど、外部に出る表現の多くはぬるい広告にならざるを得ないのです。

3つ目は、**広告的な案件以外では、ＳＦプロトタイピングの担い手がキャリアを築きにくい**という理由です。広告的なものをうまく書くＳＦ作家にはスポットライトが当たりますが、裏方でワークショップを設計したりしているコンサルタントなどには誰も目を向けません。僕自身、ようやく「日本におけるＳＦプロトタイピングの第一人者」みたいな言い方で紹介されることが増えてきましたが、ちょっと前までは世間的には「お前だれ？」状態でした。次のパートで説明するように、最初期からＳＦプロトタイピングを手がけていたにもかかわらず、業績が世間に認知されていなかったのです。ＳＦプロトタイピング業界からは有名人が生まれにくく、すでに知名度の高い作家が広告に協力したときだけ注目され、さらに知名度を上げていく……というループが延々と繰り返されるようになっているのです。

以上のような問題点はあるものの、ＳＦプロトタイピングという概念がさまざまな国やさまざまな業界に広がっていった現象自体は良いことだと、僕は思っています。

PART 3

日本でのSFプロトタイピングの広がり

日本で高まりつつあった「SF活用」の機運

ここまで主に世界でのSFプロトタイピングの広がりを見てきましたが、ひるがえって、日本での状況はどうでしょうか。

ジョンソンの著書『インテルの製品開発を支えるSFプロトタイピング』は日本では2013年に翻訳出版されています。しかし残念ながら、日本でこの本はあまり大きな話題にはなりませんでした。

ただし、日本が特に鈍感だったというわけではありません。日本は日本で独自の動きとして、SFプロトタイピング的な試みが生まれつつあったのですが、両者がうまく接続していなかった、という方が正しいと思います。先ほども触れたように、日本ではかつてSFと社会を接続しようというかなり先駆《せんく》的なチャレンジがありましたし、その後もSF作家の瀬名秀明《せなひであき》さんをはじめとしたさまざまな作家、研究者らの尽力で、SFを社会で活用する試みは続いていました。

2010年代に入ると、特に人工知能やロボティクス関連のコミュニティで、SFをコミュニケーションや研究に活用しようという動きが活発になりました。たとえば人工知能学会では、2013年からさまざまなSF作家に協力を依頼して、AIをモチーフにした短編SF小説を学会誌に連載するようになりました。※13
アートやデザインの文脈でのSF活用も重要です。SFプロトタイピングと共通点も多い、テクノロジーと人間の関わりに着目した**「スペキュラティブ・デザイン」**の手法が、スプツニ子！さんや長谷川愛《はせがわあい》さんの活躍によって、日本では先に広まっていたのです。

一方、ジョンソンから始まったアメリカのSFプロトタイピングを日本のアカデミズムで積極的に紹介していたグループにも、大きく2つの流れが挙げられます。

ひとつは、西中美和《にしなかみわ》さん（現・香川大学教授）らの研究プロジェクトです。西中さんらのグループは2019年にアリゾナ州立大学の科学と想像力センターを視察し、その成果を人工知能学会であるAAAI（トリプルエーアイ）※14と、日本の人工知能学会の企画セッションの双方で発表しています。ここでは、フィクションは社会の合意形成に役立つという視点から、SFプロトタイピングのバックキャスティング的側面にフォーカスが当てられ、**「フューチャー・プロトタイピング」**という名前でメソッド化された独自手法※15も提案されていました。

もう一つは、VRのコミュニティです。福地健太郎《ふくちけんたろう》さん（現・明治大学教授）が「SFプロトタイピング」をＶＲ学会誌の連載「ＶＲメディア評論」で紹介していたり、講義でＳＦプロトタイピング的な発想を使った課題を取り入れたりしていました。

「文学の有用性」を探る試みから、ＳＦプロトタイピングへ

こういった動きの中で、僕自身がどのようにＳＦプロトタイピングに関わるようになったかも、話しておきたいと思います。本筋に関わらない自己紹介的な要素も多いので、飛ばして次のセクションに進んでいただいても構いません。

僕は中学生の頃にサイエンスライターの竹内薫《たけうちかおる》さんの本を読んで、自分もこういう物書きになりたいなぁと考えるようになりました。竹内さんの本は、**ノンフィクションとフィクションが融合しているスタイル**が多いのが特徴です。社会とのコミュニケーションのためにＳＦを使いこなす方法論に、僕は衝撃を受けました。高校一年のときには面識のない竹内さんに直接インタビューをお願いして、[※16] キャリアについて伺ったりもしました。

そんなこんなで僕は趣味でフィクションもノンフィクションも書くようになりました。大学ではＳＦ研究会というサークルに入り、友人たちと自主制作映画を撮ったりもしていました。初めてオモテに出る仕事をしたのもこのときです。２００９年に新宿ロフトプラスワンで行われた自主制作映画上映イベント「シネマ秘宝館45」に自分が監督した映画が招待上映される

ことになり、壇上でトークをしたのです。この頃から僕は、**世の中にはオモテに知られていないクリエイティビティがたくさんあって、むしろその方がなんかヤバくて面白いぞ、**と思うようになっていきました。

公式な出版物に初めて執筆したのは2012年のことです。慶應義塾大学アート・センターが刊行しているブックレットに、ゴジラやアトムの研究書籍をリストアップするのをお手伝いしたのです。※17 このとき**SFの社会への影響を考察した書籍をたくさん読んだのが、SF活用の視点を明確に意識したきっかけ**だったように思います。

その後もブックガイドなどは執筆していましたが、大きな転機になったのは、大学院修士課程在学中の2015年に執筆した論考「実験室化する世界　映像利用研究が導く社会システムの近未来」（限界研編『ビジュアル・コミュニケーション』〈南雲堂〉所収）です。エンタメと科学と社会は、どのように組み合わさって進歩していき、未来はどうなっていくのかを、SFプロトタイピング的な語り口で表現した論考です。これを機に『ユリイカ』などの評論誌にSF評論を寄稿するようになり、物書きを名乗れるようになりました。

当時から特に力を入れて書いてきたトピックが、**フィクションの効能**です。たとえば2017年には「対震災実用文学論　東日本大震災において文学はどう使われたか」（限界研編『東日本大震災後文学論』（南雲堂）所収）という論考を書いたり、「ディザスターの想像力」（シミルボンにて、SF作家の草《くさ》野《の》原々《げんげん》さんとの対談）という、SFから災害を考えるウェブ連載もしました。

執筆活動のかたわら、趣味でSFワークショップも開発していました。大学院生時代に毎年参加していた合宿イベント「生命科学夏の学校」にSFプロトタイピング的な企画を毎回提案・実施していたのです。参加者の研究の可能性を、「あなたの研究を**ハリウッド映画**にしよう！」（2014）、「あなたの研究を**ディズニーランド**へ！」（2015）、「あなたの研究を**ゲーム**にしよう！」（2016）、「あなたの研究を**ミュージカル**にしよう！」（2017）といったさまざまなテーマで妄想し、架空のSF作品の紹介としてアウトプットしていく形で、毎年違うメンバーと、色々な寸劇を作りました。

そんな活動をしていて、イベント登壇の依頼も増えてきた頃、2016年に神戸の灘中学校・高等学校から声がかかりました。中高生を対象にした課外講座「土曜講座」の講師になってほしいというのです。そこで、**架空のSF映画のプロットづくりを通して、科学文化の未来像を描くグループワーク**を実施しました。また、同じ2016年に、東京藝術大学大学院の映像研究科からも講義の依頼を受け、オムニバス講義の一コマでSF活用の考え方や事例を紹介しました。

企業から「SFを通して新商品のアイデアを出せないか」「ワークショップに参加してアドバイスを貰えないか」といった相談が増えてきたのもこの頃です。同時期にマンガ、舞台、小説といったエンタメ作品を科学的側面から監修する仕事の依頼も増えました。**SF的な視点を集団で共有することへのニーズ**が、僕の目にはっきり映り始めました。

こうした助走期間を経て、いよいよ本腰を入れてSFの社会活用の研究を始めたのは2018年です。SF研究会の先輩の大澤博隆《おおさわひろたか》さん（現・慶應義塾大学准教授）とは、その前年から関連論文や実際の事例について情報交換を始めており、その流れで「研究予算に一緒に応募してみませんか？」とお誘いいただいたのがきっかけです。大澤さんは先ほど紹介した人工知能学会のSF企画に関わるなど、すでにさまざまな形でSF活用をアカデミアで実践されていました。で、その意義や方法論をしっかり考察する必要があると考えていたのです。

そして、科学技術振興機構（JST）社会技術研究開発センター（RISTEX）への研究予算の申請は無事通過。2018年10月から「想像力のアップデート：人工知能のデザインフィクション」（通称AI×SFプロジェクト）が始まりました。[※18] プロジェクトは、AIとSFの関係を整理することや、社会における新たなSFの役割を考えることなどを目指すもので、SFプロトタイピング的な要素も軸のひとつに据えていました。

このプロジェクト開始にあたって、前述した西中美和さんや福地健太郎さんなどとの対話を通し、国内外でのSFプロトタイピングの状況を体系的にリサーチしたことが、本書の元アイデアのひとつになっています。さらに、西中さんがアリゾナ州立大学の科学と想像力センターを紹介してくださったおかげで、ＳＦプロトタイピングの研究状況をアメリカの研究者と情報交換できるようになりました。また、２０１９年に中国成都で開催された国際科幻大会（ＳＦ大会）にゲストとして参加し、国家をあげてＳＦ業界を推進しているのを見たり、中国のＳＦ教育・研究の第一人者の呉岩さんと知り合えたりしたのも、大きな収穫でした。

後に一緒に本を書くことになる三菱総合研究所の藤本敦也《ふじもとあつや》さん、関根秀真《せきねほづま》さんと出会ったのも２０１９年です。同社では当時、２０２０年に迎える創業50周年に向けた研究事業を進めていました。あるべき未来像を構想する本プロジェクトにＳＦを活用したいということで、大澤博隆さんの研究室に相談に来られたのです。そこで、僕が色々なＳＦワークショップを設計してきたことなどを話したところ、お二人に興味を持っていただき、共同研究が始まりました。

僕は主に藤本さんとＳＦワークショップを設計し、関根さんと大澤さんがプロジェクトを統括する形で、企画は進んでいきました。新型コロナが大流行する直前、２０２０年１月に４人でアリゾナ州立大学を見学にも行きました。そうして作成した**ＳＦワークショップを、三菱総合研究所内をはじめ、さまざまな企業で実施**し、ブラッシュアップしていきました。**日比谷高等学校や東京大学のような教育・学術機関で実施**したことも、大きな経験になりました。

時を同じくして、アカデミズム以外のところでも、ＳＦプロトタイピングが話題になりつつありました。特に2020年3月、SFプロトタイピングに関わってきた作家兼ITコンサルタントの樋口恭介《ひぐちきょうすけ》さんが投稿サイトのnoteに投稿した記事は、SNSで「SFプロトタイピング」について語る人が増えるきっかけになりました。また、SFプロトタイピングやSF活用の記事をずっと紹介してきたビジネス&カルチャー誌の日本版『WIRED』が2020年6月に特集号を出したのも拍車《はくしゃ》をかけました。[※19]

このように、**2020年前後に日本でもSF活用のムーブメントが巻き起こった**ことで、「SFプロトタイピング」という言葉がだんだん社会に浸透していきます。

「これはムーブメントを作れるぞ」と思った僕は、かねてから準備していた2冊の編著書籍を、2021年の同時期に一気にリリースします。

1冊目は、色々なSFプロトタイピング実践者にその取り組みを聞く『SFプロトタイピング　SFからイノベーションを生み出す新戦略』です。こちらは早川書房から6月に出版されました。

2冊目は、三菱総合研究所との取り組みをまとめた『SF思考　ビジネスと自分の未来を考えるスキル』です。こちらはダイヤモンド社から7月に出版されました。

くしくも同じ7月に樋口恭介さんの『未来は予測するものではなく、創造するものである　考える自由を取り戻すための〈SF思考〉』が筑摩書房から出版されたのが、ブームをさらに大きなものにしました。

この3冊が合わせて取り上げられることが増え、「SFプロトタイピング」はメディアでもよく聞くワードになりました。たとえば僕は日経新聞、朝日新聞、産経新聞、NewsPicksなどから取材を受けました。

世の中でもたくさんSFプロトタイピングのプロジェクトを見かけるようになりましたし、僕への依頼も数倍に増えました。三菱総合研究所とも、農林水産省の「2050年の食卓の姿」のビジョン作成の監修など、[※20]多様な領域でSFプロトタイピングを実施しました。**産・官・学の全方向から注目を浴びるようになった**のです。

2021年10月には、科学技術振興機構・社会技術研究開発センターに、大澤さんが代表で僕もメンバーを務める「責任ある研究とイノベーションを促進するSFプロトタイピング手法の企画調査」という研究プロジェクトが採択され、SFプロトタイピングの参加者がどのように価値共創しているかを会話や行動、意識、創出結果から分析する研究も進み始めました。

SFの読み方や使い方を、決めつけず、対話しよう

以上、長々と自己紹介的なものを書いてしまいましたが、第2部の最後では、そうした活動の中で気になったことを書いておきたいと思います。

日本に「SF活用ブーム」が広がるにつれ、表層的と思えるような批判が増えてきた、ということです。もちろん、的確に問題点を指摘する方もおられます。しかし、僕自身の経験として、「SFの使い方を考えよう！」「ビジネスにも活用しよう！」という考え方に対して、せせら笑うような批判を受けることがよくあったのです。

その声には、大きく分けると2つの方向性があります。

ひとつは**「SFなんてバカバカしい。子どもの読み物だから、大人が真面目に読むものじゃない」**と、SFそのものを否定的に捉えたもの。もうひとつは**「SFをビジネスなんかに使うのは邪道。純粋に読み物として楽しむべき」**という、SFファンからの異論です。

この2つは、一見真逆のようですが、実は共通点があります。というのも、前者は「SFは子どもだけのもの」と決めつけているし、後者は「SFは楽しむだけのもの」と、決めつけています。どちらも自分の思い込みで**「SFはこういうもの」と決めつけて、使い方や可能性を制限しようとしている**のです。

おそらく言っている本人は無自覚だと思いますが、これ、実はものすごく「権力者っぽい振る舞い」です。

第1部では、フィクションの持つ大きな力について解説しました。そして、大きな力を持っているがゆえに、プロパガンダとして使われたり、逆に、その力を恐れて抑圧されてきた例も紹介しました。**時の権力者が「読め」と押しつけたり「読むな」と押しつけたりしてきた**わけです。

「子どもだましのＳＦを大人が読んでいても、頭が幼児化するだけ」と言ったり、「現実への活かし方を考えながらＳＦを読むなんて、つまらない人間のすることだ」と言ったりするのも、それと同じことではないでしょうか？

それに、「子ども向けだから」「エンタメだから」と切り分けて「自分には関係のないもの」「仕事や研究の役に立たないもの」と決めつけてしまうのは、何より自分自身にとって、すごくもったいないことだと思います。

たとえば、僕は『アンパンマン』をたまに見るのですが、けっこう仕事にも役に立っていると思っています。パンだというのに人間っぽいアンパンマンは、ＡＩと人間の交流について考えるときに示唆を与えてくれる題材です。※21 つまり、どんなフィクションにも、見方ひとつで意外な価値が見つかり、使い方や可能性をさまざまな方向から探っていくことには大きな意味があります。

だからこそ、**あらゆるフィクションは、あらゆる人に開かれているべき**です。そして、**作者すら考えもしなかった読み方、使われ方をされるからこそ面白い**のです。特にＳＦは可能性のフィクションです。可能性を最大限に活かすためには、能動的に、前のめりに、無理やりにでも読んで、使っていく。そんな姿勢が大事だし、そんなチャレンジから「ＳＦを使いこなす力」が育っていくはずだと思っています。

第2部で見てきたように、SFは対話のためのフィクションだ、と僕は思っています。使い方や楽しみ方が、人によって違うからこそ、決めつけたり、押しつけたりするのではなく、その違いを対話のきっかけにしていきたいのです。「それ面白いね」「こう使うのはどう？」と対話することで、楽しみ方も使い方もどんどん広がっていくのですから。

中には、差別や偏見など、過激な表現を含むSFがあるかもしれません。だとしても、ぜんぶ否定して規制して見えなくすることで終わりにするのではなく、そこから**どうすれば対話を作り出して社会を変えていけるかを考える**ことが大事です。

本書に書いたことも、もちろん僕なりの見方、個人の意見に過ぎません。ぜひここから色々な立場の人との対話の糸口にできればと願っています。

さて、ここまで読んでいただいて「SFを使いこなせば、未来の可能性を広げることができる！」ということはある程度わかっていただけたと思います。

同時に、「結局、どうすればSFを使いこなせるの？」という疑問も湧いたのではないでしょうか。

まさに、それを解説することこそが本書の大きな目的です。第3部からは、具体的な「使い方」についてじっくり解説していきます。

第2部のまとめ

- 「SF」には本質的にコミュニケーションツールとしての実用的な側面がある
- 「真のSF」は、素人と専門家、両方の視点が交わることで生まれる
- 「SF活用」は教育・行政・ビジネスなど、あらゆる場面で応用の可能性がある

※1 この「無知の知」は、最近では「不知の自覚」と訳されるようになっています。その理由を西研は『別冊NHK100分de名著　読書の学校　西研　特別授業「ソクラテスの弁明」』（NHK出版、2019）の中で、以下のように説明しています。「『ソクラテスの弁明』の中では『不知』と『無知』という言葉が使い分けられていて、『不知』は価値あることを知らないという事実を表すニュートラルな意味を持つのに対し、『無知』のほうは、本当は知らないのに知っていると思い込んでいる。恥ずべき状態のことを指しています。／ソクラテスは無知ではなく、不知であって、そのことを自覚している。だから『不知の自覚』というべきだということになります。」

※2 この日の雑談では、谷川さんから「フューチャー・デザイン」という未来創造の手法についても教えてもらいました。アメリカの先住民族

のイロコイ族は、重要な意思決定を、なんと7世代も先の人間になりきって行う伝統を持っているのだそうです。この方法を参考にして、「仮想将来世代」から未来を考える手法「フューチャー・デザイン」が、高知工科大学の西條辰義特任教授らによって提唱されています。SFプロトタイピングとの共通点も多く、興味深い手法です。『フューチャー・デザイン　七世代先を見据えた社会』（勁草書房、2015）や、谷川さんも分担執筆者として参加されている『フューチャー・デザインと哲学　世代を超えた対話』（勁草書房、2021）といった本が参考になります。

※3 この奇妙なタイトルは主人公である発明家の名前です。27世紀の世界では、ファーストネームの後ろに数字とアルファベットが並んだ名前が一般化しているという設定なのです。ちなみに「124C41」には「one to foresee for one＝未来を見通す人」という意味が込められています。

※4 原文は『New Worlds』（1962）に掲載された'Which Way To Inner Space?'。ここに引用した訳文は『J・G・バラードの千年王国ユーザーズガイド』（木原善彦訳、白揚社、2003）所収「内宇宙への道はどちらか?」（283頁）のものです。

※5 これはあくまで僕の解釈なので、全然違う読み方もあると思います。

※6 三菱グループの「三菱創業150周年記念サイト」には、当時の1970年の三菱未来館に展示されていた「2020年」の斬新な未来像が紹介されています。実際にその予想が当たったかどうかはともかく、パンフレットは今見ても興味深い内容です。https://www.mitsubishi.

com/ja/150th/future/

※7 『シグナル　未来学者が教える予測の技術』（エイミー・ウェブ 著、土方奈美 訳、ダイヤモンド社、２０１７）

※8 『ＳＦプロトタイプ あるいは、私がいかにして未来の心配をやめてＳＦを愛するようになったか（Science Fiction Prototypes Or：How I Learned to Stop Worrying about the Future and Love Science Fiction.）』（Brian David Johnson, 2009）Intelligent Environments 2009所収。バルセロナで開催されたインテリジェント環境の国際会議IE2009で発表されたもの。

※9 『Science Fiction Prototyping：Designing the Future with Science Fiction』（Morgan & Claypool Publishers, 2011）

※10 中国ＳＦの翻訳を手がける大恵和実さんの２０２２年7月のツイートを参照。「未来事務管理局編『大国重器』（中信出版集団２０２２）を東方書店で購入。ＳＦ作家がトップクラスの科学技術を持つ国営企業を見学して執筆する企画短篇集。一種のプロトタイピング？ どうかなぁ、とも思うけど、始皇帝ＳＦの劉天一「天問」や百合ＳＦの昼温「落光」等も収録してて単なる宣伝ではない感じ。」（原文ママ）
https://twitter.com/betweendice/status/1549579076633231360

※11 https://www.technologyreview.jp/s/207875/how-big-tech-hijacked-its-sharpest-funniest-critics/

※12 もちろん、広告が常に悪だというわけではありませんし、広告と批判的精神が同居できないというわけでもありません。たとえば写真家のオリビエーロ・トスカーニによるベネトンの広告は、反人種差別など

を訴える社会的意義の高いものとして世界的に有名です。

※13 これらの短篇は、後にアンソロジー『人工知能の見る夢はAIショートショート集』（人工知能学会、JSAI編、文春文庫、2017）として出版されています。

※14 Nishinaka, M., Kishita, Y., Masuda, H., & Shirahada, K. (2019). "Concept of Future Prototyping Methodology to Enhance Value Creation within Future Contexts," Proceedings of AAAI (the Association for the Advancement of Artificial Intelligence) 2019, http://doi.org/10.57372/00011392

※15 現在、西中さんらはこれを「ロードマッピング」というバックキャスティングにフォーカスした手法とマージし、SFプロトタイピングと融合を図っています。これまでに、ロードマッピングを利用したワークショップで「シェアードリーダーシップ」が創発したといった成果が得られています。
Nishinaka, M and Shirahada, K. (2022). "Emergent Process of Shared Leadership for Innovative Knowledge Creation: Text-Mining Approach to Discussion Data," International Journal of Innovation and Technology Management. 2350013. https://doi.org/10.1142/S021987702350013X

※16 当時僕のいた海城高等学校の授業の課題で、当時のレポートはまだ竹内さんの後援会のサイトに掲載されていたりします。http://kaoru.txt-nifty.com/supporters/2005/11/post_e706.html

※17 海老原豊・宮本道人編「ゴジラとアトム／主要研究資料」（「慶應義塾

アート・センター Booklet Vol.20『ゴジラとアトム：原子力は「光の国」の夢を見たか』p116-118）

※18 大澤博隆さんを代表者として、メンバーには、長谷敏司さん、西條玲奈さん、福地健太郎さん、三宅陽一郎さんといった、これまでＳＦと社会の関係についてさまざまな取り組みをしてきた方々がいらっしゃいます。

※19『WIRED』日本版VOL.37（コンデナスト・ジャパン、２０２０）で「BRAVE NEW WORLD」と題して、ＳＦプロトタイピングの特集が組まれています。

※20 フードテックの振興にかかわる調査委託事業の一環として２０２１～２０２２年に開催。実施プロセスも含めて、農林水産省のサイトで公開されています。https://www.maff.go.jp/j/kanbo/ftitaku.html

※21 人工知能学会の学会誌『人工知能』に、ＡＩを新たな視点で考察するため、『アンパンマン』のようなファンタジー作品をＡＩフィクションに無理やり読み替えてみよう、と提言する文章を寄稿したこともあります。「ファンタジーにＡＩを読み取る」（２０２１年36巻3号 ３２９頁）

第3部

古びた未来を書き換える「SF思考」

INTRODUCTION

思考も行動も、共同作業でぐるぐる回る

曹洞宗《そうとうしゅう》岩手県宗務所《しゅうむしょ》に講演を頼まれて、盛岡に行ったことがありました。

若い僧侶の方々のための勉強会「現職研修会」が開かれるので、物語の効能について話してほしいといわれたのです。[※1]

「未来のおはなしの力」を考えるSF思考は、「過去のおはなしの力」を説法として説くお坊さんにも役立つのではないか——依頼して下さったお坊さんは、そんなふうに考えて下さったそうです。また、僕はこれまで、岩手出身の宮沢賢治や、3・11後の岩手における震災文学について論じたことがありました。そういった原稿がありがたいことにお坊さんの目にとまり、お声がけいただいたようでした。


僕はこういう機会をいただくと、講演に「ご当地ネタ」を絡ませたいなぁ……と、話の種を探しながら現地に向かいます。

この日は、行きの新幹線の中でググって、「冷麺」「わんこそば」「じゃじゃ麺」の3つの麺

料理が盛岡の名物だ、という情報を手に入れました。そこで、とりあえず「じゃじゃ麺」を最初のランチで食べることにしました。

早めに盛岡に到着し、お店に入り、お目当ての「じゃじゃ麺」を食べていたとき、突如《とつじょ》として謎の天啓《てんけい》が僕に舞い降りました。

この「じゃじゃ麺」って、SF思考に似てない？

これだけだと完全に意味不明だと思うので、まずは「じゃじゃ麺」について説明しましょう。

「じゃじゃ麺」はざっくりいうと、肉そぼろ味噌をきしめんに混ぜて食べる料理です。

特徴的なのは、その食べ方です。まず、自分でテーブルにある調味料（酢、ラー油など）を好きなように付け加えて、自分好みの味を探求します。で、食べ終わったら、店員さんに「ちーたんたん」を注文する。ここまでがワンセットです。「ちーたんたん」とは、「じゃじゃ麺」を食べ終わった皿に生卵を落とし、お湯を注いでできるスープです。

さっき説明したように「じゃじゃ麺」は、好みの調味料を勝手に取って自分で味をつけるので、このスープの味もそれぞれ違います。究極の「自分の味」が見つかるまで、何度も通う人もいるといいます。

とまぁ、こんなのが「じゃじゃ麺」の説明なのですが、ポイントは、**「自分だけでは完成しないで、人との共同作業で完成する」**ところです。料理を作って提供する人、料理を食べる人、という固定された役割があるのではなく、あえてちょっと未完成なまま出された料理が、食べる人との共同作業の中で完成していくのです。

この点に、僕はＳＦとの共通点を感じました。第２部では、ＳＦは対話の文学として出発し、それを活かしてＳＦ思考が広がった、という流れを紹介しましたが、それに近いものがあるなぁ、と思ったんですね。

肝心の講演でもそんな話をして、（まぁそこまでこのネタが盛り上がったかというと微妙でしたが……）全体としては内容に好評をいただき、無事に研修を終えることができました。

帰りがけ、僕は盛岡駅で「じゃじゃ麺」の乾麺のパックをお土産に買い、家に帰ってからしばらくして、両親に作りました。ただ、ちょっと時間を置いたせいで、盛岡で食べた「じゃじゃ麺」の具がちゃんと思い出せなくなりました。キュウリと、あとはなんだっけ……？　ニワトリみたいな自分の記憶力を嘆きつつ、レシピサイトで調べながら、麺を茹でて、野菜を載せて……とにかく、そんな作業をしながら、またＳＦ思考について考えていたら、自分の考えの解像度がより明確になってきました。

そうか。「作る」と「消費する」のそれぞれに共同作業が存在する。それがぐるぐる回るのが「じゃじゃ麺」のキモであり、ＳＦ思考のキモでもあるのだ。

じゃじゃ麺をお店で注文して、自分好みの味にして美味しく食べる（お店との共同作業）
↓
麺を買って、お店の味を再現しようと思うけど忘れていて、適当にアレンジして美味しく食べる（家族との共同作業）→でもお店とは違う味だったなぁ、とまた食べに行って、新しいアレンジを見つける——

じゃじゃ麺に限らず、こういうことって、よくありませんか？

作る、消費するのサイクルを、色んな人とぐるぐるする。これを何度も繰り返す中で、食べ方、味のつけ方などに習熟していく。

一体、何の話？　と思われるかもしれませんが、ＳＦ思考も、実はこんなサイクルをぐるぐる回していくものなのです。

ＳＦの力を使うにも、「作る」面と、「消費する」面があって、それぞれに共同作業があります。そして、それを繰り返すことでＳＦ思考に習熟していきます。第３部では、その構造や仕組み、使いこなすための準備や心構えについて説明していきたいと思います。

PART 1

SFの力をどう使う?

目的別の2つのアプローチ

まずこのパートでは、実際にSFの力を使いたくなってきた、という人に向けて、何をどうすればいいのか、ざっくりやるべきことをお話ししていきたいと思います。

ただし、「SFの力を使う」といっても、どう使いたいかによってアプローチは変わります。僕は、その方向性は大きく分けると2つあると考えています。

その1　とにかく「ブッ飛んだ未来像」を考えたい
その2　未来像をもとにして、「今やるべきこと」を考えたい

この2つの方向性に、それぞれSFはどう使えるでしょうか。順番に見てみましょう。

その1：とにかく「ブッ飛んだ未来像」を考えたい人におすすめ！
〈SFプロトタイピング〉

SFのような斜め上の未来像を考えたい人や企業が取り組むべきは**「SFプロトタイピング」**です。たとえば、「将来の夢や目標をはっきりさせたい」と思っている高校生や、「社員が共有できるビジョンを作りたい」と考えている会社などが当てはまります。

「SFプロトタイピング」が、これまでどのように広がってきたかについては、第2部で紹介しました。2020年以降、日本でも実践する人や企業が増えています。ただし、やり方はさまざまで、はっきりした定義があるわけではありません。

もちろん、人によって色んなやり方があっていいのですが、ここで本書なりの定義を示しておきたいと思います。それは、次の3つの要素を備えていることです。

◉未来像や別様の可能性を「フィクション」の形式で作り出すこと。

SFプロトタイピングの基本は、未来像を「フィクション」として描くことです。また、この世界の別様の可能性を描き出すこともあります。形式としては、小説、マンガ、映画のようにストーリーとキャラクターを備えたものが中心ですが、デザインやアートとして表現されることもあるでしょう。

◉作品制作が最終目的ではなく、別の目的を持ってSF作品を作ること。

目的意識があることも大事なポイントです。創作を通じてチームをまとめたいのか、事業や研究のビジョンを作りたいのか、新商品の開発のヒントを得たいのか——。表現そのものが目的なら、完成したフィクションは「プロトタイプ（試作品）」ではなく「実作品」です。別の目的のために「フィクションを使おう」という意志があるからこそ、プロトタイプとして意味あるものになるのです。

◉クリエイター以外の専門家が関与して創作が行われること。

SF作品制作の当事者として、フィクションづくりの専門家以外の人物が関わることも重要な要素です。SFプロトタイピングにSF作家が携わるのは珍しいことではありませんが、プロジェクトの主体は別にいて、SF作家と対話しながら制作を進めていくこともあるでしょう。

この中でどれかひとつでも当てはまれば「SFプロトタイピング的な活動」と言って良いと思いますし、3つ揃っていたら紛れもない「SFプロトタイピング」です。

この「SFプロトタイピング」は、次の2つのステージに分けることができます。

◉ステージA：未来ストーリーを「つくる」
——世界観とプロットをざっくり考える

未来像をSF的な世界観やプロットにざっくり落とし込むのがこのステージです。目的にもよりますが、この作業では、できるだけ多様な人の意見を反映することが重要なので、チームで取り組める短期的なワークショップとして実践するのがおすすめです。ワークショップの開き方や進行方法については、第4部で詳しく紹介しているので、ぜひ参考にして下さい。

◉ステージB：未来ストーリーを「あらわす」
——世界観とプロットを「SF作品」に仕上げる

ステージAで作った「世界観とプロット」は、そのままでは粗削りで、第三者と内容を共有するのは困難です。そこで、小説、マンガ、映像といった「作品」としてブラッシュアップしていくのがこのステージです。作品制作にはそれなりのノウハウがいるので、プロの作家に参画してもらうとスムーズですが、まず自分で書いてみるのもアリです。第5部で、実際に作品化するプロセスと実例を掲載しているので参考にして下さい。

ここでは、ステージAからステージBへ、連続して取り組む形で説明しましたが、それぞれ独立した取り組みとして実践してもOKです。ステージAはワークショップ形式で取り組みやすいので、とりあえずSFプロトタイピングを体験するのにおすすめです。また、ステージBだけに取り組んで、いきなり妄想を書き出していくのも楽しいでしょう。

その2：未来像をもとにして、「今やるべきこと」を考えたい人におすすめ！

〈SFバックキャスティング〉

SF的な未来像を起点に「今」を変えたい。そんな場合は「**SFバックキャスティング**」にチャレンジしてみて下さい。SFにインスパイアされて新しいビジネスを立ち上げてしまう起業家は、まさにその実践者といえます。

そんな言葉、初めて聞いたぞ、と思われたあなた、それは当然です。これは、僕がここで初めて提唱する概念なのです。

でも、いい加減なことを言っているわけではありません。「SFプロトタイピング」と対となる概念として、めっちゃ重要なものだと僕は思っていますので、これから、ちゃんと説明します。

「ＳＦプロトタイピング」のことを、「未来を作るための方法なんだな」と漠然と思っている人は多いと思います。でも、プロトタイピングだけでは「別様の未来」あるいは「別様の現実」としてのフィクションが手に入るだけです。

未来や現実を実際に変えていくためには、実はフィクションを起点にした「バックキャスティング」のプロセスが欠かせないのです。

「バックキャスティング」とは、「フォアキャスティング」と対になる言葉です。**現在を起点に未来を予測するのではなく、未来を起点として、逆行的に現在までの道すじを考える**ことに特色があります。

「バックキャスティング」を、未来予測の手法として最初にまとまった形で提示したのは、カナダの環境学者、ジョン・Ｂ・ロビンソンといわれています。

確かに、気候変動のような大きな問題には、目の前の課題を順番に解決していくやり方では立ち向かえそうにもありません。まず「課題が解決された未来像」を思い描き、そこから逆算して「やるべきこと」を決めていく——。そんな大胆な方法に打って出なければ手遅れになってしまうのです。

ＳＦバックキャスティングの考え方も、基本的にはこの通りです。ただ、**ＳＦバックキャスティングが普通のバックキャスティングと大きく違うところはズバリ、「マジメに逆算しない」ということ**です。せっかくＳＦプロトタイピングでブッ飛んだ未来像を作るのですから、

SFバックキャスティングでも、ブッ飛ばないとダメなのです。

「SFプロトタイピングをやってみたけど、あんまり役に立たなくて……」という声も聞かれるのですが、その原因の多くは、「バックキャスティング」のプロセスがちゃんと理解されていないからではないでしょうか。

企業のビジョンも同じです。どんなに立派なビジョンを掲げても、社員一人一人がビジョンの本当の意味を理解して、それを日々の行動に反映させることができなければ、現実は何も変わらない。ビジョンがただの「絵に描いた餅」になってしまうのです。

本書では、このプロセスを「SFバックキャスティング」と名付けて、はっきり定義を示しておきたいと思います。

◉未来ストーリーを参考にして「今やるべきこと」を考えること。

バックキャスティングの起点となるのは、未来像や別様の可能性が示されたフィクションです。そして、そこから逆算するように「今」を考えます。使うフィクションは、SFプロトタイピングで作ったものでもいいし、既存のSF作品でも構いません。

◉単にビジネス的に逆算するのではなく、逆算のプロセスでもSF要素を介すこと。

いくらブッ飛んだフィクションを起点にしても、ただ真面目にバックキャスティングするだけでは、ありきたりなビジョンしか得られません。バックキャスティングのプロセスでも、SF的な発想が出てくるように工夫することが大切です。

◉フィクションを要素分解し、一部でも現実化して社会を変えようとすること。

SFに登場する社会像やテクノロジーを、そっくりそのまま実現するのは困難です。しかし、それらを丁寧に分解していくと、部分的には実現できる要素もけっこう見つかります。それらをフィクションから見つけ出し、現実化し、ほんの少しでも社会を変えようとする。そんな意志を持つことが、SFバックキャスティングのポイントです。

この3つの要素を見ればわかるように、SFバックキャスティングとは「フィクションを使いこなすための手法」です。フィクションを能動的に「つかう」ことは、フィクションを創造することと同様に、とてもクリエイティブな作業です。未来ビジョンを自分でゼロから作らなくても、既存のフィクションを「無理やり読み解く力」さえあれば、未来を妄想する強力な武器になります。

SFプロトタイピングと同様、SFバックキャスティングも、2つのステージに分けられます。

◉ステージA：未来ストーリーを「つかう」
――フィクションを要素分解し、現実とのリンクを探す

フィクションの中にいる自分を想定してみたり、フィクションには描かれていない部分を想像で補ってみたり、さまざまな方法でフィクションと現実に橋をかけるステージです。このステージはワークショップ化して実践するのがおすすめです。第6部で、そのメソッドを解説しています。

◉ステージB：未来ストーリーに「なる」
――フィクションから生まれたアイデアを現実化する

ステージAで探したフィクションと現実との接点を手がかりにして、実際に行動していくステージです。ここでは周囲をどう巻き込んで変化させていくかが問われます。第7部にさまざまなやり方を紹介していますが、ぜひ自分でもアレンジして気軽に動いてみてほしいと思います。

この2つのステージは、連続して取り組んでもいいし、別々に実践しても大丈夫です。

自由に発想し、自由に行動するための〈SF思考〉

ここまで「未来」にフォーカスして架空の未来ストーリーをかたちづくる「SFプロトタイピング」と、「今」にフォーカスして現実に引き戻す「SFバックキャスティング」について解説してきました。これらはバラバラにも実践できますが、ひと続きにできれば、より成果が得られます。

別々のものとして取り組むのではなく、未来ストーリーを、つくって、あらわして、つかって、最後に自分がそれになる……。そんなサイクルを自由自在に回せるようになれば、もっと自由な発想が広がり、自由な行動が広がっていくようになります。こういった思考を本書では**「SF思考」**と呼びたいと思います。

SFはその成り立ちからしてコミュニケーション的な要素がとても強いジャンルだということを、第2部では見てきました。

名作といわれるSF作品が、ただの突飛な空想に終わらず、驚くほど鮮やかに未来を予見することがあるのも、イノベーターや研究者の開発魂に火をつけるのも、未来像が作られ、世に出され、多くの人が積極的に読み解き、そこに近づくことで現実に接続されていく、というサイクルがぐるぐると回された結果なのです。

これを図としてまとめると、次のようになります。

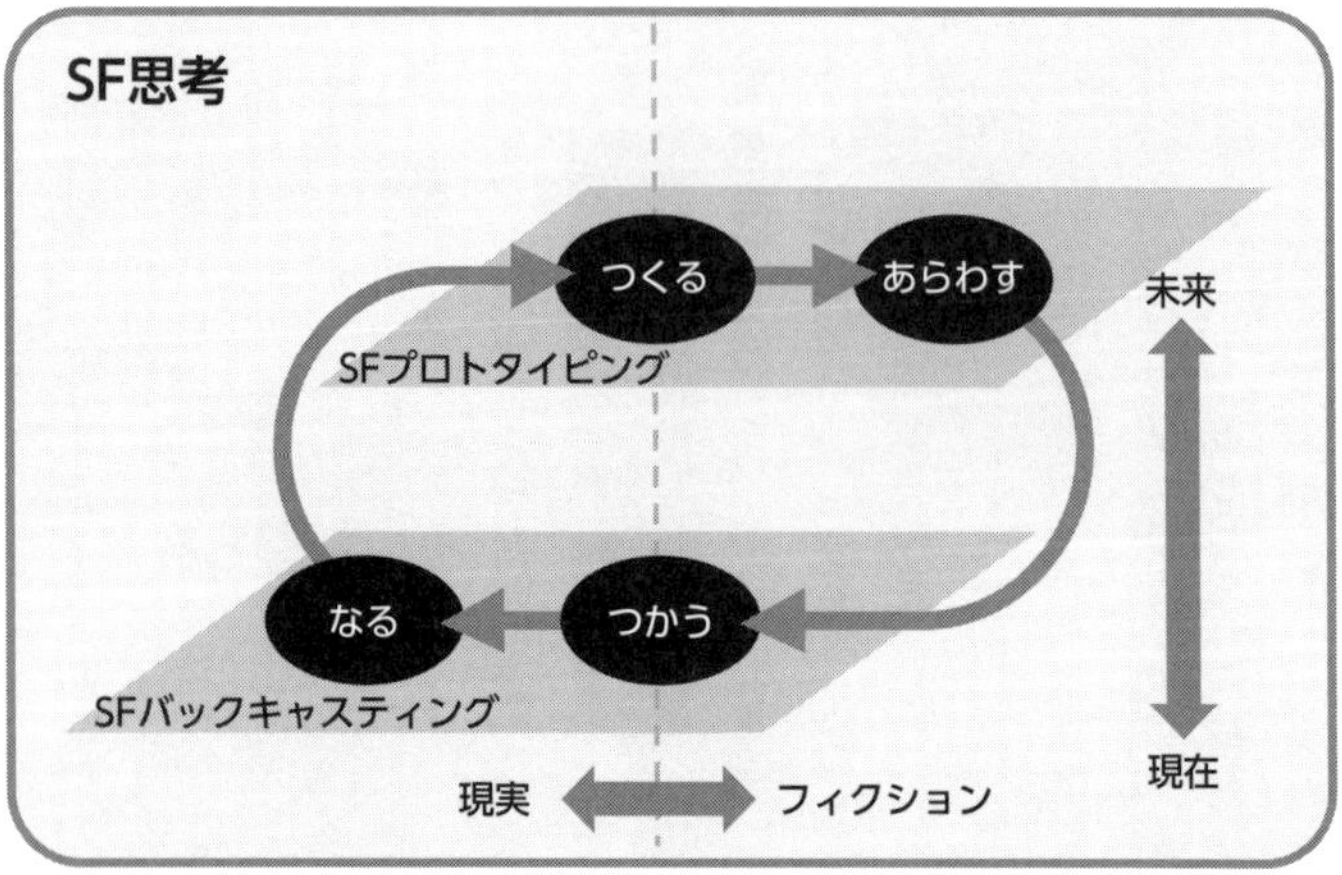

まず、ＳＦ的な世界観で未来像を**つくる**こと、それをストーリーというプロトタイプとして**あらわす**こと、そこからバックキャスティングして**つかう**こと、それによって自分からＳＦに**なる**こと——。

この、**つくる↓あらわす↓つかう↓なるというサイクルをぐるぐる回しながら、現実とフィクション、現在と未来を行き来し続けるダイナミックな運動の全体が「ＳＦ思考」**なのです。

そもそも「ＳＦ思考」とは、ＳＦプロトタイピングの概念が日本に浸透していく２０２０年前後のムーブメントの中で一般に広まってきた言葉です。この言葉を近年のビジネス領域で[※2]最初に大きく使ったのは三菱総合研究所と筑波大学の共同研究プロジェクト「ＳＦ思考学」です。[※3]僕自身が主要メンバーのひとりであり、メンバー内外でさまざまな討議・実践を繰り返しながら、「ＳＦ思考というものがあるとしたらそれはどのようなものか」を分析していきました。その成果は『SF思考ビジネスと自分の未来を考えるスキル』という書籍にまとめてあります。

「SF思考ってSFプロトタイピングの言い換えですよね？」みたいな質問をされることもけっこうあるのですが、それには少し誤解があります。僕たちが初期から「SF思考」として提案しようとしていたものは、「SFプロトタイピング」よりも広い概念です。プロジェクトのキーパーソンのひとりである藤本敦也さんが、『SFプロトタイピング　SFからイノベーションを生み出す新戦略』に収録した座談会で簡潔に語ってくれているので、ここに引用してみましょう。

SFプロトタイピングではなく「SF思考」と呼んでいるのは、SFをプロトタイピングするだけでなく、プロトタイピングしたあとが大事だと思っているからです。未来像を作ったあとで、そのシナリオについて議論をしたり、価値観を問うてみたりする。その工程こそが大事という考えから、われわれは「SF思考」と呼ぶことにしています。

（54頁）

SFプロトタイプを作るだけでなく、その後にどう活用していくか——。「SFバックキャスティング」までをも最初から射程に入れた思考として「SF思考」は設計されました。

また、**「思考」と名付けている通り、これはＳＦプロトタイピングやＳＦバックキャスティングの実践的手順だけでなく、それを支える「ものの見方」をも指しています。**良いＳＦプロトタイピングや良いＳＦバックキャスティングを作り出すための土台なのです。

ＳＦ作家、ＳＦ編集者、ＳＦ読者の思考

ＳＦ思考を具体的に理解するためには、実際にＳＦ作品がどう生まれ、どう広がっていくか、になぞらえて考えるとわかりやすいと思います。社会に大きな影響を与えたＳＦ作品はたくさんありますが、それはＳＦ作家ただひとりの力によるものではありません。作家が生み出す世界観を深めたり、広げたり、話のネタにしたり、応用したり……と、さまざまな立場の人が参加する共同作業こそが、ＳＦの本質なのです。

これをわかりやすいように要素分解したのが、次に示す「3×5のＳＦ思考」です。ＳＦ作家、ＳＦ編集者、ＳＦ読者が、それぞれどんな思考をして、どんな役割を担っているか——そこから誰にでも役に立つであろうエッセンスを取り出してきたものです。

〈3×5のＳＦ思考〉

新しい世界をつくって、語る――SF作家の思考法

その1　ちょっとおかしな「未来の言葉」を作る
その2　あるひとつの技術がめちゃくちゃ進歩した世界をイメージする
その3　今と価値観やライフスタイルの違うキャラクターを生み出す
その4　さまざまな立場の人間の視点から未来社会の仕組みを考察する
その5　世界に訪れる新たな課題と、構造的に生まれるトラブルを検討する

洗練させて、世に広げる――SF編集者の思考法

その1　人のこだわりに潜む専門知を拾い上げ、未来を考えるきっかけを作る
その2　今の身近な悩みを未来社会とつないで共感を呼ぶ
その3　未来予想のためではなく、発想の飛躍のために知識を集める
その4　これまでにない顧客の獲得のために、価値観をアップデートする
その5　物語の完成を目標にせず、その後の拡張や展開を事前に計画する

妄想を広げたり、現実にしたりする――SF読者の思考法

その1　主人公になったつもりで、未来の細部を自分ごととして考える
その2　架空の科学技術やガジェットに、知識を総動員してツッコミを入れる

その3　意外な未来社会像に対し、その過去や背景を妄想して理解を試みる
その4　虚構世界について友人と真剣に議論し、場合によっては作者と交流する
その5　フィクションとして描かれた未来ビジョンでも、それを実現しようとする

これらを意識して真似するだけで、かなりSFっぽい考え方や行動ができそうで、ワクワクしてきませんか？

第4部から第7部で提案していくさまざまな方法論は、この「3×5のSF思考」をベースにして組み立てていきました。

また、この後のパート2では「SF思考をいざ始めようと考えたときにプランニングすべきこと」を、パート3では「SF思考を実施する際の心構え」を書いていますが、これらもこの「3×5のSF思考」を掘り下げていく中で気付いたことから派生していたりします。

ということで、そろそろ次のパートに進んでいきましょう。

PART 2

ワークショップをプランニングしよう

ワークショップを始める前に

このパートでは、「SF思考をいざ始めようと考えたときにプランニングすべきこと」を、5W1Hの形で整理してお話ししていこうと思います。特にワークショップを実施する際に考えるべきことを、念頭に置いています。

「ワークショップ」は、ふつうは数人のグループでやるものですから、ここまで読み進めてくれている皆さんは、「ひとりじゃできないのかな」と戸惑われたかもしれません。

あらかじめ明言しておくと、SFプロトタイピングもSFバックキャスティングも、全部ひとりでやれますし、ぜひやってみてほしいと思います。

この本では、基本的にグループで取り組むことを前提にして解説しますが、そんなの無視して、ひとりで何役でもやってしまえばいいのです。

ただし、これまでも何度も言及してきたように、SF思考は「対話」を生み出すことに大きな価値があります。ひとりでやるときも、友人との雑談からアイデアを拾ってみたり、自分で作った未来ストーリーを誰かに見せて感想を聞いてみるなど、「共創」や「対話」のエッセンスを、ぜひどこかに入れてほしいと思います。

WHY ――何のために未来を考える?

先ほども触れましたが、SFの力を何のために使うのか? という問いに対する答えとしては、大きく分けて次のような2つのパターンがあると思います。

その1:とにかく「ブッ飛んだ未来像」を考えたい
その2:未来像をもとにして、「今やるべきこと」を考えたい

ワークショップに際しては、これをさらに具体的にブレイクダウンし、自分ごととして納得できる目的を明確にしておきましょう。たとえばこんな感じです。

- **会社や組織のメンバーが共有できるビジョンを作りたい**
- **既存のビジョンを、より具体的な物語で表現したい**

◉新規事業を立ち上げるためのヒントがほしい
◉仕事や趣味のチームで、結束力を高めるために未来像を考えてみたい
◉チームのシンボルになるようなSF作品を仕上げて発信したい
◉自分の将来の目標をはっきりさせたい
◉受験を考えている学科に関係する研究分野の未来を考えてみたい
◉SF作家のような自由な発想を手に入れたい
◉特定のSF作品の世界観を掘り下げて、将来を考えるヒントにしたい

未来を考える動機には、個人的なものもあれば、チームや組織のものもあると思います。ひとりでやるにせよ、人を巻き込むにせよ、まずは目的をはっきりさせるところからプランニングがスタートします。

人を巻き込んで実践する場合は、ワークショップの企画者側の目的とメリットとは別に、参加者の目的とメリットにきちんと気を配って下さい。目的が違うことそのものには問題がないのですが、関わる全員が目的意識を持ち、メリットを得られるように設計することが大事です。

WHO ――誰と一緒に未来を考える?

次に、誰と一緒にやるかを考えましょう。

会社のビジョンを作ったり、新事業のアイデアを作ったり……といった「チームの共通の未来」を考えたい場合は、**「できるだけ多様なメンバーを集める」**ことがアウトプットの質を高めます。また「あらわす」のステージでSF作品をしっかり仕上げたい場合は、創作スキルを持つSF作家などに加わってもらった方がいい場合もあります。

「誰と一緒にやるか」は、目的と大きく関係しているのです。

チームで取り組む場合、ものすごく大事なのが「多様性」です。**年齢、性別はもちろん、出身地や経歴などの文化的背景も、できるだけ異なる人を集めよう、と意識**してほしいのです。

というのも、同じような年代の男性だけ、といった同質性の高いメンバーでは、生まれてくるビジョンも、妄想されるテクノロジーや商品も、特定の人のためだけのありきたりな「古びた未来」になってしまいがちだからです。

「ジェンダード・イノベーション」という、性差を考慮しながら研究開発に取り組む考え方があります。これまでビジネスや研究が男性中心だったせいで、薬の副作用が女性にだけ強く出たり、女性に使いにくい製品になっていたり……という問題が起きていたことの反省から生まれた概念です。異なる角度から物事を見ることで、より多様な人に役に立つアイデアが生まれてくるのです。

また、多様性を考えるときに考慮したいのが**「インターセクショナリティ」**です。ざっくりいうと、複数の少数派の属性を併せ持つ「インターセクショナル」な人は不公平をこうむることが多いので、そういった人の視点をふまえて社会を変革していくことが大事だという見方です。[※4]

年齢や専門や役職のバリエーションも大事です。SF思考ワークショップの依頼を企業から受けたとき、「新人研修と幹部研修を混ぜて実施したことがありますか?」とよく聞くのですが、「NO」と答えられる企業がすごく多いです。年代別、部署別、役職別……とセグメントを分けて研修を行う方がニーズに合った研修ができる、という理屈もわかるのですが、同じセグメントばかり集まるのは、イノベーションを自ら遠ざける行為に思えます。[※5]

どうしても同質性が高くなってしまう場合は、「顧客代表」「社員の家族代表」「地域の人」のような、異質な立場の人を外部から加えてみてもいいと思います。

会社に限らず、友達同士で未来を考えよう! という場合でも、似たような人ばかりが集まってしまうことは多いと思います。そんなときは「違うタイプの人も誘えないかな?」とちょっとでも気にしてみて下さい。そしてひとりの場合でも、できるだけ色んな立場を想像してみて下さい。それだけでも新しい視点が手に入る可能性がぐっと高まります。

WHAT ――どんなテーマで未来を考える？

ワークショップがうまくいくかどうかのカギを握るのが「テーマ」です。

テーマとは、ワークショップでフォーカスすべき対象です。

SFプロトタイピングなら、何についての未来ストーリーを「つくる」のか？

SFバックキャスティングなら、未来ストーリーの中の何を「つかう」のか？

という問いに、**「未来の〇〇」**という形で答えれば、それがテーマになります。

大事なポイントは、テーマを**「ちょうどいいサイズ感」**にすることです。SF思考のワークショップにも、議論の活性化を促すサイズ感のテーマが必要なのです。

たとえば、あなたが、食の分野のイノベーションのネタを探す……という目的でワークショップに取り組みたい場合を考えてみましょう。

「未来の食」だと大きすぎだし、「未来のスプーン」だと小さすぎです。前者では抽象論に終始することになりそうだし、後者では特定の「モノ」に発想が固定されてしまって、別の形や機能を考える余裕がなくなってしまいます。

ちょうどいいのは「未来の食卓」「未来のレストラン」「未来の食品工場」あたりです。個人が持ち運びできるモノより大きく、社会概念より小さいサイズ感をイメージしてみて下さい。

具体的には、**複数の人間が関われる「場」として設定する**と、発想や議論が広がります。

出版の未来を考えるなら書店や図書館、学校の未来を考えるなら教室や通学路などについて考えてもいいでしょう。

参加者が多いようなら、いくつかのグループ分けをして、それぞれに関連のある別の「場所」のテーマを与えると相乗効果も生み出せます。未来のオフィスビルについて考えたい場合、Aチームは「会議室」、Bチームは「応接室」、Cチームは「研究室」について考える、という具合です。

SFプロトタイピングの場合は、何年後の未来について考えるか、もはっきりさせる必要があります。

僕のおすすめは、ズバリ「20年後」「40年後」です。

理由は、10年後、30年後、50年後はありきたりすぎるからです。

適当なことを言っているように思うかもしれませんが、試しに書店で「未来予測本」のコーナーをざっと眺めてみて下さい。10、30、50年後をターゲットにしている本がすごく多いのです。なんとなく収まりがいいんですね。こういった本に引っ張られて未来イメージを持ってしまっている人も多いので、そんな**「古びた未来」からハズれるべく、「20年後」「40年後」を選んだ方がいい**のです。

10年後だと近すぎて、多くの人がフォアキャスト的に現在の延長線上の未来を語りがちだし、50年後となると遠すぎて、悲観的すぎたり楽観的すぎたりする未来を想像しがちです。

テーマ設定のコツは「中間を取る」ことです。直感的にすわりのいいものを選ぶと、無意識に「よくあるイメージ」に引っ張られやすくなります。自分の頭でニュートラルに考えるために、世間に流布するイメージからハズレることが大切なのです。うまくハズすために、できるだけスキマを攻める！　こういうマインドもSF思考にとって大事です。

WHERE ——どこで未来を考える？

僕はSF思考のワークショップを、基本的にZoomやTeamsなどのウェブ会議ツールを使ってリモートで実施するようにしています。オンラインのメリットは色々あります。

◉参加者全員がフラットな立場で議論しやすい

リアルな会議室などに参加者全員が集まると、現実の上下関係（年齢や役職など）の影響を受けやすくなります。無意識に周囲に圧をかけてしまう人や、空気に負けて遠慮してしまう人が現れて、場に妙な力学が発生しがちなのです。その点、オンラインなら対等の立場をキープしやすくなります。

◉議論の全貌を無理なくデジタルデータで残せる

ワークショップの様子を簡単に録音・録画できるのはもちろん、Google Slidesのように、クラウド上で書類が共同編集できるツールでスライドを作っておけば、ワークショップ中に出たアイデアを参加者自身が書き込むこともでき、議論をまるごと残せます。後で参照するにも便利ですし、議事録を起こす手間もかかりません。

◉参加者全員がリアルタイムに文章を書いて、共有できる

オンライン上のスライドなどに、参加者全員が同時に文章を書き込むことができ、アイデアや意見を自由にアウトプットできるというのは、けっこう重要なポイントです。リアルの会議だと、発言者はひとりずつで、残りの人は聞くだけになってしまいますが、オンラインだと同時多発的にアイデアを出し、共有することができるのです。

◉参加のハードルが下がるので、多様性を確保しやすい

参加者全員を一か所に集めようとすると、どうしても予定が合わなかったり、遠方の人は参加しづらかったりして、居住地や立場の多様性が狭まりがちです。オンラインなら、海外からでも参加しやすくなりますし、子どもをあやしながら参加するといったことも可能になります。

◉リラックスして参加しやすい

自宅からマスクなしで、軽食を食べながら参加できる気軽さも、オンラインの良さです。コロナ禍でリアル開催されるワークショップでは、マスクが必須で表情が見えないし、軽食をつまむことにも緊張感がともないます。画面オフも可能なので、人に見られたくないという方も参加しやすいです。

こうしたメリットを考えると、リアル開催にこだわる必要はないので、僕がワークショップ設計する際はオンライン開催を基本形と考えています。

ただ、オフラインにはオフラインの良さがあります。参加者同士の仲を深めることを目的にするなら、現場で会うに越したことはありません。

オフラインができるのであれば、せっかくなら「環境を共有できる」というメリットを活かした設計を工夫してみるのも面白いと思います。

簡単なものだと、休憩時間に**「お散歩タイム」**を入れること。参加者で連れだって周辺を散策したり、近所の店をぶらぶらしたりするのです。未来のことを考えすぎて頭の中がこんがらがっているときに、リアルな風景を眺めると、それだけでも妄想が別の方向に刺激されます。

たとえば以前、ワークショップ会場の近くにディスカウントストアの「ドン・キホーテ」があったので、店内をぶらついたことがあったのですが、面白い商品がたくさんあるので**「この商品って、未来はどうなってるのかな」**と会話が弾んでイマジネーションが広がりました。

会社で開催するなら、**研究所や工場の見学**と組み合わせるのも面白いと思います。

２０２２年9月に、埼玉県川越市の「ＫＡＷＡＧＯＥ　ＤＸ　ＥＸＰＯ２０２２」（川越青年会議所主催）というイベントでＳＦプロトタイピングのワークショップをやりました。そのときの会場はなんと、映画館でした。「川越の40年後」がテーマだったので、まちの人たちが集まる場所が会場になるのはぴったりですよね。余談ですが、そのとき入退場を管理するのに映画のチケットと同じフォーマットが使われていたのがめっちゃツボでした。

こんな感じで、海の未来を考えるなら海の見える場所で、地球温暖化がめちゃくちゃ進んだ未来を考えるならストーブを部屋に置きまくって……※6というように、考えたい未来の環境に近づける工夫をしてみるのは、けっこう楽しいんじゃないかと思います。

ちなみに、川越で出会った方々とは、すでに次の企画として**「ＳＦプロトタイピング観光バスツアー ｉｎ川越」**を計画しています。バスで地域をめぐりながら、まちの未来を考える……。そんな移動体験を組み合わせた企画も、これから増やしていきたいと思っています。

ＷＨＥＮ　――どれぐらい時間をかける？

どれぐらい時間をかけてやるかについても、事前におおまかにスケジューリングしておきましょう。

　SFプロトタイピングの2つのステージ（つくる、あらわす）と、SFバックキャスティングの2つのステージ（つかう、なる）は、それぞれ適正な時間が違います。大きく分けると、短期的なワークショップで一気に取り組んだ方がいいのが「つくる」「つかう」、時間をかけてじっくり浸透させた方がいいのが「あらわす」「なる」です。

「つくる／つかう」ステージのワークショップは、1回3時間程度で開催日を分けて2回行うのが、僕のおすすめパターンです。

　なぜ2回に分けた方がいいかというと、第1回ワークショップの目的を「発散」、第2回ワークショップの目的を「収束」として設計すると、バランスがいいからです。最初は、後のことをあまり考えず、タブーや常識から自由になって発想を遠くに飛ばすこと（発散）が重要ですし、それを具体的なプランとして着地させる（収束）には、アイデアを客観的に眺める必要があります。そのためにも別々の日を設定して仕切り直すとうまくいきやすいのです。僕の経験上、できれば間隔を1週間ほど空けてプランニングするのが望ましいと思います。

　一方、**「あらわす／なる」ステージでは、じっくりと時間をかけてSF作品を仕上げたり、ビジョンを具体的な行動やルーティーンとして実践していく**必要があるので、ワークショップで一気に行うわけにはいきません。少なくとも1カ月程度は見ておく必要がありますし、ビジネスとして取り組む場合は数カ月を要することがほとんどです。

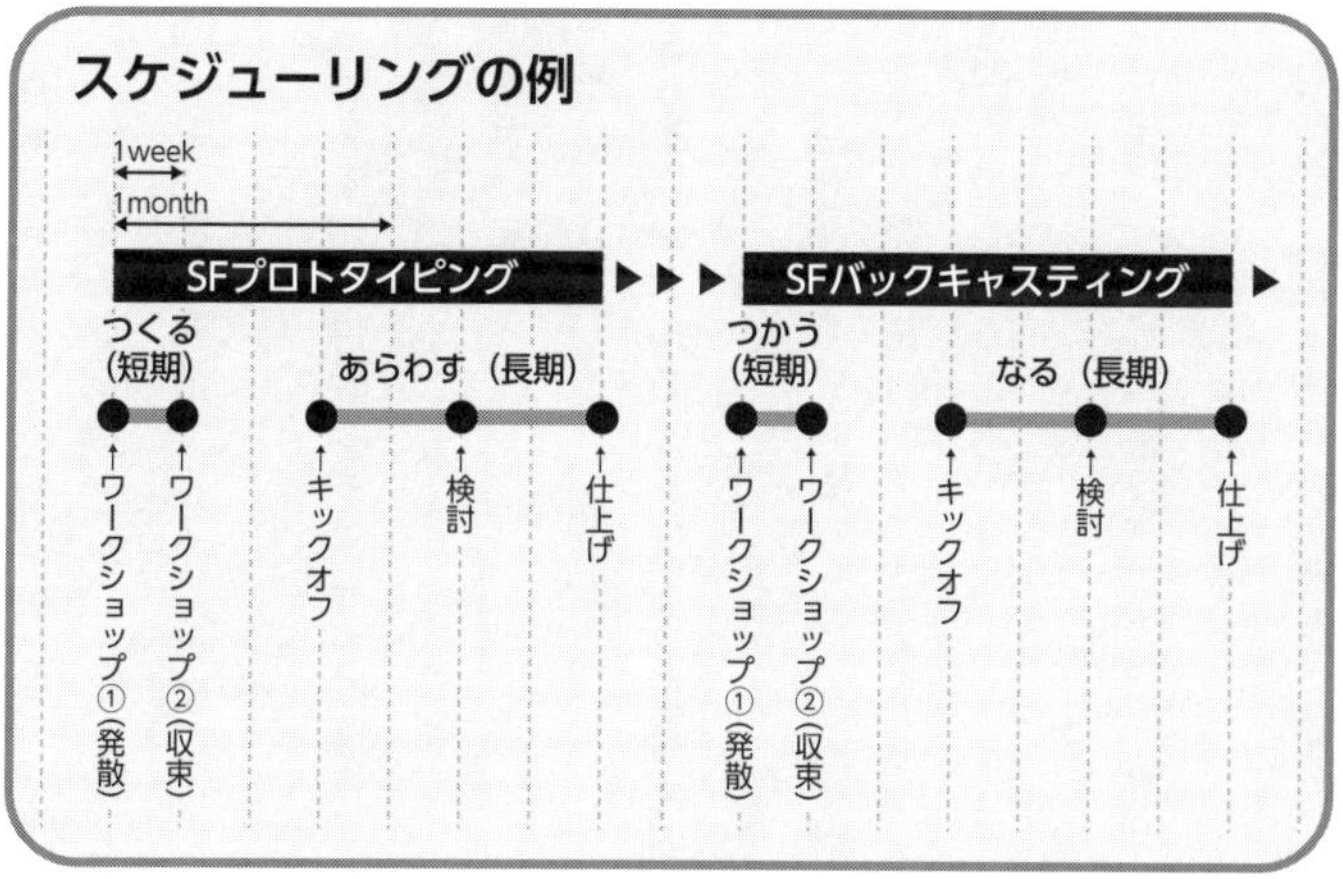

参考までに、SFプロトタイピングとSFバックキャスティングを続けて行う場合の、ざっくりしたスケジュールを図に示します。4つのステージすべてに取り組む場合、最短で4カ月程度は見ておく方がいいと考えています。

もちろん、まずはとりあえず簡単なお試しワークショップをイベント的に数時間だけやってみる、といったことから始めるのも良いでしょう。目的や内容によって、ケースバイケースでアレンジしてみて下さいね。

HOW ——どんな形式のワークを行う？

具体的なワークの内容についても思い描いてみましょう。

SFプロトタイピングの「つくる」部分だけをやるのか、既存のSFを起点にして、SFバックキャスティングの「つかう」を試しにやってみるのか、それともSF思考をぐるぐる回して、広く発信できる完成度の高い作品づくりをめざすのか——。

やり方を具体的に設計する上では、本書の第4部から第7部をぜひ参考にしてほしいと思っていますが、目的やテーマを明確にしていく過程で「ちょっと違うな」「オリジナルのやり方を考えた方がいいかも」と思うなら、自分なりのSF思考フレームを編み出してみるのもいいと思います。

特に、「前例がない商品を作る」ことが目的なら、そのために**「前例のないメソッド」として、オリジナルのSFワークを考える**ことも「SF思考」のひとつです。

ただし、新しいものを作ったつもりで、ただ「ひらめき」に頼るだけの方法になってしまっては意味がありません。よくある失敗が**「オズボーンのチェックリスト」**のような発想法をベースにしてSF的なスパイスをふりかけただけのワークショップを「SFプロトタイピング」と呼んでしまうことです。

「オズボーンのチェックリスト」とは、1950年代に、アメリカ人作家のアレックス・F・オズボーンが考案した発想法で、さまざまな問いかけに答えることで発想を広げる手段として今も広く使われています。

具体的には、**Put to other uses（転用）**、**Adapt（手本）**、**Modify（修正）**、**Magnify（拡大）**、

Minify（縮小）、Substitute（代替）、Rearrange（再配置）、Reverse（逆転）、Conbine（結合）の9つのキーワードでアイデアを活性化させるというものです。「アイデアをたくさん出す」ことが目的なら、これは非常によくできたフレームです。[※7]

第4部で紹介するSFプロトタイピングのワークショップにも、アイデア出しの局面に「2つの言葉をかけ合わせて、未来の言葉を作る」というプロセスを組み込んでいますが、これも「結合」の応用といえるでしょう。

ただし、**SF思考は「良いひらめきを誘導するための思考法」ではありません。**そういう側面もあるにはありますが、一見価値のない凡庸なアイデアからでもダイナミックに世界観が展開していくプロセスを作れたりするように、思考の流れや実践へのつなげ方にこそ面白さがあるのです。ですから「ひらめき」中心に設計してしまうのはもったいない。

せっかくオリジナルな方法でやろうと思うなら、常識のタガをハズして**SF的なマインドになれる環境づくり**と、**抽象的な概念を具体的なストーリーに落とし込めるワーク設計**に、最も力を入れてほしいと思います。

この2点を押さえれば、本書で提案するワークショップ形式にこだわる必要はありません。たくさんのアイデアから優れたものを選ぶ「コンペ形式」とか、ゲームのプレイヤーになってストーリーを作る「テーブルトークRPG形式」などにしてみるのも面白いと思います。

PART 3

古びた未来の呪縛を解こう！

「ありたい未来」より「おかしな未来」を志向する

ＳＦ思考の実践の前に準備しておくべきことをあれこれ伝えてきましたが、実は、もっと大事なのが「ＳＦマインド」を持つことです。

どんなに素晴らしいワークショップをプランニングしても、参加者が「守り」のマインドのままでは、どんどん現実に引っ張られて、発想が普通になってしまうからです。

特に、声を大にして言いたいのが**「ありたい未来」にこだわるな！**ということです。

ＳＦ思考は「未来を創造するための手法」とよくいわれます。そのせいか「望む未来」「ありたい未来像」を描くものだ、と思っている人がけっこう多いのですが、僕の考えは逆です。

せっかくフィクションでプロトタイピングするのだから、**できるだけ「ありたい未来」じゃない方がいい。**もちろん**「根拠のある未来予想」を最初から考えようとするのもＮＧ**です。根拠のある未来を予想している人なんて、もういっぱいいます。誰かが考えつくような「古びた未来」なんて、賢い人に任せておけばいいじゃないですか。

むしろ僕の主張は、こうです。

SF思考では「ハズれる未来」を予想しよう！

「ありたい未来」を避けた方がいい最大の理由は、発想が遠くに飛びにくいことです。「未来がこうなってほしい」と考える時点で、願望が入ってしまいます。自分に都合の悪いことは考えたくなくなって、無意識に保守的になってしまうのです。

そうなると、コロナ禍以前に「未知のウイルスが蔓延して、世界的に外出禁止令が出る」みたいな未来像を出すのは無理でしょう。

現実にものすごい危機に見舞われているときに、「ありたい未来」を思い描いて危機から脱出する方法を探る、というならわかりますが、ただ「ありたい未来」を考えるだけだと革新的なアイデアにつながりにくいのです。

SF思考で重視すべきは「ワクワク」より「ドキドキ」です。

そこで、アイデアを出すときは、こんなことを意識してほしいと思います。

- **みんなが共感して盛り上がるアイデアは捨てる**
- **「これ、やってる人いそう」と思えるような現実的なアイデアは捨てる**
- **人にバカにされたり、笑われたりするアイデアは積極的に拾う**

大事にするのは、**共感より違和感**です。むしろ最初から「ハズそう」と思っていた方がいいのです。会社の会議だって、「すぐに収益に結びつく実用的なアイデア以外は発言禁止」なんていわれたらシーンとするしかありませんが、「いい加減なこと歓迎！」「バカみたいな案どんどん出して！」と言われたら気楽に発言できるし、盛り上がりますよね。そして、そうした方が最終的には面白いアイデアが生まれやすいと思います。

まず、**思いつく限り最低のアイデアを出してみる**――。実はこれ、場をクリエイティブにするためのコツなのです。

たとえば、ランチタイムにどこのお店に行くかがなかなか決まらないとき、「じゃあ、マクドナルドにしよう」と提案してみる。すると全員が「いつも行っているから、今日はマクドナルドはちょっと……」などとなって、代わりのアイデアがどんどん出てくるようになる、という話もあります。これを**「マクドナルド理論」**と名付けて、※8発想術として実践しているデザイナーの記事を読んで、なるほど、これはあらゆるワークショップに言えることだな、と思いました（そう言われるマクドナルド側はかわいそうですが……）。

というのも、自分のクリエイティビティに自信のある人ほど、SF思考のようなワークショップで「自分がいちばんカッコいいアイデアを出そう！」と力みがちなんですね。そういう人がファシリテーター的な立場にいると、自分が真っ先にすごそうなアイデアを口走ろうとします。するとハードルが上がってしまって、他の人が発言しにくい雰囲気になってしまうことがあります。**ワークショップは「自分のすごさをアピールする場」ではなく「みんなの対話で共創する場」**ですから、こうなったら、はっきり言って失敗です。

会社でも、ひとりでどんどん仕事を片づけちゃう優秀な上司がいると、チームの士気がかえって下がることってありますよね。ワークショップでも、ファシリテーター的な立場にいる人ほど、ちょいアホっぽいことも発言するように心がけるぐらいがちょうどいいと思います。

もちろん、SF思考では、マクドナルドのような現実的な選択肢を提案するのではなく、起こりそうもない架空のものごとを妄想するわけですから、実現可能性なんかまるっと無視して「こんな未来くるわけねえ!」という極端な未来を考えることが大事です。しかも、結果的には、そういうめちゃくちゃ違和感ある未来像の方が現実になったりするのです。

たとえば、第1部でも紹介した、ニール・スティーヴンスンの『スノウ・クラッシュ』がそうです。1992年に発表され、当時もアメリカでベストセラーになった本ですが、2020年代に「未来を予測していた!」と、再び話題になりました。ある意味、「ものすごく未来を予言したSF」ですが、今読んでも、登場するアイデアは違和感だらけです。少なくとも「ありたい未来」って感じではありません。

でも「メタバース」も「アバター」も、この小説から現実になったのです。というより、まともな未来予想じゃなかったからこそ、現実が引き寄せられていったように思えます。

予想からハズす。スタンダードからハズす。常識からハズす――。古びた未来を壊すためには、敷かれたレールから、ものごとの中心から、マジョリティから、どんどんハズしていくマインドが大事なのです。

企業のSFプロトタイピングのお手伝いをしていると、「テクノロジーのネガティブな面は描かないでほしい」とか、「共感できるキャラクターに変えてほしい」みたいな要望を受けることがあります。これもSF思考的なマインドとはいえません。どちらかというと、デザイン思考的なマインドです。

「デザイン思考」では、ユーザーに対する共感を大事にします。その姿勢は**「ヒューマン・セントリック（人間中心）」**と表現されたりします。もちろんSF思考にもそういう側面はありますが、さらにSF思考には（僕が勝手にそう呼んでいる言葉でいうと）**「ポストヒューマン・セントリック（新人類中心）」**にまで到達できる射程が備わっています。

デザイン思考が寄り添おうとするのは、今ここに実在する人間ですが、SF思考で妄想しようとしているのは、何十年も先の人間、まだ生まれていない人間たちです。

何世代も後の人間に、そう簡単に共感できるものではありません。50年前の「リアルな」映画とかTVドラマを今見れば、話し方も、服も、暮らし方も、価値観も全然違うのがわかりますよね。今から50年も経てば、価値観はもちろん、人間としての基本的な能力だって信じられないほど進化している可能性があります。「共感」を大事にした瞬間、「今」に意識が釘付けになって、未来に対する想像力がなくなってしまいます。

SF思考では、まだ存在しないもの、人間を大きく超えたものを見ようという視点が大事なのです。

「未来予測本」のビッグワードを回避しよう

「ITとDXの力で世界中の社会課題を解決し、ウェルビーイングで持続可能な社会を共創する」

——これ、今僕がでっち上げた架空の会社のビジョンですが、「なんか見たことある！」って感じがしないでしょうか？　どこかで聞いたようなバズワードを盛りに盛って「ビジョン」と称した言葉は身近にあふれています。

ビジョンに限らず、コトバで何かを表現しようというとき、会議を何時間もやって「ITじゃなくてIoTかな？」とか「デジタル化じゃなくてDXだよね」みたいな、細かい言葉の調整だけを永遠に議論し続ける迷路から抜けられなくなった……なんて経験ありますよね。

IoT、VUCA、SDGs、AI、VR、共創、持続可能で豊かな社会……。どこかで聞いたような借り物のビッグワードを集めて、それをこねくり回したところでオリジナルなビジョンはできません。そこにストーリーがないからです。そういう意味では**「20XX年の未来はこうなる！」みたいな未来予測本は格好の反面教師**です。オリジナルなストーリーを作りたいとき、社会全体を広く語るような抽象的な概念には意味がないのです。

SFプロトタイピングでSF小説が完成したときも、このような不毛な議論が起きることは珍しくありません。そして、具体性のある尖った言葉が、聞き覚えのある言葉へ入れ替えられて、どんどん抽象的になり、どこかから借りてきたようなビジョンに改造されてしまった……という残念な経験もあります。

ワークショップ中も、とにかく意味不明なアイデアを出す勢いを緩めない方がいい。意味は「後から」考えればいいのです。そして無理やりにでも、誰が、いつ、何のために、どんなふうに使うのか、と具体的なレベルで意味づけし、うまく意味がつかない概念は思い切って捨てていきます。

「具体から抽象」ではなく「抽象から具体」をめざすのがコツです。やみくもに大きい概念を語ろうとせず、具体的な場所、具体的な対象に絞ってヤバさを凝縮していった先に、誰も見たことのない景色が待っています。

ゴールをいったん忘れて「今」に集中しよう

できるだけ「ハズレた」発想を引き出すためには、ふだんとは違う思考プロセスに追い込むことも重要です。僕がファシリテーションする場合は、参加者に次々にお題を出してテンポよく進行させ、以下の状況を作り出すようにしています。

◉全体の段取りを意識させない
◉ワークの意味や位置づけを考えさせない
◉より良いアイデアを求めて熟考する余裕を与えない

「全体像がわからないといいアイデアが出せない」という人もいますが、それではふだんの思考と同じになってしまうし、「良いアイデアを出すこと」がノルマみたいになってしまいます。大事なのは、**目の前のトピックだけを見て、この瞬間の最高のアイデアを、遊び半分で発想する**ことなのです。

以前、アメリカのアリゾナ州立大学で、一般市民向けのSFプロトタイピングのワークショップを体験したことがあります。科学と想像力センターの副センター長のルース・ワイリーさんはこのとき「参加者になるべく準備させないようにする」と言っていました。その理由が

「アイデアの専有感を下げるため」というのです。

確かに、**事前にじっくり考えをまとめてきてしまったら、「これは私のアイデアだ」と、変な所有欲が湧いて手放しにくくなるし、人のアイデアをミックスして変形させたりもしにくくなります。**

ひとりでやる場合も、次がこうだから……と意識すると「結果を出さなきゃ」という思いに縛られてしまいます。

目的に縛られすぎないのが「ハズレる」ための大切なポイントなのです。

SF作家のフレデリック・ポールの言葉に、こんなものがあります。

よいSFは、自動車の登場を予言するのではなく、渋滞の登場を予言できるはずだ[※9]

SF思考にゴールがあるとすれば、未知のテクノロジーが引き起こす渋滞のような社会的広がりの予測は、たしかにそのひとつです。それは、そもそも「自動車を予測しよう」というマインドからはたどり着けない場所なので、ゴールを意識するのは逆効果なのです。

SFの活用自体、そもそもまだ始まったばかりの取り組みで、いわゆる「短期的成果」はほとんど出ていません。事業や施策のPRや広報の役割を果たす小説やマンガ作品が少し表に出ているぐらいで、「SFプロトタイピングから生まれた新製品」のような結果が出るのはまだ先です。ターゲットとしている未来が40年、50年も先のことですから、それは当たり前中の当たり前。短期的な成果を求めるなら他の手法を使った方がずっと確実です。

未来のタネを蒔いていると思って、短期的な成果に期待しすぎず、先の先の先の未来を見据えること。それによって偶然性がスパークし、奇妙な成果が転がり出てくる可能性に賭けましょう。

ワークショップの「心理的安全性」を確保しよう

SF思考のワークショップは、参加者の誰もが自由に、思ったことを言える場であるべきです。

そのために確保しなければいけない大事な要素が**「心理的安全性」**です。

わざわざSFというフィクションを舞台にして思考を広げることそのものも、心理的安全性を高めています。

SFで描かれるのは何十年も先の未来だし、架空のフィクションです。だから、そこで困ったことが起きても、現実の当事者は誰もいません。それでいて、いずれは誰もが当事者になるかもしれないのです。フィクションは「自分ごとじゃないことを自分ごととして考える」ための舞台装置といえます。

作家の浅井ラボさんが、Twitterでこんなことをつぶやいていました。

> 創作物や表現は「人を傷つけない」「必ず人を傷つける」は同じことの裏表で、歴史学者リン・ハントの18世紀からの文学史研究と哲学者シンガーの人間心理の分析を合わせると「安全に傷つくことができる」である。創作物での傷つきは実際の傷に比べて安全で、現実に備えるために必要なものとなる。[※10]

フィクションの効用がうまくまとめられていると思います。現実では取り返しのつかないことも、安全に疑似体験や予行演習ができるのです。

もちろん、だからといって、フィクションという枠組みさえあれば何を言ってもいいというわけではありません。もしあなたが主催者になるなら、**「ワークショップという迷惑」**に気をつけなくてはいけません。

「ワークショップという迷惑」は、民俗学者の宮本常一《みやもとつねいち》と安渓遊地《あんけいゆうじ》の著作『調査されるという迷惑』[※11]を元ネタにした僕の造語です。この本の中では、学者が研究活動として行うフィールドワークが、時に「迷惑行為」になることが語られています。住民が望んでもいないのに、まちや住宅に踏み込み、あれこれ話を聞いたり、物を借りたりするわけですから。

ワークショップにもそういう側面があります。主催者側としては「広く意見を集めたい」

「データを取りたい」「いいビジョンのヒントを得たい」といった目的があるので、その目的をいかに達成するかにフォーカスしがちですが、それが行きすぎると、参加者一人一人を尊重できなくなって、時には人を傷つけてしまう可能性があるのです。

僕もこれまで色んなワークショップに参加してきましたが、主催者のファシリテーションがうまくいかず、意見の対立やトラブルに発展してしまったチームもたくさん目にしました。こうして人間関係に亀裂《きれつ》が生じてしまうと、取り返しがつきません。

『メリー・ポピンズ』という素晴らしい映画があります。1964年のディズニー映画です。実写とアニメが混じり合ったファンタジックなミュージカルで、100点満点といってもいいほどの傑作で、僕も大好きな映画です。

しかし、その制作の舞台裏を描いた『ウォルト・ディズニーの約束』という別の映画を見ると、実は、原作者のパメラ・トラヴァースと、制作者のウォルト・ディズニーの間に確執があったことがわかります。映画はコメディタッチではありますが、実際のトラヴァースは映画の出来にはまったく納得しておらず、生涯ディズニーを許していなかったといわれます。

これをSFプロトタイピングとして見たらどうでしょう？　成功といえるでしょうか？

フィクションをネタにしていても、人の心に踏み込む以上「おもてなしの心」はとても大事です。**たとえものすごくいい作品ができたとしても、そのために人の心を踏みにじることは正当化されるものではありません。**

また、ワークショップの目的を共有していない参加者が入ってきてしまって、困ったことが起こるケースもあります。たとえば、SNSなどでオープンに参加者を募ってしまうと、ワークショップを「出会いの場」「持論を広められる場」だと勘違いして、的外れな自説を語って謎の自己主張をしてワークショップの進行をさまたげるような人がたまに出現するのです。

こうしたリスクに備えて、**参加者全員に同意書にサインをもらっておいて、問題を起きたときはスムーズに対処できるようにしておく**のも一案です。僕とともに何度もワークショップを実施してきた慶應義塾大学の大澤博隆さんが日本SF作家クラブの行動規範を基に作成して下さった、同意書の例を挙げておきます。参考にしてみて下さい。

［ワークショップ参加のための同意書］

私たちは、ワークショップが、年齢、性別、性同一性、性的指向、人種、民族、障害、病状、出生や先祖、信条や宗教、教育や雇用の履歴や状況、婚姻状況、国籍や市民権に基づくいかなる形の嫌がらせや脅迫、差別もなく実施されることを要望します。

私たちは、ワークショップが、経歴、障害、信条・宗教、思想、雇用形態、配偶者の有無、国籍・市民権に基づくいかなる形態の嫌がらせ、脅迫、差別もなく実施されることを要請します。

また、参加者の皆様には、適用されるすべての法律および規則を遵守して行動していただくようお願いします。

上記の違反があった場合、主催者は予告なく参加者の参加を禁止する権利を有します。

過去の成功パターンや権威は忘れよう

自由に発想を飛ばすためには「過去の成功パターンを忘れる」ことも大切です。

特に注意したいのは、ふだんから広告やアートの業界で仕事をして、日常的に「クリエイティブであれ」という圧力を受けている人です。

そういう人は「自分の創作スキルがここなら活かせる！」とばかりに自分の発想力を見せつけようとしがちです。その意欲が空回りして、かえって**「いかにもクリエイティブ」な型にはまっただけの凡庸《ぼんよう》なことしかいえない**、という光景を何度も見てきました。

科学者や研究者も同じです。**「自分は何かの専門家だ」と思った瞬間、周囲を「素人」と見下してしまう**。すると、人の意見を面白がる感性や、新しいアプローチで発想する意欲がしぼんでしまい、結果として面白いアイデアを生み出すことができなくなるのです。

新しいことにチャレンジしようという場で、こうした「イキり」や「プライド」は邪魔にしかなりません。ＳＦ思考に必要なのは、業界っぽいクリエイティビティや専門知識ではなく、もっとオリジナルな発想なのです。

そのために重要なのが、**「アンラーニング」**という考え方です。未来に関しては、誰もが素人なのですから、いったん自分の知識はリセットして、まっさらな気持ちで臨むことが大切だと思います。最近では、変化の激しい時代に対応するための**「リスキリング」**（学び直し）も注目されています。

研究者と市民が交流する「サイエンスカフェ」のような場でも、専門家と一般人との間の壁をなくし、活発なコミュニケーションが生まれるように、あえて研究者が最初から講師役ではない形で参加するなどの工夫をすることがあるそうです。

いずれも「未知に向かって変わっていこう」というエネルギーが根底にあるという意味では同じ流れといえるのではないでしょうか。

ＳＦプロトタイピングという手法自体についても、たくさん場数を踏んだ「玄人」みたいな人は現状ほとんどいません。日々色々なＳＦプロトタイピング案件に関わっている僕にしても、やればやるほど「自分はまだ全然理解してないな」と思いますし、やり方自体も、１回ごとに試行錯誤を重ねて進化させています。

あのビル・ゲイツですら「成功はたちの悪い教師である。できる者に自分が負けるはずはないと思わせてしまう」と語っています。※12 ちっぽけな成功体験なんて、ぜんぶ捨ててしまうのが正解です。

逆にいうと、創作で成功体験がない人も、まったく萎縮《いしゅく》する必要はありません。むしろ、新しいことを考えるためには、素人として考えることが重要なのです。

『2001年宇宙の旅』でも知られるSF作家アーサー・C・クラークに、こんな言葉があります。

高名で年配の科学者が可能であると言った場合、その主張はほぼ間違いない。また不可能であると言った場合には、その主張はまず間違っている。※13

つまり、自分よりうんと年上の偉い人が言う「無理だよ」は無視していいってことです。

だいたい、**SFプロトタイピングのワークショップは、小説の書き方のワークショップではありません。** 創作技法なんて知らなくていいし、デザイン思考やシナリオプランニングの知識も不要です。事前に偉い先生のレクチャーも必要ないし、そういう既存の知識はむしろ最初は邪魔なのです。

せっかくSFという自由な場で未来について考えるのだから、偉い人も、偉くない人も、権威やしがらみから自由になる楽しさを味わってほしいと思います。

世界的なロボット工学者、金出武雄《かなでたけお》に、こんなタイトルの著作があります。

素人のように考え、玄人として実行する※14

すべての参加者がフラットに自由に意見を交わせるＳＦ思考のワークショップは、まさにそんな言葉がふさわしい実践の場なのです。

クリエイティビティのソムリエになろう

「うちのメンバー、クリエイティビティが低いから、ワークショップをやってもあまり面白いアイデアは出ないと思うんですよね」

自虐なのか、謙遜なのか、愚痴なのか……。さあ、ワークショップをやろう！　というタイミングで、こんなことを言う人がいます。なのに、実際にやってみると、めちゃくちゃ面白いアイデアが出て、やっている本人たちも驚いたりするのを、何度も見てきました。

自分のクリエイティブ能力を低く見積もりがちなのは、日本人の悪いクセです。日本びいきの外国人で、「テンプラ、ショーグン、フジヤマ」くらいしかボキャブラリーがないのに「日本語は得意です！」と自信満々に言ってくる人にたまに会うのですが、ぜひこれくらいのマインドを持っていてほしいと思います。

「ＳＦは読むより書く方が簡単」というのが、僕の持論です。人が書いたものをちゃんと読み解くためには、知識や洞察力が必要ですが、自分でゼロから作るなら、自分の中からあふれ出るクリエイティビティに素直になればいいだけですから。

すべての芸術家が特別な人間なのではない。それぞれの人間が特別の芸術家なのである。

これは、哲学者の鶴見俊輔《つるみしゅんすけ》が、著書『限界芸術論』で引用しているA・クマーラスワーミー（インドの哲学者・美術研究科）の言葉なのですが、本当にその通りだと思います。

冒頭のような言葉を、上司が部下を指して言っちゃう場合もあります。これは恥ずかしいですね。他人の能力を低く見積もるだけでも普通に失礼なのに、部下のクリエイティビティを見抜く力がないと自ら告白しているようなものですから。こういうことを言われると、僕としては「あなたのソムリエセンスが足りないのでは？」と、返したくなります。

ワークショップの面白さのひとつは、**自分の中に潜む「専門知」や、そこから生まれる「創造性」を人に発見してもらう機会**ができることです。

「専門知」とは、大学で研究されているような知識だけを指す言葉ではありません。[※15] 普通の人が、それぞれの生活や経験を通じて育んだ知恵や対話能力、行動パターンも立派な「専門知」なのです。

でも、それは自分自身では当たり前すぎてなかなか気づくことができません。ＳＦ思考のワークショップは、それに気づいたり、他人からそこを引っ張り出してもらう絶好のチャンスなのです。

SFプロトタイピングを「SF作家のビジョンを借りて未来像を描く」ためのものだと思っている人も多いのですが、個人的には「逆」だと思っています。**「普通の人をクリエイターにしちゃおう」**という発想が、SFプロトタイピングのユニークな点なのです。

手始めに「〇〇クリエイター」「〇〇ソムリエ」などという自分の架空の肩書きを考えてみるのもいいと思います。ソムリエになったつもりで、ニッチなクリエイティビティを発見しましょう。近道を探すのが得意なら「近道クリエイター」とか名乗っちゃえばいいのです。

ちなみに僕自身は「Z級映画ソムリエ」だったりします。Z級映画とは、B級映画とさえ言われない、とんでもない駄作を指します。めちゃくちゃ雑に作られている伝説的駄作『アタック・オブ・ザ・キラートマト』だって、普通に面白いと思って何度も見ていますからね……。

人の隠れたクリエイティビティをどんどん発見していこう！　というマインドになれば、ワークショップは何倍も楽しくなります。そして「この人はセンスがない」とか「面白くない」と思ったときは、自分の「見る目のなさ」を反省しましょう。

もちろん、粗削りなもの、下手なもの、洗練されていないものは世の中にたくさんあります。しかし、見方ひとつで、それらが宝物に変わる可能性もあるのです。

割れた器を、漆と金属で修復する**「金継ぎ」**という技法があります。修復跡がわからないようにするどころか、あえて金色に目立たせるのがポイントで、傷ひとつない器よりもかえって芸術的である、と評価するような価値観が茶道にはあります。これ、SF思考のマインドにすごく近いと思います。

ここで再び『限界芸術論』から、僕が個人的にすごく好きな文章を引用しておきましょう。

これを用いることにきめたという見る眼、これを見事な仕方で用いてきたという使用の歴史が、この一片のがらくたを、大名物にしたてた。

一歩間違えば、がらくたでしかないものを、工夫と目利きでアートに変えていく――。そのための方法論を、次の第4部で詳しく紹介したいと思います。

第3部のまとめ

- 未来を「つくる」「あらわす」ときにはSFプロトタイピング、「つかう」「なる」ときにはSFバックキャスティングの手法が有効
- 「つくる」「あらわす」「つかう」「なる」のサイクルをどんどん回していけば、「SF思考」が磨かれていき、より自由に発想し、行動できるようになる
- 誰かに押し付けられたような「古びた未来」を発想しないために、事前に「SFマインド」を心得ておく

※1 このエピソードを話すと、「宮本さん、道人って名前からそうかと思っていたんですが、仏教徒だったんですね」みたいなことをよく言われるのですが、いちおう僕は無宗教です。とはいえ、お寺はとても好きですし、神社にも行くし、クリスマスも楽しむし、日本人の大多数がそうであろうカギ括弧付きの「無宗教」ですね。仏教の教えも非常に面白いと思っています。

※2 ビジネス領域以外では、「SF思考」という言葉自体は以前から存在していました。クライン・ユーベルシュタイン『SF思考のすすめ 未来を考える楽しみ、さぐる喜び』（ブルーバックス、1980）といった本もあります。

※3
共同研究を始めてしばらくしてこの言葉をメンバー間で使おうと決定し、三菱総合研究所のウェブサイトに掲載された2020年7月16日の記事「SFは空想でもあり、実践でもある『SF思考学』特別座談会　第1回」で外部に発表しました。

※4
ジェンダード・イノベーションの提唱者であるロンダ・シービンガーが作成した「Intersectional Design Cards」の一部がウェブで見られるので、ご興味ある方は見てみて下さい。インターセクショナリティを意識してデザインを行うコツの一端が理解できます。https://intersectionaldesign.com/

※5
こういった環境を作るため、「リバースメンタリング」という、若手社員がメンターになって先輩や上司に助言する人事育成の仕組みを導入している会社もあります。先輩社員がメンターになって若手を指導する、普通のメンター制度のまったく逆です。

※6
温暖化を考えるのにエネルギーを無駄に使うのは逆行している部分もあり、どうなんだと思われる方もいるかもしれませんが、そういった意見もみんなで出していき「いまどのくらいエネルギーを使っているのか」などを議論してみても良いでしょう。

※7
オズボーンは「ブレーンストーミング」の考案者としても知られていて、チームで議論するときの原則として、他人のアイデアを否定しないこと、どんな発想のアイデアも受け入れること、質よりも量を大事にすること、アイデアを結合させて改善することが大事であると説いています。これもワークショップ実践の場でとても重要な考え方だと思います。

※8 「マクドナルド理論」を提唱しているのは、ニュージーランドのデザイナー Jon Bellさんです。https://jonbell.medium.com/mcdonalds-theory-9216e1c9da7d

※9 原文は'A good science fiction story should be able to predict not the automobile but the traffic jam.'（Frederik George Pohl, Jr.）です。『Close Encounters?: Science and Science Fiction』（1990, R.J Lambourne）より引用しています。

※10 https://mobile.twitter.com/AsaiLabot2

※11 『調査されるという迷惑　フィールドに出る前に読んでおく本』（みずのわ出版、２００８）

※12 『シグナル　未来学者が教える予測の技術』10頁（エイミー・ウェブ著、土方奈美訳、ダイヤモンド社、２０１７）

※13 これは「クラークの法則」といわれるもののひとつです。初出は『未来のプロフィル』（１９６２）収録のエッセイ'Hazards of Prophecy: The Failure of Imagination'。ちなみに他のクラークの法則は、有名な「十分に発達した科学技術は、魔法と見分けがつかない。」と「可能性の限界を測る唯一の方法は、その限界を少しだけ超越するまで挑戦することである。」です。

※14 『素人のように考え、玄人として実行する　問題解決のメタ技術』（ＰＨＰ研究所、２００３）

※15 『専門知を再考する』（Ｈコリンズ、Ｒ・エヴァンズ著、名古屋大学出版会、２０２０）では、言語化できない暗黙知や素人の中に潜在する知恵、いわゆる専門家の科学的知識まで、多様な専門知のあり方が解

説されています。

第4部

未来ストーリーを「つくる」

——世界観とプロットをざっくり考える

ハイテクより素敵なローテクもある

突然ですが、僕は**糸電話**にひそかな憧れがあります。

紙コップと糸さえあれば、離れていてもお互いの声が聞こえる、なんて魔法みたいじゃないですか？

話し相手はひとりだけ、というひそひそ感もオシャレです。英語では、ラバーズテレグラフ（恋人たちの電信）なんて言い方もするそうで。

うまく工夫すれば300メートルくらい離れても会話ができ、かつては、電気の電話（変な言い方ですが……）のライバルと目されていたという、実はスゴいアイテムだったりします。しかも糸電話の方が安いので、初期には糸電話にかなり分があったみたいです。

素人でもちゃんと環境を整えれば、けっこう遠くまで届けられるのでしょうか。いつか大がかりに試してみたいとは思いつつ、大人になってから知り合いに「糸電話しようぜ」とは言いづらい。まぁ、よほど仲が良ければ変人とは思われないでしょうが、そんなことに付き合ってくれるような親友や恋人がいたことのない人生を送ってきたんですよね、僕。

……すみません、のっけから悲しい愚痴を撒き散らしてしまいました。

とにかくそんな感じで僕は糸電話が好きで、昔、ワークショップで「糸電話がめちゃくちゃ発達した世界」を発表したこともありました。「サイバーパンク（SFのジャンルのひとつ）」ならぬ「ワイヤーパンク」です。

SFプロトタイピングというと、最先端の難しい科学知識が必要だ、と思っている人も多いのですが、実はそんなことはなくて、**わりと当たり前の技術にブッ飛んだ発想を組み合わせることを重視した方がいい**場合もあります。

技術として見ても、糸電話は部分的には、電話より優れた部分があるのです。電気がなくても使えるし、特許で制限されることもないし、特別な材料がいらずコストも低く抑えられるのですから。

実際に、大雨で川が氾濫《はんらん》して周囲が浸水し、電話も不通になり、誰とも連絡が取れなくなって孤立してしまった人が、隣の家に糸電話を投げ込んで連絡を取って励まし合った、という例もあったとか。

現代文明では電気ばかりが幅を利かせているように見えますが、目を凝らすと色々なところに**「ローテク」と思われているものが活躍する機会**があったりします。

もうひとつ別の例を出しましょう。19世紀には、蒸気機関車より馬力のある鉄道として「空気圧を使った鉄道」が研究されたことがありました。石炭も石油も使わず、気圧の差を利用して、圧縮した空気を押し出す力でモノや人を運ぼうというのです。おもちゃの空気鉄砲や、トイレのポンプと同じ原理です。

実はこれ、今、ブラジルで「大気圧鉄道（アエロモベル）」として実際に交通機関として使われています。

新しい技術、複雑な技術だけがすごいわけじゃないし、古い技術や単純な技術より常に役に立つわけでもありません。

「適正技術」「オルタナティブ・テクノロジー」という考え方があります。これは、たとえば発展途上国の生活を便利にしたい場合、単純に最新技術を導入してもうまくいかないことがあり、むしろそこに適した技術は先進国に適したものと別なことがある、といった事例にあたります。導入したりメンテナンスできる人がいるか、材料があるか、資金があるか、気候や文化が適しているか……など、地域性や条件によって導入が難しいケースも少なくないからです。先進国では「古い」とされている技術や、流行らなかった技術の方が、うまく問題を解決できることも多いのです。

こう考えると、「科学技術」って、理系科目が得意な人が難しいことばっかり考えているだけでいいのか？　って気もしてきますよね。

もちろん、ちゃんと勉強しないと理解の難しい科学技術もたくさんあります。たとえば「量子力学」とか「相対性理論」なんて、とっつきにくくて、簡単に理解できるものではない気がしちゃいますよね。SFというと、そういう難しくてややこしい理論や技術がたくさん出てくるイメージがあるのは確かです。個人的には、そういう分野も楽しく知ることができるのがSFの良さだと思いますが、そういった考えがハードルを上げてしまっているのも事実だと思います。

ちなみに、僕は「東京大学で研究員をしています。三菱総研と開発した思考法の本があるのでぜひ読んでみて下さい」なんて自己紹介すると、「宮本さんの書いてるものなんてどうせ難しくて自分には読めないでしょ？」みたいなことをよく言われます。実際に読んでいなくても、「難しそう」というイメージが先行してしまって、その先の話をちゃんと聞いてくれなかったりするのです。※1

ここまで読んでくれた皆さんの中にも、「SFプロトタイピングって、難しそうだな」と身構えてしまっている人がいるかもしれません。

でも、大丈夫です。

さっき見たように、糸電話だってトイレのポンプだってれっきとした科学技術だし、SFになるんです。

SFプロトタイピングは、簡単な方法論の組み合わせです。誰にでもできるし、簡単な技術を変な具合に組み合わせるからこそ、面白いのです。

そして、**SFプロトタイピングの手法もひとつではありません。**さまざまな人が開発したさまざまなバリエーションがあり、時と場合に応じて合うものを選べます。むしろ、自分の都合の良いように手法を作り替えたり、発明してしまってもいいのです。

第4部では、そんなSFプロトタイピングのワークショップ手法を、皆さんにたくさん紹介していきたいと思います。

PART 1

誰でもできる SFプロトタイピングの基本パターン

「SFプロトタイピング」と一口に言っても、その方法はさまざまです。

大切なのは、SFという枠組みを使って発想を斜め上に飛ばすこと。「守らなきゃいけないフォーマット」なんてありません。むしろフォーマットを重視しすぎると、発想が制限されてしまいます。

ただ、ある程度の**「型」を知っておくと、逆に「型破り」がしやすくなる**という側面もあります。何も型がないと、漠然とした議論に終始してしまうのです。

そんなわけで、ここでは最初に、僕、宮本道人がおすすめする「基本パターン」をお伝えしたいと思います。

この方法論は、僕が三菱総合研究所の藤本敦也さんとともに2020年に設計し、『SF思考』に発表したものをベースとしています。そちらではかなりのページを割いて、リークシート例なども載せているので、ご興味ある方はあわせて読んでいただければと思います。ただ、本書に載せている方法論は、そこから少し自分なりにアレンジを加えていますので、『SF思考』ですでに読んだよ、という方も、もう一度見て頂くと、参考になるかと思います。

未来ストーリーを生み出すための基本形！

SFプロトタイピングワークショップ〈汎用形〉

このSFプロトタイピングワークショップは、簡単にいうと、4～5人ほどの参加メンバーの知見をかけ合わせて新しい言葉を作り出し、その言葉を核にして未来のストーリーを組み立てていくものです。これまで、組織のビジョンづくり、事業開発のアイデアづくり、社内研修など、ビジネス上の課題解決のために何度も活用し、ブラッシュアップを重ねてきました。

プロのSF作家が参画しなくても（もちろん参画してもいいのですが）、素人だけでブッ飛んだ未来が構想できる手軽な手法として、とても汎用性《はんようせい》が高いと自負しています。

ビジネスっぽいつくりになっていますが、自分の家族や、自分自身の未来をちょっと考えてみる、といったライトな使い方もおすすめです。個人でやる場合は、ひとりで何役もやってみて、発想を飛ばしてみてください。

このワークショップは、「発散」と「収束」の2つのフェーズから構成されています。それぞれ、

◉発散フェーズの目標は、主に「未来のガジェットをたくさん考える」
◉収束フェーズの目標は、主に「未来のストーリーをひとつの形にする」

という役割があります。各フェーズの実施日を分けると、思考の発散と収束が促され、より効果的です。ただ、参加者の日程調整が難しい場合は、一気にやってしまっても良いです。

発散フェーズ、収束フェーズでそれぞれ7つのステップ、計14ステップの構成になっており、各ステップは10〜30分程度を想定しています。

事前準備として、考えたいテーマ「**20XX年の○○**」を設定します。テーマについては第3部にもポイントを書いたので、そちらを参照して下さい。そしてワークショップを開始する前に、メンバー同士で名前と所属などのごく簡単な自己紹介をして、ファシリテーターや書記などの役割を決めます。

準備が整ったら、いよいよワークショップ開始です。

【発散フェーズ】未来のガジェットをたくさん考える

ステップ1　考えたいテーマの言葉あつめ

まずは、アイスブレイク的に、考えたいテーマ「20XX年の○○」について軽く語り合いましょう。○○がジャンル名なら、自分たちがその分野でどんな未来を作りたいのか、あるいは○○が場所ならそこに何があるのか、などを語り合うのが良いと思います。お互いのビジョンを最初に自由に共有しておくことが重要なのです。

そしてその中で、関連する単語を集めていきます。どんな技術が実現していると嬉しいのか、あるいはどんなサービスがあると良いのか、といった観点で、専門用語や科学技術用語を出していきましょう。特に専門家がメンバーに入っている場合は、その人を中心に、研究や仕事に関連する言葉を出していくのもアリです。ちょっとくらい難しい言葉でも問題ありません。

テーマになじみがない場合は、検索をかけて関連用語を探してみても良いです。ただし、流行している言葉はNGです。たとえばDX、SDGs、メタバースといった言葉は、数年後に見たときに「古い」と思われる可能性も高いので、選ばない方が良いかもしれません。

単語をひとり10個ほど出して、ぜんぶで50個ほど単語が集まったら、次に進みます。

ステップ2　自分が人より詳しい言葉あつめ

次に、仕事からいったん離れて、もっとアイスブレイクらしい作業をします。

参加者みんなで、自分の趣味やこだわりについてそれぞれ話していくのです。特に昔からやっていて、けっこう詳しい分野があれば、その分野を紹介してみて下さい。その中で質問し合い、お互いがどんな興味を持っているのか、理解を深めてみて下さい。

そしてその趣味に使う道具とか、スキルをあらわす言葉とか、「一段階だけマニアック」な用語を集めていきます。「一段階」というのは、「二段階までマニアック」だと、説明だけで手こずってしまうからです。一般にもギリギリ通じそうだけれど、詳しく意味を説明しろというと普通の人にはちょっと難しいだろう、くらいの絶妙なラインがいちばん良いです。たとえば野球が趣味の人なら、「ホームランダービー」「イレギュラーバウンド」は良いチョイスかなと思います。なんとなく想像がつきます。でも、「エンタイトル2ベース」になると、野球を知らない人にはサッパリです。僕自身、野球について全く無知なので間違いありません。

深い趣味がない人は、最近買ったもの、マイブーム、好きな食べ物、お気に入りのサービスなどについて話しましょう。ただし、今現在よくメディアで注目を浴びているものの話になりすぎると、単に流行している言葉を拾うだけになりかねません。誰でも知っているメジャーなことより、ニッチなものに目を向けるように、ちょっとだけ意識してみて下さい。

ちなみに、固有名詞はあまりよくありません。インドア派の方だと、好きなエンタメ作品について話したくなると思いますが、なるべく既存の想像力からは距離を置きましょう。むしろ作品に使われている技法などの専門用語を掘り出す方向に思考してみて下さい。

ここでも単語をひとり10個ほど出して、全部で50個ほど単語が集まったら、次に進みます。

ステップ3　2つの言葉をかけ合わせて行う未来の造語

ステップ1とステップ2で集まった言葉を材料にして、「未来の新概念」を作ります。「考えたいテーマの言葉」と「自分が人より詳しい言葉」を合体させて、造語を生み出していくのです。

言葉の一部を取り出しても大丈夫です。たとえば「ホームランダービー」なら、「ダービー」だけ取り出してかけ合わせる、みたいなイメージです。

単語にならない形式は、あまり良くありません。たとえば「○○の○○」「○○的な○○」「○○×○○」みたいな形は、「造語」とは違うと思います。

ここでは意味は考えず、ノリでどんどんかけ合わせていくのがコツです。語呂がよい単語をじゃんじゃん作りましょう。

その言葉がどんなものかを少しでも考えてしまうと、「意味」に引っ張られて、現実的なアイデアしか出なくなります。自分の中にないアイデアを作り出すワークですので、自分でも意味がわからない単語を出しまくるのが重要なのです。

ステップ4　未来の流行語大賞

造語が50個くらい集まったところで、これから議論していく「未来の新概念」を絞り込みます。メンバーそれぞれに5票ほどを与え、「面白そう！」と思った言葉に投票し、得票数の多い順に選ぶのがいいでしょう。ひとりにつきひとつずつ選ぶ形式でも大丈夫です。未来の流行語大賞の審査員になったつもりで5つ選びましょう。

投票する言葉を選ぶポイントは2つあります。

ひとつ目は、「わかりやすさ」で選ばないこと。目の前には、マニアックで意味不明そうなものから、直感的に理解できそうなものまで、色々な造語が並んでいると思います。迷ったら前者を選びましょう。せっかくニッチな言葉を出したのに、選ぶ段になると「記憶料理」などの広めの概念の組み合わせを選びたくなる人が多いので、そこは気をつけましょう。

2つ目は、みんなが共感して盛り上がったものだけでなく、意見が割れそうなものも選ぶということ。意味を考えないようにといっても、「この単語面白いね！」と語呂が良い単語はすでに盛り上がっていると思います。でも、誰も触れなかったアイデアにも面白いものがあるかもしれませんので、「この言葉は気持ち悪いな……」みたいに誰かが違和感を覚えたような単語も拾ってみると良いでしょう。

ステップ5　「未来のガジェット」について考える

さて、5つの「未来の新概念」が手に入りました。

どれも耳慣れない言葉です。それぞれ、どういう意味なのでしょうか？

また、この概念が浸透している未来社会では、どんなガジェット（製品やサービス）が存在するのでしょうか？　ここからいよいよ「未来のガジェット」について考えていきます。

その製品やサービスはどんな価値を提供しているでしょうか？

その製品やサービスにはどんな問題点があるでしょうか？

その製品やサービスのユーザーはどんな人でしょうか？

ここでのポイントは、なるべくピンポイントに考えることです。「色々な社会課題を解決するサービス」で、「ユーザーは世界中の老若男女」みたいに答える参加者もいますが、それだと何も考えていないに等しいです。アイデアをショボくさせたくなくて、めちゃめちゃ大きいサービスであるかのように見せたがった結果として、この回答にたどり着いているのだとしたら本末転倒です。ワークショップはまだ序盤ですので、ぜんぜん使えないじゃん、くらいのマニアック度で無理やり押し切ってみる度胸が大切です。

ステップ6 「未来のガジェット」に必要な技術

ステップ5で、未知の概念やガジェットが存在する未来像がぼんやり見えてきました。では、これらのガジェットが成立するためには、どんな技術が必要でしょうか？

ここで考えるのは、今の技術ではなく、未来の技術です。今はまだないけれど、未来にはこういう技術ができているだろうな、と思えるものを想像してください。難しい専門用語じゃなくても、「〇〇を〇〇するシステム」「〇〇の自動〇〇ツール」みたいな表現で構いません。

重要なのは、ガジェットを漠然と捉えるのではなく、どんな要素からそれができているのか、分解して考えていくことです。

さらに、そんな技術がある世界なら、他にどんなビジネスが派生していそうか、他にどんな製品やサービスが実現していそうかについても想像してみます。横展開できそうな転用先を考えるのです。これらを造語で表現するのも良いでしょう。

ステップ7　即興のユーザーチャット

５つのガジェットを使っているユーザーになりきって、即興で会話してみましょう。会話は①満足しているユーザー、②不満があってそれに反論するユーザー、③それにさらに反論して良いところを挙げるユーザー、が３人１組で行います。

①「このガジェットにはこんなメリットがあって、こんな自分にはこういう価値があるんだよなぁ」

②「でもこんな問題点があるから、その提供価値がむしろ全然ダメになってるよね」

③「とはいえ最近はこの機能が改善されているし、こんなサービスとあわせて使うと十分に問題はカバーされるよ」

といった形です。

この形式がはまりにくい場合は、①若手が新商品の企画をプレゼンし、②直属の上司がキツいダメ出しをし、③幹部が問題点の解決策を提案する……みたいな形式にしてみても良いかもしれません。ちなみにこの形式を会社で実施するときは、リアルな役職と役を真逆にして、幹部を①、中堅社員を②、若手を③に置くと盛り上がります。

数チームでワークショップを実施している場合は、この会話を寸劇として演じる発表時間を設けて、【発散フェーズ】の結果の共有タイムにしましょう。

【収束フェーズ】未来のストーリーをひとつの形にする

ステップ8 イメージを固める

ここで、発散フェーズで考えた5つのアイデアをひとつに絞り込んでみましょう。発散フェーズを振り返りながら、具体性が高く、リアリティとブッ飛び度合いが絶妙なバランスのものを選んで下さい。5つのアイデアのなかで近いものがあれば、合体させても良いでしょう。

選んだアイデアは、本当に20XX年までに実現できそうでしょうか? ガジェットを成立するために必要な技術もあらためて明確にし、ターゲットにしている未来までにどこが実現可能で、どこが実現不可能なのかを考えていきます。

技術が100年経っても実現しそうにないというなら、もう少し現実に近づけましょう。逆に5年後には実現していそうというなら、もう少し妄想を飛ばします。

そして最後にガジェットの「説明文」を作ります。ちゃんと解釈をひとつに確定させ、その存在を初めて聞いた方でもわかる文章で解説を書くのです。

ステップ9　未来の職業や産業を考えて、未来の解像度を上げる

このガジェットは、社会やビジネスにどんな影響をもたらしたでしょうか。

このガジェットや、それを成立させている技術のおかげで成長した産業や職業は何でしょうか。逆に衰退したり消えたりした産業や職業は何でしょうか。その原因は何でしょうか。

まず、既存顧客については必ず考えてみて下さい。

その後に、視野が狭くならないように「業界地図」や「職業図鑑」のような、産業全体を俯瞰できる資料を見ながら考えるのがおすすめです。なんなら、ランダムに業界地図から業界を選び出して、そこに良い影響があったか悪い影響があったかを無理やり考えていくというくらいでも良いでしょう。現代の感覚ではそのガジェットが一見結びつきそうにない職業を考えることが重要なのです。

これらの考察をふまえて、次に「新業界」「新職業」を考えます。この未来社会では、どんな新しい産業や職業が台頭しているのでしょうか。ここでも造語を作ってみると良いでしょう。また、その業界やその職業が台頭したきっかけやプロセスも考えてみて下さい。

ステップ10　未来のキャラクターを作って、語らせる

ここでは、未来社会でこのガジェットに関わっている人物をあれこれ想像して、複数のキャ

ラクターを作っていきます。

製品やサービスを作っているメーカーの社員やバイト、物流や販売に関わっている取引先、顧客やその家族など、できるだけ多様な立場のキャラクターを具体的に想像します。

このとき、まずは自分の身近な人々の変わった特徴やこだわりを思い描いて、それを誇張したり、組み合わせたりすると、面白いキャラクターが生まれやすいです。面白いのは、ちょっと共感できない、ヤバめのキャラクターを作った方が、あとあと愛着を持てることです。ステップ2で話し合ったお互いの趣味やこだわりも活かしましょう。ただし、悪口にならないように注意して下さいね。

未来を考える上では、現在は少数派にとどまっている属性に着目することも大切です。女性の割合が少ない業界なら女性キャラクターを増やしたり、ものすごく若い、あるいはものすごく高齢のビジネスパーソンを登場させたり……。

それぞれのキャラクターには、年齢、性別、名前、行動や思考のクセ、性格なども具体的に設定します。年齢と性別は、あまり偏らないのが望ましいです。ここで、キャラクターに名前をつけたがらない人がめちゃめちゃ多いのですが、無理やり名前をつけた方が、良い議論がしやすくなります。「○○山○○子」みたいな感じで、テキトーにつけてしまいましょう。あだ名でも大丈夫です。

そして、それらのキャラクターになりきって、2つのことを即興でつぶやきます。

ひとつは「この未来社会に対するぼやき」です。こういうところがダメだなぁ、とか、未来の日々の不満を独りごちて下さい。特にこの製品やサービスの仕事や利用にまつわるぼやきを考えてみましょう。

もうひとつは「なぜこのガジェットが登場したのか」についての考察です。たとえば僕たちはコロナ禍が始まった当初よく「コロナ禍で在宅ワークになってリモート通話が普及したよね。でもその前からSkypeとかもあったし、ネット回線もここまで広がっていて、技術的な土壌は整っていたよね」みたいな会話をしていたと思います。こういった考察を、未来の製品やサービスに対しても行ってほしいのです。政治、経済、社会、技術などがどう影響したのかを考えてみましょう。

ステップ11　未来社会の課題を掘り下げる

ステップ10で作ったキャラクターたちは、この未来社会をどのように受け止めているでしょうか。

楽しんでいるキャラクター、苦しんでいるキャラクターはそれぞれ誰か、また、その理由は何かについて考えます。価値観が合わなかったり、新ビジネスの恩恵を享受できていないキャラクターやトラブルにあうキャラクターもいるはずです。それがどんな不公平なのか、どんなトラブルなのかも考えてみましょう。

そして、楽しんでいるキャラクターと、苦しんでいるキャラクターの背景を考え、その差を生み出した社会構造の問題点を見つけ出しましょう。

ここで重要なのは、未来社会が抱えている課題は、現代社会の課題とは違うという観点です。このワークをやってもらうと、ついつい今の社会課題に引きずられて発想する人が多いのですが、あえて全く異なる未来ならではの社会課題が生まれていると考えて下さい。製品やサービス、それを支える技術も今とは異なるわけですから、新しい社会課題が必ず生まれているはずなのです。

ステップ12　テーマと主人公

ここから、ストーリーとしてのまとめ方を少しずつ考えていきます。

まず、この社会課題を解消できるビジネスはあるでしょうか。新しいビジネスを考えても良いですし、未来のガジェットを改善することで解決できる課題があるなら、その改善方法についても議論します。これらを軸にすると、ストーリーが考えやすくなります。

次に、主人公を誰にすると、このストーリーが表現しやすいかを考えましょう。ステップ9で作ったキャラクターの中からひとり選ぶと良いと思いますが、ぴったりのキャラクターがいなければ、新しいキャラクターを作っても問題ありません。

これらをふまえて、ストーリー全体のトーンとして「明るい未来をポジティブに語りたい」

のか「暗い未来をネガティブに語りたい」のかを決めましょう。そして、どんなポイントをポジティブ／ネガティブに描きたいのか、強調して伝えたいポイントを明らかにしておくと、ストーリーの焦点が定まります。未来のガジェットを好意的に描きたいのか、未来の社会課題を強調したいのかによって、テイストはけっこう変わります。

ステップ13　物語の骨子を作る

いよいよ、プロットの作成です。これまで作ってきた設定を「未来像」として物語にしていくのです。

プロットは起承転結に分け、以下のような展開に沿って考えるとスムーズです。

【起】未来の日常生活を描写する
【承】トラブルや災難が発生して、日常が非日常になる
【転】トラブルを乗り越えたり、意外な事態を招いたりする
【結】最初とはちょっと違った日常に戻る

プロットを考えやすくするコツは、起承転結の順番通りに、丁寧にシーンを作っていくことです。転や結の設定だけを作り込み、そこから起承転結の主人公の行動を考え、みたいな謎の順番で作業しようとする人も多いのですが、それだとキャラクターがイキイキ動いてこないです。おすすめの順番を以下に書いたので、参考にしてみて下さい。

まず【起】で主人公の日常での行動や思っていることを考え、そこで他のキャラとの関係はどうなっているかを考えます。ここでは、未来社会にはどんな製品やサービスがあるのか、といった設定をちゃんと描くことが重要です。そのなかで、ステップ7の即興ユーザーチャットや、ステップ10で議論したキャラのぼやきを使うと、具体的に未来が描けます。

次に【承】でトラブルが起こったときの主人公の行動や感情の動きを考え、周囲のキャラとの関係がどう変化するかを考えます。主人公はトラブルに翻弄され、敵対するキャラも出てくるかもしれませんし、逆に支えてくれるキャラも出てくるかもしれません。ここでは、ステップ11で議論した、未来社会の課題が見えてくると良いでしょう。

次に【転】で、トラブルを主人公がどう解決するのか、そのときに何を思うのかを考えます。そして、それによってさらに周囲のキャラとの関係がどう進んだかを考えます。ステップ12で考えた、未来の製品・サービスの改善案をここに組み込んでも良いでしょう。

最後に【結】で、事件解決後の平和な社会を描きます。主人公は楽しく暮らし、周囲との関係も良好になっていると期待したいですが、バッドエンドでも構いません。いずれにしても、【起】で描かれた最初の状態とは、ちょっと社会が変わっているポイントがわかるように描くのがミソです。「あの事件を経て○○が改善された」とか、「周囲のキャラとますます仲良くな

4×4＋1の寸劇化ボックス

	ナレーション	主人公のセリフ	他キャラのセリフ①	他キャラのセリフ②
起				
承				
転				
結				
締め				

った」とか、そういう変化です。

ステップ14　寸劇化

こうしてできた粗いプロットを、寸劇化していきます。おすすめは、「ナレーション」「主人公のセリフ」「その他のキャラクターのセリフ1」「その他のキャラクターのセリフ2」のセットを、起承転結それぞれで作り、最後に締めのナレーションを入れるという形式です。つまり、4×4＋1の計17個のボックスを埋めれば、寸劇っぽいものができます。終わり方がしっくりこない場合、あくまでワンシーンを切り取ったんだという雰囲気で、映画の予告編のように作っても良いと思います。

寸劇は、実際にメンバーにそれぞれ役を割り振り、セリフを読み上げてみるのがおすすめです。意図の伝わりにくい部分や問題点がはっきりします。実際に自分が演じると考えると、セリフの練り直しも丁寧になります。

数チームでワークショップを実施している場合は、これを全チームに向けて発表し、【収束フェーズ】の結果の共有タイムにしましょう。

以上がSFプロトタイピングワークショップ〈汎用形〉の紹介でした。

さて、次のパートでは、このワークショップのアレンジ例を3つ紹介します。目的やテーマ、参加者などに合わせて柔軟にワーク内容を設計することが、SFプロトタイピングを成功に導くキーです。

皆さんもこのアレンジを読みながら、自分だったらどうアレンジするだろう、と想像してみて下さいね。

PART 2

SFプロトタイピングワークショップのアレンジ例

「子どもという未来」から学ぶ！〈子どものためのSFコンテスト〉

アレンジひとつ目は、小学生向けです！

第1部から触れてきたように、大人は子どもに「将来のことを考えろ」というくせに、その方法論を教えてくれません。そこでこのアレンジは、小さいお子さんでも楽しく未来を考えることができるように調整してみたものです。実践する際には、大人が子どものサポートをしてあげるようにすれば、両者のビジョンのすり合わせにも役に立つように設計しています。

子ども向けとはいっても、それはあくまで「メインの参加者が子ども」というだけです。そこで得られる意見は、大人にも参考になります。特に未来志向でビジネスを考えるためには、「子ども」が非常に重要なファクターとなります。SFプロトタイピングで未来のサービスを考えるとしても、そのユーザーは「未来の大人」、つまり「今の子ども」ですよね。

子どもを「小さな未来」だと考えれば、彼らと対話してニーズや価値観を理解することがどれだけ重要かわかります。今の子どもたちがリアルに感じている悩みも、喜びも、そのまま未来のビジネスや社会像の大きなヒントになるのです。しかし、子どもたち自身はその可能性に気づいていません。そこでSFという仕掛けで、潜在しているセンスを引っ張り出すのです。

ワークショップの中でも、20XX年の未来うんぬんという表現ではなく、「みんながおとなになったみらいはどうなっているかな?」といった問いかけをします。

子どもたちの集中力は長くは続きません。そこで、ワークショップそのものは1時間ほどに抑え、前後に「事前課題」と「宿題」を組み合わせるプロセスを設計しました。そして、完成した作品をコンテストに応募してもらい、それを審査し、表彰や講評を行うのです。

ステップ1　「かぞく　だいちょうさ」で言葉を集める

ワークショップ前の事前課題として「家族の調査」をしてもらいます。

両親やきょうだいなど、家族一人一人に子どもからインタビューし、「すきなこと」「かったもの」「なやみ」「ゆめ、おしごと」などについて、たくさんのキーワードを集めてもらうようにします。また、自分の好きなことや悩みなども書き出しておいてもらいます。

これが物語の材料になります。

ちなみにここでは「家族」を「先生」「先輩」などに変えても大丈夫です。仲の良い人や、このワークを一緒に実施してくれる人が入るというイメージです。

ステップ2　言葉を組み合わせて造語を作る

ワークショップでは、事前課題で集めた言葉を組み合わせて、新しい言葉をたくさん作ります。家族がそれぞれ出した言葉を組み合わせると面白いよ、というと、けっこう盛り上がります。

そして、その中から「いちばんほしいもの」をひとつ選んでもらいます。

ステップ3　未来社会について質問し合う

それがある未来社会はどんなふうになるか、家族で質問し合って想像してもらいます。「それはどんなもの？」「ほかになにができる？」「どんなことがおこる？」「なんのやくにたつ？」「どんなしごとができる？」「どんなしゃかいになる？」「どんなもんだいがおきる？」といった質問をし合いましょう。このとき、お子さんがメモを取るのが苦手な場合は、大人がメモを取ってあげましょう。

家族の方は自分の仕事の視点から答えてみても良いでしょう。少し難しい話になったとしても、逆に親の仕事について子どもが理解を深められるチャンスかもしれません。

ステップ4　家族や友達からキャラクターを考える

「みんなのまわりでそれをつかいそうなひとはだれ？　つかったらそのひとはどうかわるかな？」といった問いかけをして、家族や友達からキャラクターを作ってもらいます。キャラクターの名前をテキトーにつけて、それはどんな人で、何が得意で何が苦手で何が悩みかなど、ステップ1を参照しながら考えるのがコツです。そしてその人がステップ3の世界にいたらどう変わるのかを考えてもらいます。

ステップ5　あらすじを作る

ここからストーリーのあらすじを考えてもらいます。「①あたらしいものとであう」「②せいかつがかわる」「③もんだいがおこる」「④もんだいをかいけつする」という4つのエピソードを並べると良いよ、と伝えるとわかりやすいでしょう。

すぐに好きに書き始めているお子さんもいたりするので、そういったときは遮《さえぎ》らないで自由にさせておいて大丈夫です。科学的な正しさや、型にはまった表現を、あまり子どもに求めすぎないようにしましょう。アドバイスは、ひと通り子ども自身が表現し終わるまで待ってあげるといいですね。

逆に子どもが発想に苦戦している場合は、家族が助けてあげても問題ありません。あらすじは家族で考えたけれど、表現は子どもが絵で描いた、といったように担当を作るのも手です。
　ここまでで1時間ぐらいは経ってしまうので、ワークショップはこれで終わりです。

ステップ6　作品を仕上げ、コンテストに応募してもらう

　ここからは「宿題」として実施してもらうワークです。ワークショップで作ったあらすじに肉付けをして、「完成」と本人が思える状態にしてもらいます。小説でも絵でもマンガでも動画でも歌でも、得意なジャンルで表現することを薦めます。
　期間は2週間程度が良いでしょう。それ以上経つと忘れてしまいます。
　作品は、家族で「共作」してもOKです。たとえば子どもの作品が「訳わからなすぎる！」という場合は、家族が自分なりの解釈を足してあげたりして調整すると良いと思います。ただし、誰がどう分担したかは、作品と一緒に明記してもらうのがポイントです。また、元の作品と、家族が手を加えた作品を並べても良いでしょう。子どもは、自分の表現がこう変わったのか、という気づきを得ることができます。参考にした本やアニメなどがあったら、それも書いてもらうようにしましょう。

　最後に、タイトルとこだわりポイントを書いて、コンテストに応募してもらいます。

ステップ7　表彰・講評する

応募作品は、

◉**あたらしさ・おどろき（みたことがないアイデアがあるか？）**

◉**たのしさ・もりあがり（さくひんをついついみたくなるか？）**

◉**おもいやり・やさしさ（みたひとがうれしいきもちになるか？）**

といった審査ポイントで評価します。子どもたちにも、この審査基準はワークショップの際に事前に伝えておきましょう。

講評では、悪いポイントを指摘するのではなく、良いポイントを褒めてあげるようにしましょう。また、なるべくたくさん賞を作り、みんなを褒め称えるようにすると良いと思います。

以上がアレンジの説明でした。

ちなみに、2020年8月、三菱総研グループの社内イベント「ファミリーマンス（会社のことを家族に知ってもらうイベント）」で、このコンテストを実施しました。グループ企業の社員の子どもなら誰でも参加できるイベントの企画のひとつ、「みらいづくりきょうしつ」と銘打って行ったのです。僕は、ワークショップとコンテストの講師と審査員を務めました。

審査員には、三菱総合研究所の会長、社長、副社長、グループ会社の社長の方々も揃って参加してくれました。すべての応募作品に目を通して、面白がったり、感心したりして、表彰式では自分の言葉でしっかりコメントしてくれて……。

僕はそのプロセスにめちゃめちゃびっくりしました。さすがにふだんから未来を考えている会社は、子どもとの向き合い方が一味違うな、といたく感心したのです。こんな取り組みがもっとたくさんの会社に広がってほしいなあと心から思っています。

ちなみに、このイベントは子どもたちだけでなく家族の方々にも好評で「親子で仕事や将来について話すことができた」といった声をいただきました。

仲良しの親子でも、対等の立場で未来を語り合う機会はあまりありません。しかし、子どもたちはやがて進路選択で未来づくりに直面します。自分の経験だけを頼りにして視野が狭くなってしまわないように、周囲の大人の意見を聞きながら、未来について考えておくことはきっと役に立つでしょう。

大人にとっても、子どもたちが何に興味を持っていて、どんな社会を望んでいるのかを知ることには、さまざまな発見があるはずです。

こういった子どもと大人の「対話」と「共作」を促す設計が、本アレンジのポイントなのです。

リーダーに必要な3つの力を育てる!

〈高校生のためのリーダー力育成ワーク〉

さて、次に紹介するアレンジも、子ども向けです。ただしこちらは、小学生向けではなく、高校生向けです。

特にここでは、リーダーとしてのスキルを身につけたい、という高校生をターゲットにしています。そして、「未来にやりたいことを考える力」「予想外の状況での相談力」「臨機応変に新しい職業を生み出す力」を、それぞれに対応する3つのワークを通して伸ばせるようにしています。

スムーズに未来社会に没入してもらうため、「ストーリー」として、各ワークの前に設定をフィクションで説明しているのも特徴です。

各ワークは30〜45分くらいで実施します。連続で行っても、バラバラに行っても構いません。

ワーク1　未来の学校には何がある?

リーダーに必要な力、その1は「未来にやりたいことを考える力」です。

そこで、高校生にとっていちばん身近な環境である「学校」を題材にして、40年後の未来の姿を考えてもらいます。

●ワーク1のストーリー

今から40年後、あなたは、ある学校の校長先生になりました。学校は、40年前とはすっかり変わっています。生徒たちはどんな日々を過ごしているでしょうか？

また、あなたは、この学校にどんなモノを置きたいと思いますか？

ワークの内容はSFプロトタイピングワークショップ〈汎用形〉の序盤とだいたい一緒で、こんな手順で進めます。

①「学校」からイメージする言葉をたくさん書き出す。
②自分の趣味や好きなもの、興味や関心にまつわる言葉をたくさん書き出す
③①の言葉と、②の言葉をかけ合わせて、面白い造語を作る
④「こんなのあったらいいな」という造語をひとつ選んで、どんなものかを考える
⑤考えた言葉とアイデアを発表し合う

ワーク2　ロボットの進路相談室

リーダーに必要な力、その2は「予想外の状況での相談力」です。

人はステージが上がるにつれて、周囲からアドバイスを求められるようになります。大学の研究員である僕も、学生から進路を相談されることがありますし、SFコンサルタントとしても、ビジネスや企業の未来をいつも誰かに相談されています。リーダーと呼ばれるような立場の人ならなおさらで、「相談に乗ること」が仕事の大きなウェイトを占めるといっても過言ではありません。自分が予想もしていない状況の相談を持ちかけられることもあります。

逆に自分が悩んだ場合も、ひとりで抱え込まず、周囲に相談して協力を仰ぐ場面が増えてきます。

「相談力」を、ほどよいバランスで持つことは難しいものです。自分は相談力が高いと思っている人ほど、周囲にこっそり迷惑がられているケースもよく見ます。「思いやりがある」「細かいことに気づく」「相手の立場に立って考えられる」と自己評価している人は要注意で、自信満々ゆえに周囲がそれを指摘しにくいままになっているだけ、というケースもあります。「自分って周りの人のことを本当にわかっているのかな?」とモヤモヤするくらいが普通ではないでしょうか。

そんな「相談力」についてみんなで模索するのが、本ワークです。

「悩み」はとてもナイーブなものですから、取り扱いを間違えると人間関係が壊れてしまうこともあります。僕自身、正解を知っているわけではないし、そもそも絶対的な正解はありません。でも、フィクションを使えば、なるべく傷つけ合わずに予行練習ができるのではないかなと考えています。

●ワーク2のストーリー

今から40年後、とあるハカセが、変わった特徴を持つロボットを作りました。ロボットは人間のように働きたいと思っているのですが、とても変わっているので、なかなか受け入れてくれる職場がありません。

困ったロボットは進路アドバイザーに相談に行きました。

はたしてロボットの悩みは解決するのでしょうか？

ワークは4～6人ぐらいのチームで進めます。ジャンケンをして勝った人はハカセ役、隣の人はロボット役、その他の人たちは進路アドバイザーです。

① ハカセ役が、自分が作ったロボットのどこが変わっているかを宣言します。

↓例　首が3メートルもあるロボットを作りました！

②ロボット役の人は、その特徴からもたらされる困りごとを話します。

↓例　バスの運転手になりたいのに、首が長すぎて運転席に座れません！

③進路アドバイザーがそれぞれ、ロボットにアドバイスします。

④ロボットがいちばんいいアドバイスをくれた人を選びます。選ばれた人は1ポイント獲得します。

⑤時計回りで役割を変え、全員がすべての役割を演じるまで一周します。

⑥最後に、最もたくさんポイントを獲得した人を中心に、それぞれ「どういうことを考えてアドバイスをしたか」を話し合い、良いアドバイスのポイントを探りましょう。

ワーク3　職業消滅時代のサバイバル術

リーダーに必要な力、その3は「臨機応変に新しい職業を生み出す力」です。

リーダーは、刻々と変わっていく状況に対応できなくてはなりません。

たとえばYouTuber、ゲームクリエイター、プログラマー、カウンセラー、獣医師などは今中高生に人気の職業ですが、過去には存在していませんでした。逆に、タイピスト、電話交換手、灯台守、紙芝居屋、代書屋、活動弁士といった職業を皆さんは知っていますか？　むかしはみんなが知っていたのに、今はほとんどなくなってしまった職業です。仕事というのは、こうして新しく生まれたり消えたりするものです。

これからの時代、ますます誰もが経験したことがない状況に直面する機会が増えていくことは間違いありません。過去の経験がまったく役に立たない状況になっても、自分の力と周囲の力をかけ合わせて、新しい仕事、新しい価値を生み出さなくてはならないのです。

僕自身、「科学文化作家」というオリジナル肩書きを勝手に名乗っていますが、そのおかげで「科学」「文化」「作家」の領域を横断した面白い仕事をたくさんもらえるようになりました。ちなみに、肩書きがひとつでは足りず、僕は他に「応用文学者」「SFコンサルタント」というオリジナル肩書きも名乗っています。

●ワーク3のストーリー

今から40年後、かつて人間がやっていた仕事は、ほとんどAIによってまかなわれるようになりました。

教師も、美容師も、スポーツ選手も、パティシエも、医師も、プログラマーも、マンガ家も、ほぼすべてがAIになったのです。

多くの人が「将来の目標だ!」と思っていた職業は、すべて世界から消滅しました。

今や、自分にしかできないオリジナルの職業を考えつかないと、お金が稼げません。

　そこであなたは友人と組んで、まったく別のオリジナル職業を「創り出す」ことにしました。

　それは一体、どんなものでしょうか？


このワークも4～6人ぐらいのチームで進めます。
①将来の目標として考えている職業はありますか？　今の延長線上でめざしたい現実的な進路を書きましょう。そして、その職業をこのワーク中は封印します。それは世界から消えるのです！
↓例　物理学者
②ぼんやり憧れていたけど、あり得ないと思っていた夢は他にありませんか？　非現実的なものでいいので、恥ずかしがらずに書いてしまいましょう。バカバカしい野望でも構いません。ただし、非科学的なものは避けましょう。
↓例　ヒップホップ歌手、船乗り
③まわりのみんなと、②で挙げた夢を見せ合って、適当にくっつけてみましょう。ここで

は新しい職業、肩書きを造語に落とし込む形で創造してみるのがコツです。無理にストーリー化すると収拾がつかなくなります。

↓例　ヒップホップ歌手×船乗り＝ヒップホップ船乗り

④ひとつ前の③の職業はどういうもので、それを成立させるためには今、何をすればいいのかをみんなで議論してみましょう。

↓例　ヒップホップ船乗りは自分で船を操縦し、揺れに乗ってラップする存在。そのために船舶免許を取ろうと思います。

⑤最後に、ここまで封印してきたもともとの目標を解き放ちましょう。今回ここまで考えてきた新職業と、かねてからの目標の職業がコラボしたらどうなるでしょう？　また、みんなの職業同士でもコラボできないか、議論してみましょう。

ワークの紹介は以上になります。

なお、本ワークは、2019年から公益財団法人日産財団が実施している「未来のリーダー教室」プログラム[※2]の一環として2021年からオンラインや、早稲田大学で開催された高校生向け講座など、数回にわたって実践してきたものです。

そこで実際の学生さんの反応を見て調整したり、一緒に実施している講師の先生方や、日産財団のスタッフの方々からのアドバイスを参考にしてブラッシュアップしています。

もともと高校生向けに開発したプログラムですが、もちろん大人が取り組んでも構いません。自分のキャリアをもっと長期的に考えたいけれども、目の前のことで手いっぱいで、なかなか先のことが考えられない、という大人にもぜひ試してみてほしい方法です。

現在にフォーカスしてリスクをあぶり出す

〈特殊設定ミステリプロトタイピング〉

アレンジその3ではちょっと趣向を変え、「SF」を「特殊設定ミステリ」に置き換えたプロトタイピング手法を紹介します。

ミステリは「謎が提示され、そのトリックを論理的に解いていくことを楽しむ」タイプのフィクションです。

シャーロック・ホームズや金田一耕助が活躍する「探偵もの」とか、嵐の山荘や絶海の孤島で事件が起きる「クローズド・サークルもの」などの、ちょっと古めかしい作品を典型的なミステリとして思い出す人が多いかもしれませんが、「謎解き」のバリエーションは無限にあり、作品はとても多様です。

このアレンジは、ミステリの中でも**「特殊設定ミステリ」**から発想したものです。

特殊設定ミステリとは、我々の知っている現実の社会とは異なる舞台で事件が起き、謎解きが繰り広げられるようなジャンルを指します。魔法が登場したり、呪いが存在したり、神がいたり、あるいは我々の世界にない科学技術があったり、今とだいぶ異なる法律があったり、といった特殊な状況が設定されるのです。

導入された設定のせいで、読者は今の常識を用いた推理がしにくくなります。犯人や殺害方法はどう「特殊設定」の中で覆い隠されているのかを推理していくのが、特殊設定ミステリの醍醐味です。

この「特殊設定」にはSFも含まれます。たとえばアイザック・アシモフの『鋼鉄都市』では、未来社会を舞台に、ロボットが従うルール「ロボット三原則」が提示され、しかしそこに何かしらの穴があるのではないかというところに焦点が当てられます。

こういった思考を通し、リアルな現実を考えるだけでは見えてこなかった、未来の社会課題が発見できることも多く、それはビジネス上で実施されるSFプロトタイピングの弱点を補強するのにも役立ちます。

というのも、企業や自治体が未来を考える際、悪いイメージが自分たちにつくのを避けたいがためにタブーには触れず、みんなが幸せになる「ありたい未来」を考えようとすることがよくあります。これでは、未来の弱者やそこに潜む課題などについて積極的に考えることはできません。しかし、**「これはミステリなんですよ」という前提を置くと、一気に色々な制限を突**

破することができます。みんな「ミステリなら仕方がない」と思ってくれるのです。

この「特殊設定ミステリプロトタイピング」は「スレッドキャスティング（脅威予測）」にふさわしい手法です。特殊設定という非現実な設定をテコにすることで、自社の製品やサービスに潜む意外な問題点・弱点を発見し、それが暴走した際や悪用された際に起こりそうなトラブルに備えることが可能です。無差別テロやストーカーのような、普通のロジックでは理解しがたい犯罪も、犯人側の視点や思考を掘り下げ、歪んだ動機に焦点を当てれば、防犯に繋がります。

また、タブー視されたものからイノベーションが起きることもありますし、「リスクマネジメント研修」や「倫理教育」にも活用できるでしょう。テクノロジーが高度化するにつれ、倫理的、法的、社会的にそれをどう位置づけるか、いわゆる「ＥＬＳＩ課題（Ethical, Legal and Social Issues）」の重要性も高まっています。特殊設定ミステリの世界観を活用して法律や社会制度を考えることは、こうした議論の助けにもなるでしょう。

ＳＦプロトタイピングが「攻め」のビジョンなら、特殊設定ミステリプロトタイピングは「守り」のビジョンといえるかもしれません。直視しづらいダークな側面を平時から議論しておくことが、「想定外」のリスクに備えるカギなのです。

兎にも角にも、まずは以下のメソッドを見てみて下さい。各ステップは30～45分くらいで進めることができますが、もっとじっくり進めても良いでしょう。

ステップ1　リスクと配慮の共有

まず、犯罪を扱う作品を作ることのリスクや求められる配慮を洗い出しておき、プロジェクトのゴールとNG事項を言語化しておきます。過激な思考を企業が発信することのリスクをどこまで許容するのか、現実の事件の被害者を傷つけたり偏見を助長したりしないような配慮をどこまで行うか、などを議論し、前提を共有しておきましょう。内部では過激なアイデアを出しつつも、外部発信の際には「日常の謎」のようなジャンルに落とし込んでゆく、二段構えのような方法論を使っても良いかもしれません。普通のSFに比べて、ここは事前にしっかりと議論しておくべきポイントになります。

ステップ2　特殊設定を練る

自社の製品やサービスの領域と「ブッ飛んだ空想」をかけ合わせて、独自の特殊設定を生み出します。ここはSFプロトタイピングワークショップ〈汎用形〉で紹介した方法論がそのまま使えます。自社サービスがめちゃくちゃに進歩した社会とか、暴走した社会を考えましょう。今の社会課題を再解釈し、ガジェットの中に溶け込ませるのもコツのひとつです。

ステップ3　犯罪を考える

特殊設定のもとで起こり得るトラブルや犯罪について議論し、そのような状況で虐げられるのはどんな人たちか？　解決策はあるのか？　などを掘り下げていきます。非現実的な設定によって、社会構造に潜む現実的な問題をあぶり出していくステップです。凶器、犯人などをそれぞれ特殊設定に合わせて想像してみると良いでしょう。加害者の思考をトレースし、異なる倫理観を能動的に想像して下さい。

ステップ4　トリック、真相を考える

ワークショップの議論から生まれた設定をもとに、プロットを組み立てます。ここではまず、トリック、真相など犯罪にまつわる部分から先に決めると良いと思います。５Ｗ１Ｈに沿うと、どんな形で犯罪が行われたかが考えやすくなります。特にここでも、自社ビジネスに関連する技術や体制などと絡めたアイデアを出して下さい。

ステップ5　ディティールを詰める

ここから「偽の真相」「容疑者」「探偵」「真相を確定するロジック」「伏線」など、プロットを肉付けするディティールを考え、ストーリーを作ります。ここはアイデアがあればあるほど良いでしょう。たくさんアイデアを出し、後からどれが使えそうなアイデアか選定していくの

がキモです。特におすすめの流れとしては、誰かが真相を言い当てたようにしてから、やっぱり別の推理を別の人が言い出して、というのを繰り返す推理合戦形式「多重解決」があります。特にワークショップ形式で特殊設定ミステリを考えるのは、そのまま推理合戦の様相を呈すので、ちょうど良いのです。推理合戦が繰り広げられた後、ステップ4で考えた真相を探偵が言い当てる、といった形などにストーリーを作り上げられたら、ワークショップは終了です。

以上が特殊設定ミステリプロトタイピングの紹介でした。

さらっと「トリックを考える」といってしまっているのですが、もちろんこれはすごく難しい、テクニカルな部分です。ここでは詳しくミステリについて記述する余裕がないので、実践してみたい方は、ミステリの書き方の本を参考にしてみて下さい。とはいえ、別にここでの目的は「売れるミステリを作る」ことではありません。あくまで特殊設定ミステリ創作を通して、アイデア出しをするのが目的なので、気にする必要は全くないです。ちなみに、この手法が単なる「ミステリプロトタイピング」ではないのは、起こり得る犯罪を考えるだけなら、すでに警備会社、セキュリティ会社、警察などで十分に実施されているからです。非現実的な設定からミステリ的なアイデアをふくらませるからこそ、アイデアの未来への広がり、爆発力、意外性が生まれるんですね。

なお、このメソッドは、僕の所属している批評家団体、限界研のメンバーに相談しながら構築したものです。特にミステリ評論家の蔓葉《つるば》信博《のぶひろ》さんにはさまざまなアドバイスをいただきました。蔓葉さんの編著による限界研の書籍『現代ミステリとは何か』が、２０２３年２月に南雲堂から刊行されますが、そこに本メソッドを別の側面から詳しく考察した論考を執筆しているので、ご興味ある方はぜひそちらもあわせて読んでみて下さい。

以上で、アレンジ３つの紹介が終わりました。ＳＦプロトタイピングには色々なやり方があるし、目的やテーマに応じて丁寧にカスタマイズすべきだ、という考えをわかっていただけたかと思います。

そしてもちろん、この世にはまだまだたくさんのＳＦプロトタイピング手法があります。次のパートでは、僕がイチ参加者として体験させてもらったり、友人に教えてもらったりした手法をいくつか紹介したいと思います。

PART 3

まだまだある！　ＳＦプロトタイピング

未来年表をみんなで作ろう！

〈偶然の未来＆選択の未来〉

まず紹介したいのは、アメリカのアリゾナ州立大学で体験した手法です。第2部でも触れたように、アリゾナ州立大学は２０１２年に、科学と文学、工学と芸術などさまざまな領域を結びつける研究拠点として、科学と想像力センターを開設しました。ここでは「より良い未来のための想像力をよびさます」というミッションを掲げて、ＳＦプロトタイピングのワークショップが活発に開催されているほか、プロのＳＦ作家とも積極的に連携がなされています。

僕は、２０２０年1月にこのセンターを訪問して、ルース・ワイリーさんのファシリテートのもと、「偶然の未来＆選択の未来（Futures by chance and Futures by choice）」というワークショップを体験しました。※3 センターではさまざまなワークショップを実施していて、それぞれを状況に応じてアレンジするそうですが、僕が体験したのは主に市民の対話を促す目的のワークショップです。ざっくりいうと、4〜6人ぐらいのグループで「未来になにが起きるか」を話し合いながら、めざすべき目標へ向かうための未来年表を作っていくというものです。

以下に、ワークのステップを紹介します。

ステップ1 〈未来のゴール〉を決める

今回のテーマは廃棄物やCO2の排出をゼロにすることを目指す「ゼロエミッション」。

僕たちは5人チームでひとつのテーブルを囲み、ファシリテーターの誘導のもとでワークショップに取り組みました。

ワークショップ用のテーブルに用意されているのは、年号だけが書かれた大きな年表とサイコロです。サイコロの目には、数字ではなくフェイスマークが描かれていて、振ると「笑顔」か「泣き顔」のどちらかが出るようになっています。

まず、ファシリテーターから2枚のふせんが示されました。1枚には「CO2排出量ゼロ社会の実現」と書かれていて、2040年のところに貼るように指示されます。

もう1枚は「世界の人口が100億人に」と書かれていますが、どこに貼るかはチームで相談して決めるように指示されます。僕たちのチームは、これを2055年に貼りました。

2040年にゼロエミッションが実現し、2055年に人口が100億人に達する――。

これが、これから始まる議論の土台です。

ステップ2 〈偶然の未来〉をサイコロで選ぶ

次に、ゼロエミッションに影響を与えそうな「できごと」を年表に加えていきます。「できごと」の候補はあらかじめ事務局が用意しています。

このときは、①食料、②水、③医療、④ビジネス、⑤環境、の5つのテーマで、それぞれポジティブ／ネガティブの2種類のできごとが書かれたふせんが示されました。サイコロを振って、笑顔が出たらポジティブな方、泣き顔が出たらネガティブな方を年表に貼るのです。

未来のできごとを、サイコロという「偶然」で決めるのが、このステップのポイントです。

あらかじめ用意されている「できごと」の例

【食料の未来】

ポジティブ：食肉の80％が植物性ミートに置き換わる

ネガティブ：深刻な干ばつで、穀物の生産が大幅に減る

【医療の未来】

ポジティブ：3Dプリント臓器が普及して、臓器移植の待機者がゼロに

できごと同士は互いに無関係なので、「それがどんなふうにつながって、どんな影響を与え合えば、ひとつながりの歴史になるか」を考えなくてはなりません。

できごとの前後に何が起こって、社会がどう変化したのかに思いを馳せ、想像をふくらませながら年表を埋めていきます。

ステップ3　〈偶然の未来〉がいつ起こるかを決める

サイコロで選んだ「偶然の未来」が「いつ起こるか」はチームで話し合って決めていきます。

ステップ4　〈選択の未来〉を考えて付け加える

年表の骨子が決まってきました。

次は、参加者が自由に「できごと」を考える番です。自由な発想で、白紙のふせんに「未来に起きそうなこと」や「起きてほしいこと」を書き込み、時期を想定して年表に貼っていきます。参加者全員が少なくとも1枚、たくさんアイデアが浮かぶ人は何枚書いても構いません。

ゼロからいきなり「未来を発想しろ」と言われても、なかなか思いつきませんが、ここまでのステップで、未来についてある程度の共通認識ができているため、スムーズにアイデアが飛び出してきます。現実からSFへ、ここで一気にジャンプできるのです。

僕たちのチームでは「アメリカに女性大統領が誕生する」「電気料金が無料になる」などのできごとを追加しました。

ステップ5　完成した年表を発表して、修正する

年表がかなり賑やかになりました。複数のチームでワークショップをした場合は、それぞれが自分たちのチームの年表をプレゼンします。同じテーマでも、チームによって未来は色々。他のチームが作った年表を見ると、新たな視点や論点に気づきます。

そこで、一通りプレゼンが終わったら、もう一度自分たちの年表を見直します。「これはもっと早く実現するかな?」「こっちはもっと時間がかかるかも?」といった議論を再び交わし、できごとの場所をズラしたり、はがしたり、付け加えたり……。多様な意見を取り入れて、未来をバージョンアップしていくのです。

この修正フェーズが面白いのは、SFらしい「別様の未来」がどんどん広がっていくことです。年表に組み込んでいたできごとを外したり、新たなできごとを加えたりすれば、影響は、いやおうなく未来に及びます。今が変われば、未来も変わる――。トライ&エラーを繰り返しながら、多様な未来像が浮かび上がってくるのです。

ステップ6　できた未来像を「判定」する

さて、今度こそ本当に年表が完成しました。

それは、明るくて楽しい未来であるとは限りません。特に、サイコロで泣き顔がたくさん出たチームの場合、暗いできごとばかりが起きる、ディストピアのような未来像ができている場合もあるはずです。

そこで、最後にチームで話し合って、この未来を「実現したいか」「実現したくないか」を評価します。作りっぱなしじゃなくて、評価することが大切なんですね。

この方法には「あり得る未来像」を議論するためのさまざまな工夫がこらされています。議論の発端になる「できごと」は、最初から事務局が用意してくれているので、専門知識がない人でも気楽に参加できますし、サイコロを振って明暗が分かれるのもゲームみたいで盛り上がります。

実際に体験してみて、よくできた方法だなあと感心しました。

たとえ暗い年表ができても、このワークショップを経験すると、未来に対する解像度は確実に上がるし、目の前の現実を未来に関連づけて考えやすくなります。

ただし、事前のお膳立てが多い分、アイデアが思わぬ方向に広がっていくダイナミックさは少なめです。こうした特色をふまえると「一定の方向性は守りつつ、できるだけ多様な意見を取り入れたい場合」にぴったりのSFプロトタイピング手法といえるのではないでしょうか。
行政が、まちの未来を良くするための政策立案に市民の声を活かしたいときや、大学が、先端領域の研究成果を社会でどう役立てていくかを探りたいときなど、さまざまなシーンに応用できそうです。

斬新なビジネスアイデアを出したい！

〈侵略してほしい生命体発想法〉

ここまで紹介してきたワークショップはどれも、だいぶ重たいというか、時間も規模も大きめのものでした。でも、もっと気軽な感じでSF的なアイデアを思いつきたい、というニーズもあると思います。

「なんか簡単なSF的な発想法、ないかなぁ?」と友人のSF作家の麦原遼《むぎはらはるか》さん、草野原々さんにボヤいていたところ、2人は色々なアイデアを提案してくれました。中でも議論が盛り上がり、3人でブラッシュアップしていったのが、麦原さん発案の〈侵略してほしい生命体発想法〉という変な名前のワークです。

ビジネスで新しいことを発想するには想像力が必要ですが、ゼロから何かを想像するのはハードルが高いもの。そこで、発想の土台として、突飛な舞台設定を無理やりにでも作ってみる、というのは非常に有効です。

仕事のマンネリを打破したり、組織の風通しを良くするために、これまでとは違う新鮮なアイデアを出したい、と思っているビジネスパーソンに刺さる方法論だと思うので、ぜひ試してみて下さい。

ステップ1　濃いキャラクターを想像する

スタートラインとして、濃いキャラクターの人物を思い浮かべます。

実在の人物なら、イーロン・マスクや孫正義みたいな傑出《けっしゅつ》した実業家でもいいし、カール・マルクスやマザー・テレサみたいに歴史に大きな影響を与えた人物でも、ナポレオンとか坂本龍馬みたいなカリスマ的リーダーでも良いでしょう。

架空のキャラなら、アンパンマンとか、ライオン・キングとか、『2001年宇宙の旅』に登場するAIのHAL9000とか、『攻殻機動隊』の草薙素子とか、あるいは半沢直樹みたいな小説やドラマの登場人物も良いと思います。

自分で考えた架空のキャラクターでも構いません。人間型に限らず、侵略してきたら大騒ぎになりそうな宇宙人や、別の宇宙で暮らしている生命体などを考えてみたりするのもおすすめです。特に倫理観が人間と異なっていると面白いですね。

ステップ2　濃いキャラクターが上司だったら……と妄想する

思い浮かべたキャラクターが、突然あなたの会社に現れた、と想像して下さい。

ある朝、出社してみると、昨日までの上司はいなくなっていて、その席に、なんだか行動も性格も極端なキャラクターが座っている、といったイメージです。

当然、会社の雰囲気はいつもとガラッと変わっています。

ステップ3　エクストリーム上司にプレゼンする

理由はわかりませんが、その人物（人じゃないかもしれないけれど）は、あなたの会社を乗っ取るつもりらしいのです。

会社のピンチです。でも正直、あなたはワクワクしています。キャラの濃い新上司は、間違いなくマンネリを打ち砕き、新風を取り入れ、仕事の意味を根底から覆してくれるはずだからです。

そんな設定で上司にプレゼンする企画を妄想します。相手がカリスマ起業家なら、社内の意外なリソースを使ってライバルを出し抜くプランを好むかもしれませんし、正義感の強いキャラなら、組織の不正を暴くチャンスかもしれません。

これまでとは違うエキサイティングなことを始めるチャンスですが、あなたの意見によっては、ビジネスが世界にとって良くない方向に進み、私たちの世界は丸ごとその人に侵略され、崩壊してしまうかもしれません。

エクストリームな上司のパワーを最大限に良い方向に活用したら何ができるか？ という観点で発想を飛ばしてみましょう。

以上が〈侵略してほしい生命体発想法〉でした。

ただし、魅力的なキャラクターを想像するのは、慣れないうちは難しいと思います。

「何かコツはありますか？」と麦原さんにたずねると、**「その人特有のブチギレポイントを設定するのがおすすめ！」**と教えてくれました。

たとえば『バック・トゥ・ザ・フューチャー』の主人公のマーティは、チキン（臆病者）と罵倒されると頭に血が上ってブチギレます。そういう、特定の弱みを指摘されたら怒り狂ってしまうとか、あるいは逆に、ここを褒められたら有頂天になって何でもやっちゃうとか……。他の人には理解されにくい「こだわり」ポイントを埋め込むと、キャラクターに一気に血が通います。

その人の持つパワーを活かしつつ、ブチギレポイントもちゃっかり利用して、悪いところは抑え込み、そんななかで自分のやりたいことを実現するとしたら？ そんなふうに発想を飛ばすと、不思議なことに、現実の自分や組織に足りないもの、やるべきことが見えてくると思います。

ちなみに、ここでは会社を中心に話を進めましたが、皆さんが学生なら「担任の先生や校長先生が謎の生命体に変わってしまったので、文化祭の出し物でいつもと変わった企画をできないかな」みたいにアレンジして考えてみても良いと思います。

シンプルで面白い発想法なので、ぜひ皆さまも気軽に脳内シミュレーションしてみて下さいね。

キャラクターになりきる！
〈ロールプレイ式ＳＦ発想法〉

最後に、ＳＦプロトタイピングの一つの大きなポイントになる「ロールプレイ」の要素にフォーカスし、関連メソッドを3つ紹介しておきます。

役になりきって演じたり、他人の立場からものを考えてみたり……。寸劇やロールプレイングは、創造的思考のために多くのクリエイターが実践している方法です。こうした「憑《ひょう》依《い》系」の手法を人に実践してもらうためには、フィクション世界に入り込ませる入り口をどう整えるのかがポイントになります。ＳＦプロトタイピングワークショップ〈汎用形〉の最後でも、寸劇を演じてもらうという話をしましたが、そこに至るまでにはだいぶ時間をかけています。

でも、寸劇だけを重視するのであれば、もっと簡単な方法はいくらでもあります。

ＳＦプロトタイピングは「ＳＦ作品」の創作よりも対話を重視するものなので、たったひとりの主人公を立てるのではなく、こうした複数のキャラクターが対等に話し合う形式がぴったりハマります。

ということで、僕が面白いと思った3人のメソッドを紹介していきますね。

その1　担当のキャラクターになりきって書いてもらう

これは、ＳＦ作家であり、ＩＴコンサルタントでもある樋口恭介さんから聞いたメソッドです。樋口さんは第2部でも紹介した通り、日本におけるＳＦプロトタイピングの先駆者であり、多数のプロジェクトを手がけられています。

樋口さんは『ＳＦプロトタイピング』での僕との座談会の中で、ＳＦのあらすじとキャラクターだけを樋口さんの方で用意して、細かいエピソードをクライアント企業の社員に考えてもらうという方法を語っていました。

メンバーそれぞれに「あなたはキャラクターＡ」「あなたはキャラクターＢ」というように担当を与え、各自が担当キャラクターのセリフやエピソードを考え、それを俎上《そじょう》に載せてディスカッションし、またエピソードを練っていく……というプロセスを繰り返すというのです。

これなら、フィクション創作の経験や素養がまったくない参加者ばかりでも、楽しく発想できそうですよね。登場人物になりきることさえできれば、セリフや行動をどんどん出していくことができます。

その2　架空の家族会議ワークショップ

これは、現代アーティストの長谷川愛さんから聞いたメソッドです。長谷川さんも第2部で少し紹介しましたが、SFプロトタイピングの親戚のような手法「スペキュラティブ・デザイン」の分野の第一人者です。テクノロジーと人間の関わりに着目したスペキュラティブ（思索的）なアート作品を多数発表しています。

たとえば『シェアード・ベイビー』という作品では、生殖テクノロジーが進化した未来で、複数の父親、複数の母親から遺伝子を引き継いだ子どもが生まれ、多数の親がひとりの子どもをシェアする未来が表現されています。

このような未知の世界観を疑似体験する場として、長谷川さんが考案したのが、即興劇スタイルで未来の家族を演じるワークショップです。参加者は、名前や職業、年齢などを詳細に設定した上で、母、父、子どもなどの役割を担当します。そして、その人物になりきって即興で家族会議をします。

ちなみに、この話をお聞きした『SFプロトタイピング』での僕との座談会の中で、長谷川さんはこんなエピソードを語っていました。自身がロールプレイングで「複数の母のうちの1人」という役割を演じたとき、子ども役の人物から「他のお母さんは好きだけどあなたは好きではない」と言われ、演劇だと理解しているのに傷ついたそうなのです。役になりきって演じるということは、架空のできごとを「自分ごと化」する力があります。長谷川さんのメソッドのような「架空の家族会議」は、さまざまなパターンに応用が効く、面白い方法論だと思います。

その3　住民になりきって考える

これは、ファシリテーターの石川肇《いしかわはじめ》さんにお聞きした手法です。石川さんは「日本ファシリテーション協会」というＮＰＯ法人に所属して、さまざまな対話イベントを企画しています。

２０２１年に北海道函館市で開催された「はこだて国際科学祭」では、ＳＦプロトタイピングの手法を活用し、「想像＆創造してみよう！ 自動運転のある生活・社会」というオンラインワークショップを開催したと聞いて、その方法を聞かせてもらいました。

年齢も所属も異なる参加者が集い、オープンに対話することを目的としたこのワークショップで石川さんが実施したのが、参加者にさまざまな住民になりきって未来を語ってもらうという方法です。

まちはずれに暮らす若いカフェ経営者、沿岸部に暮らす子だくさんの漁師、シャッター街化している商店街で商店を営む中年夫婦……。それぞれ架空の住民像ですが、具体的に設定することで「自分が彼らだったらどうするか?」という対話をしやすくした、と石川さんは言います。

ワークショップでは明言されていないのですが、函館市内の実在の場所をキャラクターの住まいに設定しているのもポイントです。現実との接点がちゃんとあるおかげで、未来を語りながらも、行動パターンやお悩みをリアルに想像しやすくなります。ここでの注意点としては、未来に発想が飛ばなくなるほどには現実との接点を強くし過ぎないことが挙げられるそうです。

「未来の社会を考えるワーク」という意味では、このパートの最初に紹介したアリゾナ州立大学の事例に似ていますが、そちらのワークショップがマクロな社会像の議論だったのに対して、このワークショップでは「その社会に暮らす住民」というミクロな生活にフォーカスを当てているのが大きな違いかなと思います。

以上ですべての手法の紹介が終わりました。
興味を持った手法があれば、ぜひ気軽に実践してみて下さいね。
次の部では、物語を実際に執筆したり、表現としてアウトプットする方法を紹介します。

第4部のまとめ（用途別　おすすめ「SFプロトタイピング」）

▼ゼロベースで未来像を作り出したい
→SFプロトタイピングワークショップ〈汎用形〉
▼進路やキャリア、教育のためにSFプロトタイピングを活用したい
→〈子どものためのSFコンテスト〉・〈高校生のためのリーダー力育成ワーク〉
▼潜在的なリスクを未来像からあぶり出したい
→〈特殊設定ミステリプロトタイピング〉
▼日常で気軽にSF的妄想を繰り広げたい
→〈侵略してほしい生命体発想法〉
▼未来像について、参加者の対話を重視して構想したい
→〈偶然の未来&選択の未来〉・〈ロールプレイ式SF発想法〉

※1
ちなみに数年前までは「学生をしながらライターをしています」と自己紹介することが多かったのですが、そういうときは逆になめられることが多かったです。「30歳近いのにまだ学生って落第しまくりな

の？」「どうせよく調べずにクソ記事を量産してるんでしょ」「早く就職しないと人生大変ですよ」みたいなことを平然と言われるという……。職業や肩書きで態度を変える人って、世の中にはすごく多いんですよね。

※2 早稲田大学グローバル・ストラテジック・リーダーシップ研究所と共同で行うリーダーシップ研究をベースにした、次世代リーダー育成プロジェクトの一環として実施しているものです。

※3 この様子は三菱総研サイト上の記事でも一部紹介しています。
https://www.mri.co.jp/50th/events-sf/index2.html

第5部

未来ストーリーを「あらわす」

——世界観とプロットを「SF作品」に仕上げる

INTRODUCTION

フィクションを書くのはプロの特権じゃない

最近、両親とこんな会話をしました。

「さっきＴＶでフィギュアスケートの羽《は》生《にゅう》選手が引退するって言ってたね」

「**引退してプロになる**んだって。これまでプロじゃなかったって聞いて、そういうものなんだってびっくりした」

「最初、**プロを引退してアマになる**っていうふうに聞き間違えたのかと思った」

「ボクシングの村《むら》田《た》諒《りょう》太《た》もそうだったよ。東洋大学の大学職員のときにオリンピック金メダリストになって、その後プロになったっていう」

皆さんの中にもこのニュースを見て、同じように不思議に思われた方がいるのではないでしょうか？

もう少しちゃんと説明しますと、２０２２年７月、フィギュアスケートの羽生結弦《ゆづる》選手が競技活動から引退することを発表しました。「プロスケーターに転向する」というのです。

羽生選手といえば、オリンピックで２大会連続の金メダル、という偉業を成し遂げたスケート界のレジェンドです。なのに、今までアマチュアだったの？　という驚き。そして、「引退してプロになる」という響きの奇妙さ。

「プロ」というと、「アマチュアにはない、すごい技術のある人」というイメージを持っている人が多いと思います。でも、スポーツの世界だと、世界トップクラスのテクニックを持つ選手が「アマチュア」なのは普通です。「プロ」と「アマ」の境界って、けっこう曖昧なのです。


文学の世界ではどうでしょう？

世の中には、無名の人が小説や詩や脚本などを書くと、「所詮アマチュアの遊びだよね」とバカにする人がいます。でも、実は文学だって、プロとアマの境界がそんなにはっきりしているわけではありません。

文筆だけで生計を立てていて、作品の読者がたくさんいる――。

そんな人物を「プロ作家」と呼ぶことに異を唱える人はあまりいないでしょう。

でも、そういう作家は、たくさん本を出版していて、書店にズラリと本が並んでいて、有名で……というイメージは、実はあまり正しくないのです。

たとえば僕は、ＳＦを仕事としてたくさん書いてきています。でも、単独で書いた小説が紙の書籍として出版された経験はありません。[※1]企業などからオファーを受けて、「ＳＦプロトタイプ」として書いているからです。こうして生まれた小説は、ほとんどの場合は社内で読まれるだけで、もちろん書店には（特殊な例を除いて）並びません。
特定の企業内でしか読まれない小説に影響力なんてない、と思うかもしれませんが、何万人も従業員を抱える大企業なら、社内のウェブで共有されたり、関連企業に配られたりするだけで、あっという間に万単位の読者にリーチします。そして、**1万字にも満たない短編で、作者に100万円以上の対価**が支払われることもざらにあります。**数時間のワークショップ設計まで手がけたら200万円超え**もあり得ます。

一方、雑誌や単行本で作品を発表している作家は「プロ作家」です。しかし、文芸を扱う雑誌の発行部数はどんどん減っていて、今は有名誌でも1万部を切っていたりします。そして、そこに掲載される**数万字の短編小説に原稿料が十数万円しか支払われない**、ということは普通です。10万字以上書く単行本だって1万部刷られればいい方で、**1冊の印税が200万円に達しない作家も多い**はずです。めちゃくちゃ悲しいことですが……。

ここで言いたいのは、どちらが上とか下とか、そういうことではありません。「プロ」と「アマ」に厳密に線を引くのは無理だし、比べるのは無意味だといっているのです。※2

雑誌や書籍のような紙媒体ではなく、ネットだけで活動するクリエイターも増えています。「紙の本の実績がない」というだけで格下のように見る人もいますが、デジタルネイティブな世代にとっては、むしろ「ネットにいない人は、存在していないのと同じ」です。

おしなべて出版物の発行部数が減っている今、バズれば一気に拡散するウェブ媒体の方が、紙の本より読者を得やすくなっています。ＳＦプロトタイプもそういう狙いからウェブに発表されることが多いです。

「ベストセラー作家がすごい」「文学賞を受賞するのがすごい」みたいな「古びた未来」にとらわれていると、そういう変化が見えなくなってしまいます。

もうひとつ、こんな問いへの答えを考えてみて下さい。

有名なベストセラー作家と、ひっそり創作活動をしている無名の一般人、どちらが未来に影響を与えるでしょうか？

普通に考えれば、有名作家の方が大きな影響力がありそうですよね？　でも、歴史をひもとけば「どちらでもない」としかいえません。

ミステリ小説の元祖ともいえるエドガー・アラン・ポーは生活の糧は雑誌編集で得ていましたし、フランツ・カフカは公務員でした。天才詩人と名高いエミリー・ディキンソンも生前は自宅に引きこもって過ごす無名の人物でした。

第2部で触れた宮沢賢治も、生前に出版されたのは、詩集『春と修羅』たった1冊だけです（しかも実質的には賢治の自費出版です）。

美術や音楽でも同じです。ゴッホは生前ほとんど絵が売れなかったといいますし、シューベルトが評価されるようになったのは死後のことです。

作品で生計を立てられなかった、という意味なら、彼らは「プロ失格」かもしれません。でも、後世の僕たちは、プロとかアマとか以前に、彼らがめちゃくちゃ偉大であることを知っています。

大事なのは、未来を変えるような偉大な人物でも、実際に創作活動をしている最中は、ただのアマチュアにしか見えないケースがよくある、という事実です。

「偉大なアマチュアこそが、未来を変えてきた」といっても過言ではないのです。

「プロ」とはいえない立場の人が、その分野を丸ごと改革してしまうことがある。

それを知っていれば、目の前の人間が「プロ」か「アマ」かを区別することにはまったく意味がないことがわかります。

もちろん、自分のこともむやみに「部外者」とか「門外漢」なんて位置づけない方がいい。

もっと気軽に境界を踏み越えていこう！

声を大にしてそう言わせて下さい。

第5部で説明するのは、「プロトタイプとしての小説」を書くプロセスです。

プロットづくりはともかく、小説を書くなんて無理、と思われるかもしれません。

もちろん、プロの作家に頼んでもいいし、実際、企業が絡むＳＦプロトタイピング案件では、プロのSF作家に参画してもらうケースが多いです。しかし、今説明したように「プロ」と「アマ」に大きな違いはないのですから、自分で書いてもまったく問題ありません。アマチュアが書いた小説なんて、たくさんの人に読んでもらえないし、広告や広報の素材として外に発信できない——。そう思うかもしれませんが、そもそも「SFプロトタイピングは広告として活用するもの」という認識そのものが、SFプロトタイピングに対する誤解です。**僕が関わったSFプロトタイピングのプロジェクトは9割以上、最終的なアウトプットを外部に公表していません。**公表した方が話題になって良いよなぁ、と思うものもたくさんありましたが、そもそもそこが本質ではないのです。

SFプロトタイピングの意義としては、わざわざ小説としてアウトプットしなくても、世界観を作ることによってかなり達成できます。それに、世界観を「つくる」ことと、それを作品として「あらわす」ことは、似ているようで、けっこう違います。面白いアイデアがあったからといって、それが面白い小説になるかというと、必ずしもそうではないですし、ちゃんと作品にしようと思えばそれなりに時間も手間もかかります。

それでも、できればSFプロトタイピングで生まれたアイデアを、作品として仕上げてみてほしい、と僕は考えています。

なぜなら、SFプロトタイピングには、**参加者を小さなSF作家にするプロジェクト**という側面もあるからです。

現代アメリカを代表する作家ともいえるカート・ヴォネガットの創作指南本『読者に憐れみを　ヴォネガットが教える「書くことについて」』に、学生に向けて語ったというこんな一節があります。

きみたちは小説家として生計を立てることはないだろう。いくらがんばっても無理だ。しかし、だからといって、書いてはいけないということではない。きみたちはダンスのレッスンを受けるのと同じ理由で小説を書かねばならない。高級レストランでのフォークの使い方を学ぶのと同じ理由で書かねばならない。世界を見る必要があるのと同じ理由で書かねばならない。それはたしなみだ
（141～142頁）

たしなみとして小説を書け！

このアドバイスはなかなかシブくてニクいですよね。さらに言えば、普通の小説よりも「SFプロトタイプ」こそ、たしなみで書くべきだと僕は思います。それは、**賞を狙うためとか、大ヒットを狙うためとか、文学的価値を追求するとかのために書かれるものではなく、自分の未来を変え、気持ちを変えるために書かれるもの**だからです。

ですからここでは、アマチュアどころか、小説なんて書いたこともない、書こうと思ったこ

ともない、それどころか文章そのものをほぼ書かない、という人に向けて、誰でも、今すぐ、書き始められるヒントをお伝えしたいと思っています。

PART

1

誰でも書き始められる6つの方法

とにかく「書く」ハードルを下げる考え方

先の第4部では未来を「つくる」ためのSFプロトタイピングの手法を紹介しました。この第5部では、それをどう世に「あらわす」ことができるかを紹介します。「あらわす」方法は、絵でも、動画でも、どんな表現でも構いません。ただ、本書では主に小説執筆を中心に解説していきたいと思います。

そうして、作ったSFアイデアを作品として「あらわす」ことができたら、自分たちが都度立ち返る指標にもなりますし、世に向けて公開することができたら、色々なフィードバックを受けられたり、あなたの作った未来に共鳴する人が現れるかもしれません。

書くための第一歩は、**創作のハードルを下げる**ことです。

「読むより書く方が簡単だ」というマインドを、くれぐれも忘れないで下さい。

極端なことをいえば、1行書くだけでも「これはSF小説です」といった瞬間、SF小説になるのです。たとえばこうです。

宇宙ヤバい。爆発した。すごかった。

「テンプラ、ショーグン、フジヤマ」の三語を知っているだけで日本語ができると言う人がいるのですから、これだけで自分はＳＦを書けると言い張ってもいいでしょう。

ここで終わってもいいのですが、この１行をじっと眺めていて違和感を覚えた人は、ツッコミを入れてみましょう。

なにがヤバいねん？　なんで爆発したの？　どうすごかったの？

ツッコミを入れられたら、自分でその答えも考えてみて下さい。なんとなく妄想がふくらんできた人は、その勢いのまま、**もう１行を前後か間に適当に書き足してみましょう**。さらに次の１行、さらに、さらに……。こう続けているうちに、「小説っぽさ」が増していきます。

でも「良い作品にしよう」なんて欲を出して力むと、永遠に書き終わりません。なので、ほどほどの分量になったところで適当に終わらせましょう。いい終わり方が思いつかないときのために、どんな状況からでも強制終了できる「終わりの呪文」を決めておいてもいいですね。

俺たちの戦いはこれからだ！——完

テキトーに書き始めて、テキトーに書き終える。これが大事です。ＳＦプロトタイプはなんの脈絡もなく終わるくらいがちょうどいいと思います。

不完全でも、おはなしをいったん閉じることができれば、内容を見直してブラッシュアップできるし、人に読ませて意見を聞くこともできます。そう、戦いはこれからなのです。

ほら、ＳＦは読むより書く方が簡単でしょ。ウソではありませんね。

ただ、これだけだとちょっと方法論としては物足りないと思うので、ここからはもう一歩進んで、僕なりのラクラク執筆法を６つ紹介していきます。

その１　「いつも書いていること」にフィクションを混ぜよう

あなたはふだんから文章を書いていますか？

「全然書いてない！」という人だって、友達にＬＩＮＥぐらいは送りますよね。スケジュール帳に予定を書き込みませんか？　学生なら講義を受けてノートを取るでしょうし、テストには文章で答えを書くものもあるはずです。

仕事をしている人なら、電話の伝言メモを残したり、メールを打ったり……と、業務上で文章を書く機会はけっこうあるのではないでしょうか。プレゼン資料にも文章は必要ですし、日報や週報を書かないといけない会社もあるでしょう。

それらの**現実的な文章に、フィクションを混ぜ込むのが第一歩**です。

上司に報告メールを送る機会が多い人なら、そのメールをコピーして、ちょっとアレンジして、架空の上司への報告メールを自分宛てに送ってみて下さい。架空の営業相手、架空の商品をでっち上げて、営業成果を報告してみるのです。上司として架空のダメ出しのメールを返信したら、それはもう立派なSF小説です。

友達宛てのLINEでも同じことをやってみましょう。「○○（架空のサービス）、使った？めっちゃ良かった！　やってみ？」と推してみたら、架空の友達はどんな反応をするでしょうか？　文章が苦手ならインスタでも構いません。写真に架空の情報をくっつけた投稿を考えてみるのです。

スーパーに行く前に「買い物リスト」をメモするなら、ひとつ架空のモノの名前を紛れ込ませてみましょう。それは、どこに行ったら買えるでしょうか？　手に入れたらどんな気持ちになるでしょうか？　そんな空想を架空の日記としてしたためてみて下さい。

会社に提出する日報を書いた後、日付を40年後に書き換えて、架空の日報も書いてみてはどうでしょう？　未来の会社では、日報をどうやって提出するのかな？　そんな想像をしてみるだけで妄想が広がります。

文章を書くのがとにかく苦手、という人もいますよね。

そんな人は、**スマホの音声入力で話し言葉をメモしてみましょう。**たまに聞き間違えて妙な変換をされますが、それが妄想の糸口になることもあります。ただひとりで話し続けるのは難しいので、誰かをイメージして、語りかけるのがコツです。

学生時代、友人と遊んでいたら、その友人が突然事務的な電話をし始めたときがありました。電話が終わり「どんなバイトやってるの?」と友人に聞くと「あ、今のは電話をしているフリ」と、平然と答えられました。当時はなんでそんなムダなことをするんだ……と謎でしたが、後でその友人はSF作家になりました。第4部でも少し名前を出した草野原々さんです。作家とはそういうものです。フィクションの中に入り込めば入りこむほど、妄想力は鍛えられます。

もちろん、実際に友達にインタビューするのもおすすめです。

あるいは僕がよくやるのが、**公の場でのスピーチをイメージして、その練習用原稿を書く方法**です。「このテーマで、10分間スピーチしなくちゃいけない」というつもりで書いてみましょう。語りかける相手がはっきりするだけで、言いたいことが明確になると思います。

その2　自分の得意分野やスキルを活かそう

フィクションを作る、という意味では、何も**小説という形式にこだわる必要はありません。**自分の得意な分野で、自分のスキルを活かして表現すればいいのです。

たとえば「空想都市へ行こう！」[※3]というサイトの管理している今和泉隆行《いまいずみたかゆき》さんは、子どもの頃から地図が大好きで、実在しない都市の地図を描き続けていたそう。地図にまつわる仕事もしつつ、趣味で「空想地図」を描き続けています。架空の都市の精緻な地図は、それだけでSFです。

音楽で表現する方法もあります。スウェーデンのSFプロトタイピングのプロジェクト「Radical Ocean Futures」[※4]では、テキストと音楽をセットにしてストーリーを表現しています。

イラストが得意ならイラストでもいいし、イラストにセリフをつけるだけでも、一コママンガとして成立します。

演劇でアウトプットするのもアリです。演劇というと大仰ですが、キャラを演じてみる、みたいなことからいつもの自分と違う発想ができることもあるでしょう。

VR空間内での演劇にしてもいいですね。東京大学大学院の鳴海拓志《なるみたくし》准教授は、授業でSFプロトタイピングのワークショップを実践し、学生にメタバースプラットフォーム「cluster」内で寸劇としてアウトプットすることを課題にしていました。僕も少し見せてもらいましたが、コミュニケーションの方法が今とまったく違う未来が会話劇で表現されていて、とても面白かったです。

俳句や川柳という形式でアウトプットするのも面白いと思います。もともと、こういう短い詩は、コミュニケーションの手段として発達してきた歴史があります。平安貴族は歌を送って、返歌をもらう……というコミュニケーションをしていましたし、江戸時代の俳諧文化でも、五七五、七七をグループでどんどんつないでいく連歌が発達しました。

これをSFプロトタイピングに応用して**「テック俳句」**というジャンルができたら面白いと妄想していたりします。俳句には「季語」を入れなきゃいけないという縛りがありますが、テック俳句では「テクノロジー」を入れなきゃいけないという縛りを設けたりしてもいいかもしれません。

ゲーム界隈で話題になった、2017年の赤野工作《あかのこうさく》『ザ・ビデオ・ゲーム・ウィズ・ノーネーム』という小説があります。未来のゲームレビュアーが架空のゲームを大量にレビューしていく「空想レビュー小説」なのですが、これは作者自身がゲームに関する膨大な知識を持つゲームレビュアーだからこそ書けた作品といえます。

自分の専門を創作に活かすのは、それだけで個性になるし、大きな強みになるのです。

その3　真似してみよう

文章を書くことに慣れていない人は、特徴のある文章を「真似」することから始めてみましょう。たとえば新聞や雑誌の記事を真似て書く、というのを、ライターの知り合いがむかしトレーニングとして実施していました。

SFプロトタイピング的なコツとしては、ただ真似るのではなく、ファクトの中にフィクションを潜り込ませること。すると、手っ取り早く「ハズレる未来」が現れてくるのです。

ドイツの研究者、キアラ・ウルスタインさんとミシェル・ホーエンダナーさんが主催するSFプロトタイピングのワークショップをお手伝いしたことがあるのですが、そのワークショップでは、「構想した未来について報じた記事」の形でプロトタイプをアウトプットするように設計されていました。

他にも、広告コピー、映画の予告、ドラマのナレーション、TVショッピングの口上、通販カタログのコピー、書評……などなど、世の中にはさまざまな形式の文章が出回っています。いずれも、独特の話し方やフォーマットがあるので、それらを真似して架空の要素を混ぜていけば、ユニークなSF表現になります。

実際にそういうものが作品になった例としては、ポーランドのSF作家、スタニスワフ・レムの『完全な真空』『虚数』が挙げられます。一見すると前者は「さまざまな本の書評集」、後者は「さまざまな本の序文集」に見えるのですが、実はいずれも架空の本について語られています。

最近のSF界では、論文形式も話題です。2014年に星新一賞のグランプリを受賞した『「恐怖の谷」から「恍惚の峰」へ～その政策的応用』（遠藤慎一）は、未来のAIが書いた学術論文形式で書かれた小説でした。SF作家の樋口恭介さんも、論文形式のSF小説を「異常論文」と名付けて、同名のアンソロジーを編んでいます。ちなみにこのジャンルの先駆者はドイツの動物学者ゲロルフ・シュタイナーで、1961年に『鼻行類―新しく発見された哺乳類の構造と生活』という架空の動物についての詳細な論文を、「ハラルト・シュテュンプケ」という架空の著者名で出版しているのが有名だったりします。[※5]

既存の作品のパロディを作るのもアリです。「桃太郎」や「シンデレラ」のような、誰でも知っている童話をアレンジするのもおすすめです。ハロウィンにお化けや怪物の話、クリスマスにサンタクロースとトナカイの話など、季節のストーリーを活かすのも良いでしょう。

好きな小説やマンガを下敷きにして、二次創作作品やパロディ作品を作るのも良い方法です。ただ、本気でちゃんと発表したいと考えると、著作権者の許可が必要になります。

そこで、もっと自由に利用できる題材として、著作権の切れた作品に注目するのも手です。作者が亡くなって70年が経った創作物は著作権の保護期間が終了しているので、再利用しやすいのです。日本の作家でいえば、芥川龍之介、太宰治、宮沢賢治、江戸川乱歩、樋口一葉などの作品はすでにパブリックドメインになっています。

新しい創作物でも、著作権者自身がクリエイティブ・コモンズ・ライセンスを付与していれば、一定のルール内で利用できます。※6 小説、マンガ、写真、イラストなど、さまざまな種類の作品が利用可能なので、ルールや活用事例を調べてみるといいでしょう。

SF作家の長谷敏司《はせさとし》さんは、自身のSF小説『BEATLESS』などに使った世界観や設定を、自由に使えるリソースとして開放する**「アナログハック・オープンリソース」**※7 というユニークな試みを行っています。オープン化の目的について、長谷自身はサイトで以下のように語っています。

> SF創作は、ギミックや背景設定に力が入ったものが多いため、ハードルが高くなりがちです。／これをすべて作り込めることがSF創作の醍醐味《だいごみ》なのですが、面白そうな部分や派手な部分以外でもデータが必要になり、気軽に始めるには手間がかかることも事実です。／SF創作への参入の敷居が下がることで、SFが少しなりと身近になるのではないかと考えました。

作家が作り込んだ未来の設定を読むだけでも、想像がふくらんできて、創作の面白さが体験できると思います。

ただし、いくら著作権が切れていたり、著作権者本人が権利を放棄しているといっても、作者や作品の尊厳を踏みにじるような改変はＮＧです。創作物への敬意を忘れず、創作の世界をともに広げていこう、という前向きな気持ちで利用しましょう。

その４　まちを歩きながらフィクションを考えよう

僕がよくやるのが、**まちを移動しながら、脳内でその風景を描写すること**です。たとえば電車の中の風景なら、こんな感じです。

ぷしゅう、とドアが開く音とともに、スーツ姿の男が山手線に乗り込んできた。平日の真っ昼間、周囲は空いているが、なぜか男は座らない。次の駅で降りるのだろうか。

実際に見えているのは「誰かが電車に乗ってきて、立っている」という、ごく当たり前の風景なのですが、こうしてあらためて文章にすると、ちょっとしたミステリ感が出てきますよね。

ひょっとすると彼はどこかの企業が開発したアンドロイドで、関節の機構にトラブルが生じてしまったために座れないのかもしれない。

と、妄想を足してみてもいいでしょう。

カフェでコーヒーを飲んでいるときも、スーパーで買い物をしているときも、目の前の風景を脳内で文章に変換していくと、「あの人は、ポケットの中に未来ガジェットを隠し持っているのでは？」とか「この野菜は、野菜に擬態《ぎたい》したロボットかも？」なんて思えてきて、現実を材料にどんどんフィクションが生まれてきたりします。


コツは、とりあえず**3分間、目に入る風景をずっと描写し続けてみる**ことです。

見慣れた風景も、文章化しようとするだけで、それまで気づかなかった細部に気づくようになるので、最初の1～2分は割とスムーズに脳内に文章が出てくるはずです。それまでは「古い店だな」としか思ってなかったものを、文章にするつもりでよく眺めると、

入口は木製のがっちりとした扉で、中の様子は見えない。Ｐｕｌｌと書かれているので手前に引くタイプの扉だ。その上には同じ材質の看板がかかっていて、ちょっとだけ傾いている。すみっこのところにカメムシがとまっていた。きっとクサい。触りたくはない。こっちに飛んでこないで。

ぐらいに解像度が上がります。

見えなかったものが見えてくる、という意味で、これは非常に大事なステップなのですが、そこから先も文章を続けようとすると、そろそろネタ切れになってきて行き詰まってしまいます。描写できる内容が枯渇《こかつ》してしまうのです。

3分以上続けようと思うと、無理やりどこかに着目して、妄想も混ぜながらやっていかないと……という気になってくるはずです。

というか、自然に脳内でウソをついている人も出てくるはずです。

そう、こういった**「描写追い詰められ状態」からフィクションが生まれてくる**のです。これを習慣化していくと、妄想も言葉も無理やり出せる術が身についてきます。

そして、同じ風景を見ながら30分ぐらい延々と文章を編み出せるようになったら、もう**「追い詰められれば作家」**くらいの称号は堂々と名乗ってもいいのではないでしょうか。

移動しながら「SFごっこ」をやってみるのも、日常をSF化するための方法のひとつです。たとえば僕はよく大学院生のときに、ショッピングモールで**「リアルゾンビゲーム」**と勝手に名付けている妄想を繰り広げていました。

というのも、「ららぽーと」がキャンパスの近くにあり、ちょいちょい買い物に行く機会があってですね、でもいつも人がすごく多くて、ボーッと歩いていると、急に飛び出してくる子どもとか、急に目の前で止まったりするおばあちゃんにぶつかりそうになるんです。

これ、ゾンビゲームそっくりじゃありませんか……？

混雑しているショッピングモールを、周囲に気遣いながら歩くのは、正直、ウキウキする体験ではありません。そこで僕は「この人たちは、実はみんなゾンビだ。ちょっとでも接触したら自分もゾンビになってしまう……」と妄想して、**現実をゲーム化**することにしたのです。

すると、日常がいきなりスリル満点のドラマに早変わりして、機敏に動くのが億劫《おっくう》ではなくなります。さらに、途中の店舗で売っている服とか、食べ物とか、家具とかも、「どうすればゾンビ撃退に使えるかな？」という視点で見られるので、歩いていて飽きないのです。

いい大人が何やってんの？　って話ではありますが、そういう妄想のフィルターをかけるだけで、見慣れたモノの別の用途を思いついたりもします。

子どもの頃、横断歩道のシマシマの白いところを踏み外したらマグマに落ちて死ぬ！　みたいに見立てる遊びを、皆さんもやったことありますよね？

ちょっとイマジネーションを働かせるだけで、ものの見方は簡単に変えられます。

「文章をちゃんと作ろう」とか「面白いことを発想しよう」と真面目に考えて机に向かうと何も出てこないのに、ボーッとしているときに、いいアイデアが降りてきたりする――。そんな経験のある人は多いと思います。

クリエイティビティを発揮するためには、「リラックス」が大事です。そういう意味では、「ながら」は、とってもクリエイティブな環境です。

北宋時代の中国の文学者、欧陽脩《おうようしゅう》も、こんな言葉を残しています。

余、平生《へいぜい》作る所の文章、多くは三上に在り。すなはち馬上・枕上《ちんじょう》・厠上《しじょう》なり※8

文章が生まれるのは、移動しているとき、寝ているとき、トイレに入っているとき……。リラックスしているときにこそ、創造性は上がるのです。

その5 ツールを使ってみよう

日々進化するテクノロジーは、創作の大きな味方です。

特にAIの進歩はめざましく、野球の試合結果のような定形的な速報記事では「AI記者」がすでに活躍しているようです。

……と聞くと「AIに仕事が奪われてしまう！」と脅威を感じる人もいるかもしれませんが、クリエイティブな文芸領域では、AIはまだまだ発展途上だと思います。

それでも「いつでも気兼ねなく話しかけられる相手」だと思えば使いどころがありますし、自分のスキルを補完してくれるツールと考えて、積極的に活用してみると良いと思います。

たとえば、気軽に使える物語生成AIに「AIのべりすと」や「AI BunCho」があります。簡単な設定をした上で、ちょっと言葉を入力すれば、文章の続きをＡＩが出力してくれるツールです。ＡＩに頼りっきりだと、小さい世界をぐるぐる回るような文章しか出てこないのですが、人間が上手にボールを投げてあげれば、思わぬヒットを飛ばしてくることがあります。

文章を書いていて、行き詰まったらＡＩにバトンを渡してみる。するとちょっとは前進するので、そこから新たな発想が湧いてきたりします。**ＡＩのリアクションを笑ったり、ツッコんだり、修正したりしながら「さすがにこいつよりはうまく書けるって！」なんて思えたら儲けもの**です。まだまだ抜けたところの多いＡＩは、発想を飛ばすためのパートナーとしてなかなかに使えるのです。

一方、翻訳ＡＩはかなり精度が上がっています。自分で書いた日本語の文章に自信が持てなかったら、一度「DeepL」のような翻訳ツールで英語に翻訳し、その英語を再び翻訳にかけて日本語に戻してみて下さい。元の日本語の論理が破綻していたら英語にちゃんと翻訳できないので、日本語に戻したときに変な日本語になっているはずです。論理的に伝わる文章を書きたいときには、こうして元の日本語のおかしな点をチェックできます。

「DALL・E2」や「Midjourney」など、ＡＩでイラストを自動生成するツールも気軽に使えるようになっています。ここに自分の文章をブチ込んで「イラストに翻訳」し、そこから文章のイメージをふくらませるのも面白い方法だと思います。

ＡＩではないですが、無料で使える膨大なイラストがストックされた「いらすとや」もすごいツールです。僕も資料に添付する画像としてたまに使わせてもらっていますが、とにかく多種多様なシチュエーション、多種多様な属性の人物イラストがあるので、これらを見ながら妄想をふくらませられます。

ツールはＡＩに限りません。見知らぬ他人に頼る方法もあります。ＳＮＳやウェブの掲示板で意見を募集してしまうのです。「集合知」を使った実験的な創作の先駆例としては、筒井康隆が１９９１年から朝日新聞朝刊に連載した新聞小説『朝のガスパール』があります。パソコン通信の掲示板への書き込みや、投書などで寄せられた読者の意見や批判をリアルタイムに小説に反映させながら連載を続けていったのです。

キャラクターを考えるのが苦手という人には、ゲーム用のキャラクターを自動生成してくれるツールもあります。[※9]能力値や属性などを指定するとキャラクターが勝手に生成されるのです。これを物語のキャラクターの原型にしてもいいでしょう。

アプリケーションの開発やテスト用にダミーの個人情報データを作り出すツール[※10]を使うという手もあります。氏名、生年月日、住所、メールアドレス、会社名、血液型など、ありとあらゆるデータを大量にそれっぽく出力してくれます。

キャラクター造形に「占い」を利用するのも面白いと思います。キャラクターを作るとき、まず生年月日や血液型を設定し、星占いや血液型占いのサイトにデータを入れて、性格や運勢を占い、その結果をキャラクター造形に活かすのです。運勢はストーリーを動かすのに使えますし、性格を細かく決めると描写に深みが出ます。

ちなみに、**文章を書くこと、読むことが苦手でもなんら恥じることはない**と思います。弱視やディスレクシアのように、理由があって読み書きしづらい人もいます。ここまで紹介したように、便利なツールはどんどん登場していますし、苦手な分野はどんどんテクノロジーの力を借りればいいのです。

文字が読むのが苦手という人は、さまざまな人に読みやすいよう工夫されたユニバーサルデザインのフォント「UDフォント」を取り入れてみて下さい。僕自身、コロナ禍での精神疲労をきっかけに文字の読み書きがなぜかすごく苦手になった時期がありました。文字は見えているのに、意味を取るのに時間がかかるのです。そんなとき、UDフォントにずいぶんと助けられました。この原稿も、ぜんぶUDフォントで書いています。

UDデジタル教科書体はWindowsの標準フォントになっているし、Macユーザーでもフォントメーカー、モリサワのサイトからデータをダウンロードすれば使えます。文字の読みにくさを感じている人はぜひ一度試してみることをおすすめします。

その6　巷の「書き方指南」を、ちょっとだけ参照しよう

ここまで、変則的な「書き方」ばかりを紹介してきましたが、もちろん、世の中にはもっと正統派の「書き方指南」情報がたくさんあふれています。

フィクションの創作法として有名なのが、ハリウッドの脚本家、シド・フィールドによって定式化された「三幕構成」です。①状況設定、②葛藤、③解決、というストーリーの型を示したもので、その方法を詳しく語った『映画を書くためにあなたがしなくてはならないこと　シド・フィールドの脚本術』は、創作法の定番中の定番といえるでしょう。同じくハリウッドの脚本家であるブレイク・スナイダーの『SAVE THE CATの法則』も有名で、こちらも基本は三幕構成です。

いずれも面白いしタメになるのですが、だからといってこれだけで書けるようになるかというと、ちょっと無理があるとは思います。

「起承転結」を知っているからといって面白い4コママンガが描けるようにはならないように、「型」や「構成」の知識が即、面白い表現につながるわけではありません。特にSFに関しては、こうした創作法だけでは実践力がつきにくいのではないかと個人的には考えています。

表現力も大事です。ボキャブラリーを補完してくれる『感情類語辞典』なんてものもあります。ありとあらゆるシチュエーションの言い換えが探せるので、手元に置いておくと、とても

便利です。とはいえ、これもＳＦ創作法の本ではありません。

じゃあＳＦ創作法のキモってどこにあるのか、というと、「型」を知るより、「考え方」や「見せ方」を理解する方が重要ではないか、と個人的には思っています。たとえば、『三文オペラ』などで知られる劇作家ブレヒトが提唱した**「異化効果」**という概念があります。見慣れた日常を別の側面から見せる手法を指す言葉なのですが、これはＳＦの見せ方においても重要です。

あるいは、『ゲド戦記』や『闇の左手』で知られるアーシュラ・Ｋ・ル＝グウィンの『文体の舵をとれ　ル＝グウィンの小説教室』、大森望編『ＳＦの書き方』などはＳＦに特化した創作方法の本としておすすめです。また、僕も執筆に協力した森《もり》瀬《せ》繚《りょう》編著『シナリオとしてのＳＦ事典』は、さまざまなＳＦトピックを網羅的に扱っており、アイデア出しの強力な味方になると思います。

英語が読めるなら、オーソン・スコット・カードの『Orson Scott Card, How to Write Science Fiction and Fantasy』が多くのＳＦ作家に参照されていますし、ブランドン・サンダースンのＳＦ＆ファンタジー講座はYouTubeで[※11]公開されています。

これまた英語になりますが、有料で創作が学べる動画では「マスタークラス」の各種講座が有名で、ＳＦ作家のＮ・Ｋ・ジェミシン、マーガレット・アトウッド、ニール・ゲイマンなど著名作家の授業が受講できるのが魅力です。

と、あれこれ紹介してはみましたが、実は僕は、これらを「読んだ方がいい」「見た方がいい」と積極的に薦めるつもりはありません。

もちろん、何か作品をひとつ仕上げた後で「ここが足りない」と思う部分を補完するためにこうした情報にアクセスするのはいいと思いますが、何も書かないうちから真面目に勉強しすぎると、せっかくの自分の個性や文章のクセを消すことにもなりかねないと思うからです。誰かに教えを乞うことで得られるのは、結局のところ「古びた未来の作り方」でしかないのです。

PART 2

未来ストーリーづくりでモチベーションを上げる

ホームセンターの未来――カインズ

さて、ここからはSFプロトタイピングの作例として、僕自身が書いた小説を2篇紹介したいと思います。ここまでに紹介してきた執筆方法も、随所に使われています。

ひとつ目に紹介するのは、ホームセンター事業を手がけるカインズの事例です。社員研修の一環としてSFプロトタイピングに取り組んだもので、社内ワークショップで社員の方々から出たアイデアを参考にしながら、僕が執筆を行いました。

プロセスについては小説の後で詳しく紹介しますので、まずは予備知識のない状態で読んでみて下さい。

作例①

――超ホームセンター文明のひみつ―― 宮本道人・作

★ひみつのまえに★

グッド・イーブニング、銀河系の皆さま!

毎度おなじみこの番組では、昨年、つまり西暦2300年から行われている**地球第四次大規模発掘調査**の成果をご紹介していきます!

われわれ人類の先祖が地球から来たことはよく知られていますが、その頃の文化についてのデータの多くは、2200年の航宙事故の際に失われてしまっていました。そこでこの第四次調査では、我々の文化の根幹をなす**「ホームセンター」**の発展を支えていた国・日本の地が発掘され、そこでどのようにDIY文化が育っていたかが研究されました。

私たちのご先祖様たちは**2030年頃より超ホームセンター文明を発展させ、2130年頃から隕石の衝突を恐れて地球を離れ始めた**とされていますが、今回調査隊が明らかにしたのは、この100年間の生活の様子です。特に〈パーツキャンプ〉〈リフォーム遊園地〉〈プロフェッショナル温泉〉という3つの施設の存在が、最近の発掘で浮かび上がってきました！

はたしてそこには、どんな謎が眠っているのでしょうか？

それでは今日も最後まで番組を楽しんでいって下さいね！

「超ホームセンター文明のひみつ」、スタートです！

★第1のひみつ〈パーツキャンプ〉★

まず紹介したいのが〈パーツキャンプ〉です。これは、**2030年頃に始まり、2040年頃に大きく注目されるようになった、DIY交流スポットのひとつ**です。当時の記録からは、ここで「パーツ」の交換がなされていたことがわかります。

2040年当時を再現したVTRを見ていきましょう！

このVTRの主役は**17歳の男性、その名もカイくん**です。カイくんは高校生の夏休み、両親と一緒にこのパーツキャンプを訪れました。

数日前、カイくんの家では、**亀型スマート掃除機**と**鳥型スマートスピーカー**がたまたま同時期に壊れるという悲しいできごとが起こっていました。新品に買い替えるという選択肢は、カイくんの家にはありませんでした。というのも、2台とも学習型AIが搭載してあって、ペットとして可愛がっていたので、そんな「家族の一員」を気軽に捨てるわけにはいかなかったのです。

じゃあ、郵送で修理工場に送って、その間別の安い代替品でしのげばいいのでは？……はい、それはもちろんその通りかもしれません。でも、修理するのにも純正品は高いですし、時間がかかりますし、何より自分の家電ペットを見知らぬ人に預けるのには抵抗が……となって、一家はすごーく、悩むことになりました。

そこでカイくんが思い至ったのが、ホームセンターを運営する企業が始めたという「パーツキャンプ」サービスの存在です。友人が学校で「壊れたゲーム機をキャンプで安く直してもらった」と話していたのを思い出したのです。

確かに、そんな噂のパーツキャンプなら、もしかして色々なものが安く修理できるのではないか……？　そして、掃除機もスピーカーもない不完全な家から逃れ、キャンプで楽しく過ごすこともできるのではないか……？

こうしてカイくんたち家族は車でパーツキャンプにウィンウィンと乗り込んだのです！

パーツキャンプに到着するやいなや、一家は**緑色の服の謎の集団**に取り囲まれました。

「こんにちは！　ようこそパーツキャンプへ！　修理したいものを見せて下さい！」

持参した家電ペット2体をカイくんが取り出すと、緑の集団は相談を始めました。どうやら、どのようなパーツがどのような原因で壊れているか、調べているようです。しばらくすると、ひとりのお姉さんがカイくんのもとに来てくれました。

「原因がわかりました。一緒に直しましょう！」

「えっ、一緒にって、自分たちは素人なので修理方法とかわからないですよ……？」

「大丈夫です！　ていねいに教えるので！」

カイくんたちについてくれた担当者は、**イシアさんという名前の、カイくんより少し年上の女性**でした。

「この箇所が故障しているので、基盤を変えましょう！」

「イシアさんはすごく修理に詳しいんですね……ここで働いて何年になるんですか？」

「私はここの従業員ではありませんよ！　ここにいる人たちの大半は、修理が趣味の人たちなんです。安全性のチェックだけはプロが行っていますが、他はみんなＡＩの手を借りたアマチュアです。夏の間、楽しいので、ここでキャンプをしているんですよ」

パーツキャンプの特徴は、「修理だけが目的ではない」ということです。**修理できる人材を育てる**、そんなキャンプなのです。だからこそ、キャンプという形式で、**泊まりがけで**

修理を行っています。泊まりがけの利点はそれだけではなく、**足りないパーツが、寝ている間に3Dプリンタで出力できる**というところにもあります。

そんなわけで、一晩が明け、翌日……。

「さて、亀型スマート掃除機は修理できましたね！　次は鳥型スマートスピーカーですか？」

「はい、ちなみにこの子、すこし古いので、しょっちゅう声が出なくなってしまって……」

「大丈夫です。まずはどこをどう確認するかを教えます。それから、パターンごとの直し方を一緒に教えますので、もしおうちでまた故障しても、今度はご自身で修理できるようになるはずです！」

こうして2日間にわたって、じっくり修理を行ったカイくんたちは、家に帰っていきました。

社会が大きく変わったのは、その1年後のことでした。南海トラフ地震、首都直下地震、富士山噴火が連動して大災害が起こったのです。

あらゆるものがボロボロになりました。

そして、そのときにパーツキャンプが大きく注目されるようになりました。**「新品」の生産が滞る中、社会は「修理」を必要**としました。

パーツキャンプには人が押しかけました。

カイくん家族も、例外ではありません。ボロボロになった家の部品と、かろうじて壊れずに生き延びた家電ペットたちを抱え、パーツキャンプへと向かいました。

一家とイシアさんは、そこで偶然、1年ぶりに再会しました。

イシアさんは災害によって自分の家族を亡くしていました。泣き続けるイシアさんでしたが、カイくんたちの自宅のさまざまなものが壊れたと聞くと、「自分が直したい」と話し始めました。

そうして、イシアさんはパーツキャンプでパーツを集め、カイくんたちの家に向かいました。その後どうなったかは……少し後で話すことにしましょう。

とにかく、もはやパーツキャンプは単なるDIYの場所ではありませんでした。そこは**あらゆる困りごとや「不足」を補完し合う、人類の心の拠り所**になっていたのです。

その後、海外のプロフェッショナルに遠隔ロボットで修理をしてもらうことができる場所になったり、パーツのリサイクルのレベルに応じて環境負荷コストを自動で算出してくれるサービスが生まれたり、そういった多様な機能の拡張により、パーツキャンプはますます文明を支えるようになっていきました。

そもそもパーツキャンプの登場は、**「あらゆるものを修理可能にしよう」**というムーブメントを作り出しました。「オープンソースハードウェア」と呼ばれる、作り方までをもすべて公開するモノもどんどん増えていき、世界はＤＩＹしやすい場所へと変貌していったのです。

★第2のひみつ〈リフォーム遊園地〉★

次に紹介するのは〈リフォーム遊園地〉です！

これは、**２０５０年頃に各地で開園し、子どもたちに絶大な人気を博したＤＩＹレジャー施設の総称**です。この遊園地、実は開園当初、とあるホームセンターの真横に設置された小さな遊び場でしかありませんでした。購入したＤＩＹの道具を使って、簡単なおもちゃを自分で作ってみようというコーナーだったのです。

そんな小さな芽が爆発的な進化を遂げたのは、**「誰でも３Ｄプリンタ」**の登場からです。

老若男女誰でも使えるこの3Ｄプリンタで、既存の材料をリサイクルする形でさまざまな物体が気軽に作れるようになり、かつその物体が安全であるように自動で調整してくれる機能が作られたとき、リフォーム遊園地はこの3Ｄプリンタの導入を決めました。

それは一体、どのようなものだったのか……ちょうどリフォーム遊園地が普及し始めた**２０６０年**当時を再現したＶＴＲを見ることで、理解を深めていきましょう！

物語の主役は、先ほどのＶＴＲに登場した、イシアさんとカイくんです。**２人がパーツ**

キャンプで出会ってから、もう20年が経っています。あのとき2人は、お互いの心を埋めるパーツがすぐ近くにあったことに気付いて、すぐに結婚。しばらくして女の子を授かり、大事に大事に育てました！

このとき、**お母さんのイシアさんは41歳、お父さんのカイくんは37歳、娘のワクちゃんは10歳。**3人はDIYが大好きな一家として、幸せな生活を送っています。

そんな家族のお気に入りスポットは、〈リフォーム遊園地〉です。ワクちゃんが幼稚園の頃から、3人はこの遊園地によく遊びに行っていました。

ある日のこと、リフォーム遊園地に行った3人は、「新機能が追加されましたよ！」とインストラクターさんに教えてもらいました。

それこそが、自分で考えたアトラクションを現実空間に出力する巨大な「誰でも3Dプリンタ」でした。**「こういうアトラクションで遊びたいな」とデザインを考えると、次回の来訪時にそれを遊園地に反映してくれる**というのです。

ぜひ遊んでほしいと薦めるインストラクターさんですが、ワクちゃんは意外にも、すっごく不安でした。

「……私はクリエイティビティに自信がなくて、ここに来ても、いつもお母さんとお父さんの作業を見ているだけだったし……」

「大丈夫です！　まずは誰かが考えてくれたアトラクションの一部をリフォームするとこ

ろから始めてみませんか？　限られた材料を再利用して、無駄なく遊ぶのは楽しいんです」

「とはいっても、立体構造を考えるの自体が苦手なので……」

「10歳で立体構造なんて難しい言葉を知っているなんて、すごいですよ！　そんな難しく考えず、どういうふうに変えたいかを絵に描いてみるだけでも、ＡＩがそれをもとにリフォームを考えてくれるので、気軽に試してみて下さいね」

「絵も描けないんです……」

「たとえば、アトラクションにケーキを追加したいと思ったら、ケーキの写真を撮るとか、ケーキって言葉を言ってみるとかでも、ＡＩに伝えられるんですよ。**人によって、自分のクリエイティビティを発揮しやすい手法というものは違います**から」

不安げなワクちゃんに対し、インストラクターさんは優しく教えてくれました。

そうして、ワクちゃんは実際にアトラクションを作ることを始めたのですが、意外や意外、自分でも信じられないほど、この作業にはまってしまいました。

ワクちゃんは、大好きな家電ペットをもとに、新しい遊びを考えたのです。鳥型スマートスピーカーに乗った人が、亀型スマート掃除機に吸い込まれて、探検をするというアトラクションです。

イシアさんとカイくんもこれにはびっくり。ワクちゃんが夢中になっている姿を見て、とても嬉しく思いました。

でも、もっと驚いたのは数週間後、ワクちゃんのアイデアが実際に遊園地に反映されたときです。

3人がリフォーム遊園地を再訪問すると、ワクちゃんの考えたアイデアをもとに、遊園地のアトラクションに変更が加えられていました。ワクちゃんは飛び上がって喜んで、何度もそこで遊びました。もともとワクちゃんは身体を動かすのがあまり好きではないタイプで、イシアさんとカイくんも娘を安全に育てすぎたかなと心配していたのですが、ここでは全身を使ってアトラクションを楽しむようなアクティブなアイデアを出していました。

さらに、知らない子どもたちも、ワクちゃんのアイデアを楽しんでいました。しばらくすると、ワクちゃんがそれを**改造したことを話すと、友達もたくさん**できました。ワクちゃんの**アイデアもどんどん上書き**されてしまうのですが、ワクちゃんも負けじとリフォームを繰り返しました。

そのうちに、ワクちゃんはリフォーム遊園地の年間パスポートを買い、暇さえあればひとりでリフォーム遊園地に通い、より発展的な知識も自ら勉強するようになりました。夫婦で仕事がいそがしいイシアさんとカイくんにとっては、ワクちゃんがはまってくれるものを見つけてくれたことは、何よりありがたいことでした。イシアさんとカイくんは心配性で、娘が何をするにしても危険がないかを常に気にしていたのですが、リフォーム遊園地では**安全性をＡＩが担保**してくれているので、安心して子どもを預けられました。こうしてワクちゃんはすくすくと育っていきました。

当時、各地のリフォーム遊園地では、ワクちゃんのような**子どもたちがそれぞれに違ったＤＩＹクリエイティビティを発揮**して頭角を現していました。そして、実はその子たちこそが、その後の人類の宇宙進出を支える人材になっていったのです。

というのも、宇宙では、リソースが圧倒的に不足しています。**限られた材料からどうやってものを作るか、それを幼い頃から楽しく学んでいった人々が、宇宙で惑星開発ＤＩＹを進めていった**のです。

ちなみに、２２５０年、地球に発掘調査隊が着陸した際、まず発見したのはこのリフォーム遊園地でした。

２１７０年、完全に人類が地球脱出した後、地球は隕石の衝突を受け、津波・稲妻・森林火災で壊滅し、塵で太陽光が遮断されるという壊滅的な状況に陥ったのですが、このリフォーム遊園地だけは起動し続け、あたりをリフォームし続けていたのです。そのため、**現在の地球はアトラクションだらけ**になっています。

そして実は、この再現ＶＴＲができたのは、そのおかげでもあります。発掘調査隊は、地球のアトラクションの「案内役」を続けていた**鳥型スマートスピーカーによって、地球の過去を紹介**してもらったのです。そして今発掘調査隊は日々、**亀型スマート掃除機が**

「整理整頓」した過去の遺物を、我々の星へと持ち帰ってきています。こういった調査から、地球のむかしの姿が明らかになったのでした。

この異形のアトラクション群の中には、いまの人類の文明の方向性と別の形で進歩した、オーバーテクノロジーな存在もあるのではないか……専門家の中には、そう考える人もいます。24世紀のDIYは、はたしてこれからのわれわれの行く先に、何をもたらすのでしょうか。これからの発掘調査にますます期待がかかります。

★第3のひみつ〈プロフェッショナル温泉〉★

最後に紹介するのは〈プロフェッショナル温泉〉です！

プロフェッショナル温泉の**最古の記録は、2070年の日本の地方都市に**あります。当時、火山活動が活発になっていた日本では、各地で温泉の発掘が盛んになっていました。

この頃、世界では「スキル」を共有する方法が重点的に研究されていました。「パーツ」は世界中で気軽に共有できるものになっていったのですが、DIYの技術はそれぞれの人がそれぞれに開発していたので、その「スキル」を共有することが難しかったのです。

プロフェッショナル温泉はそんなニーズに答え、**スキルの気軽な共有を可能にした温泉**でした。

最初は、老人から若者まで多種多様な職能の人を結びつけ、交流してもらうための場所として作られたこの温泉でしたが、**2080年頃には、訪れた人の動きなどのデータを取得する装置や、逆にスキルを配布する装置をほうぼうに設置した、高度な技術を保有する施設**になりました。

そんな温泉を紹介するVTRの主役は……皆さんご存じ、ワクちゃんの家族です。**2080年、お母さんのイシアさんは61歳、お父さんのカイくんは57歳、娘のワクちゃんは30歳**になっています。さらに今回は、カイくんの両親、つまりワクちゃんのおじいちゃんおばあちゃんも一緒です。三世代みんなで、プロフェッショナル温泉に来たんですね。

さらにさらになんと、亀型スマート掃除機と鳥型スマートスピーカーも、家からみんなについてきています！

カイくんの両親はかなりの年で、そろそろ隠居したいと考えるようになっていました。そこで、自分たちの経験やスキルをプロフェッショナル温泉に渡して、引退することを計画したというわけです。

ワクちゃん御一行さまが昼間に温泉旅館に着くと、一見普通の、なんの変哲もない部屋に通されました。しかし、この部屋こそがすごい機能を備えています。

畳・壁・座布団・机、そういったものすべてにセンサーが仕込まれており、この部屋のAR環境で仕事をすることで、あらゆる動きのデータを取得できるのです。かつ、夜寝ている間にも、**枕から脳の神経活動のデータが、布団からバイタルのデータが取得**されます。

パーツキャンプやリフォーム遊園地も旅館に併設されており、部屋の中にパーツを取り寄せて作業をしたり、部屋からリフォームの指示を行うこともできます。その様子からもデータを取得できるため、この旅館はさまざまなDIY作業のスキルのデータ化にぴったりなのでした。

もちろん当時、大学や研究所でも同じようなことができましたが、大学生以外、そういった場所に自らわざわざ行く人はなかなか多くはないですよね。でも、**温泉なら、高齢者も若者も、みんなが非常に行きやすかった**のです。

さて、カイくんの両親の「スキル」はなにか、皆さんもそろそろ気になっていると思います。

ズバリそれは……**古くなった家電ペットの修理**スキルです！　皆さんご存じの通り、40年前、カイくんの両親は、パーツキャンプでイシアさんから家電ペットの修理を習いました。その後2人は友人の家を回って震災で壊れた家電ペットを直していき、それを何年も趣味で続けるうち、古い家電ペットを修理できる希少な人材となっていました。

さて、しばらく部屋で亀型スマート掃除機と鳥型スマートスピーカーを修理する様子を記録したり、ちょっとのんびり遊んだりしていたワクちゃんたち家族ですが、夕方になって、そろそろ温泉に入ろうかという話になりました。

部屋を出て、エレベーターで大浴場のある階に移動すると、そこには不思議な光景が広がっていました。というのも、大浴場ののれんの前のフロアで、みんなが個別のブースに入って、奇妙なヘッドセットをかぶりながら、奇妙な動きをしているのです。

唖然としているワクちゃんたちに、横にいた知らないおじさんが説明してくれました。

「ここは、ヘッドセットをかぶって、**脳活動の測定をしてスキルをアップロードしたり、逆に脳に刺激を与えることでスキルをインストールすることができる**ブースですよ。頭の皮膚をキレイにしたり、導電性のジェルを塗ったりすることが必要なので、その前後にシャワーを浴びることとセットでできるように、この施設は作られているのです」

「おじさん、すごく詳しいですね。どうしてここに来たんですか？」

「自分のDIYスキルをここで売って、代わりに新しいスキルを買いに来たんです。明日はそのスキルに関する講義もしますよ。併設のパーツキャンプとリフォーム遊園地で、スキルを実演するんです。興味があればぜひ聞きに来て下さい！」

そう、この温泉は、スキルをAR装置で体験したり、神経活動に刺激を与えたりするだけではありません。スキルをアップロードした本人の講義も実演で収録できる場所もあり、あらゆる職能を学べる総合カルチャーセンター的な存在なのでした。

ワクちゃんの家族は数日間、プロフェッショナル温泉を楽しみました。**人間国宝のスキルを体験**してみたり、**スキルを移植したロボットの動きを見学**してみたり、得がたい経験をたくさんしました。世界中から来ているプロフェッショナルとも交流しました。

ワクちゃんは、自分のおじいちゃんおばあちゃん、つまりカイくんの両親の家電ペット修理スキルを学ぶこともしました。これまでもたまに家の亀型スマート掃除機と鳥型スマートスピーカーを修理している姿を見たことはありましたが、ちゃんと習ったことはなかったのです。プロフェッショナル温泉では、家族へのスキルの伝授には、大幅な割引ができます。ワクちゃんは、おじいちゃんおばあちゃんのことを、より良く理解できた気がしました。そしてワクちゃんは、自分の家族がみんな、DIYでつながってきたことに気付きました。

「人生はDIYなんだね」

ワクちゃんは旅行の帰りがけ、車の中で家族みんなに言いました。

「幸せは作れるんだ」

イシアさんとカイくん、そしてカイくんの両親は、幸せな顔で、ワクちゃんの言葉を聞いていました。亀型スマート掃除機と鳥型スマートスピーカーも、楽しそうに鳴き声をあげました。

こうしてワクちゃんは、すっかり温泉好きになりました。同じように温泉をDIYで作りたいと考える友人たちと一緒に、プロフェッショナル温泉内で定期的に研究会を開くことも始めました。

「皮膚や腸の細菌叢を整えて、スキルの習得を早める湯を開発しよう」「個々のスキル発揮に適した栄養素が取れるカスタマイズ温泉卵を作りたい」「シャワーからナノマシンを放出して、神経活動を操作できないか」「湯船をVR空間にして、水圧で動きを身体に覚えさせられるようにしよう」……研究会、もとい**「温泉同好会」**の参加者は、さまざまな議題を語り合いました。

そんなとき、100年後に地球に隕石が衝突するのではないかという恐れが、社会で話題になりました。そこでワクちゃんは研究会の究極の目的を「宇宙にプロフェッショナル温泉を作ること」と定めました。

ワクちゃんと「温泉同好会」の仲間たちは、**水と熱に満ちた惑星を探して自動でテラフォーミングする装置の作成**に、全力で取り組みました。

現在、あなた方が宇宙のどこかの温泉に浸かりながら私たちの配信を視聴することができているのは、実はこの温泉同好会のおかげなのです！

さらに言えば、プロフェッショナル温泉のシステムに人類の記録が残っていたからこそ、この再現VTRを作ることができました。

スキルの共有というのは、**過去と現在をつなぐ橋**のようなものとも言えるでしょう。

★ひみつの後に★

ここまで、我々の超ホームセンター文明を築きあげてきた3つの「ひみつ」を見てきました！

いかがだったでしょうか？

今では**新規惑星開拓の拠点を指す言葉「ホームセンター」**が、むかしは工具や日用品を購入する場所として呼ばれていたということは誰もが知る事実ですが、**ホームセンターがこのような段階的プロセスを踏んで宇宙進出のキーになっていった**のだという流れには、きっと皆さんも驚かれたと思います。

え？　その後、ワクちゃんたちがどうなったか、知りたいですか？

うーむ……これは実在の話ではなく、あくまで得られた情報から当時をフィクショナルに想像した「再現ＶＴＲ」なのですが……。

再現ＶＴＲが架空の話だとしても、ワクちゃんみたいな人がたくさんいたのは事実です。

こうして２３０１年の私たちが楽しく生活できているのは、ご先祖様が**限られたパーツを組み合わせて宇宙を突き進み、惑星を掘り起こして楽しくリフォームし、はるか彼方までスキルを共有して文明を発展させた**結果なのですから。

あ！　そうでなくて、ワクちゃんたちの具体的な人生のその後が知りたいって？

そうですね……きっとワクちゃんたちは幸せに暮らし、自分たちのスキルを次世代につないでいったのだと思います。

もし、これ以上のことを知りたかったら、**あなたが自分で、その後の物語をＤＩＹで作ってみればいいんです。**

こんな遠い時代の生活を考えられないって？

大丈夫。**仮に間違えていたって、誰もあなたを責めやしません。**

ワクちゃんが言っていたように「幸せは作れる」んです。**素晴らしい物語だとあなたが思ったら、それは紛れもなく素晴らしい物語**なのです。

ちなみにこの番組は、私たち地球第四次大規模発掘調査隊の広報部が、滞在中の地球でＤＩＹ的に制作したものです。

特に今回のこだわりは、**「21世紀の日本のＴＶ番組を模してみた」**というところにあります。〈プロフェッショナル温泉〉に残っていた当時のＴＶ番組制作スキルをインストールして、〈リフォーム遊園地〉で当時の風景を模したセットを作り、〈パーツキャンプ〉から発掘されたＴＶカメラや編集機材の部品を組み合わせ……異様なこだわりを持って、私たちは当時のＴＶ番組を完全再現しました！

でも、これだって勝手な想像であって、実際の21世紀を正確に私たちが知ることはできません。逆に、21世紀の人たちも、今の私たちを想像できなかったでしょう。だから、**物語のDIYなんて、実は「いい加減」でいい**のです。**「いい加減」に紡がれた歴史の上に、私たちは立っています。**

さて、そろそろお別れの時間が近づいてきました。

この番組〈超ホームセンター文明のひみつ〉は、実は今回で終わりです。というのも、我々地球第四次大規模発掘調査隊は、これでいったん調査を終了し、母星に帰還するからです。

番組を楽しみにしてくれていた皆さんには申し訳ありませんが、続きはやっぱり、あなた方自身でDIYしてみて下さい。続編を作った方がいたら、ぜひ私たちにも知らせて下さいね。第五次発掘調査隊への応募も歓迎しています。

みんなで支え合って、文化を紡いでいきましょう。

以上、この番組は、**銀河系カインズ惑星連盟**の提供でお送りしました!

それではまた、宇宙のどこかでお会いしましょう。アディオス・アミーゴ!

社員研修として取り組んだSFプロトタイピング

いきなりの壮大な未来像でしたが、いかがだったでしょうか?

小説を読んでいただいたところで、このプロジェクトが実現した経緯を説明したいと思います。始まりは、カインズの執行役員でＣＨＲＯ（最高人事責任者）の西田政之《にしだまさゆき》さんから直接声をかけていただいたことでした。ＳＦプロトタイピングを社員研修に活用したい、というのです。

目的は、カインズのメンバー（カインズではすべての従業員を分け隔てなくこう呼びます）一人一人が、ＳＦ思考のフレームワークに沿って自分で未来を考えることで、カインズのコアバリューのひとつである「枠をこえる」を実体験することにあります。考えるきっかけをつくることです。

カインズの人事戦略のキーワードはＤＩＹ（Do It Yourself）。「DIY HR®」というコンセプトを掲げて、キャリアも、学びも、自分自身で創造できる人材を育てようとしています。そこで、「自分で学ぶ力」を育成する研修としてＳＦ思考ワークショップを取り入れることになった、ということでした。

まず、さまざまな部署から広く参加者を募って、６人のチームを３組作りました。あわせて、ワークショップを引っ張るファシリテーターも３人育成することになりました。各チームには、「ホームセンター」「ＤＩＹ」「くみまち」[※12]という３つのテーマを設定。いずれも、カインズの事業戦略上の重要キーワードです。

ワークショップは４日間にわたって開催しました。第１回ではガジェットのアイデアを自由に出してもらい、そこから各チームひとつずつ、その後詳しく議論していくガジェットを選定しました。ホームセンターチームは「パーツキャンプ」、DIYチームは「リフォーム遊園地」、くみまちチームは「プロフェッショナル温泉」です。第2回では、それぞれのガジェットを核にしてプロットを練りました。第1・2回ワークショップは、「未来ストーリーをつくる」プロセスに当たります。

第1・2回のワークショップを経て、3つのプロットを合体させ、ひとつの大きなストーリーにまとめる作業は僕の担当です。これは「未来ストーリーをあらわす」プロセスに当たります。この時点で、めちゃくちゃざっくりではありますが、小説の草稿を参加者の皆さんに読んでもらいました。

第3回では、組み立てたストーリーを題材にしてバックキャスティングに取り組みました。「未来ストーリーをつかう」ステップです。ここで出た意見をストーリーに反映させ、僕の方でいったん小説を完成させました。

そして、第4回では「今の仕事にどう役立てられるか」をさまざまな観点から議論しました。これは「未来ストーリーになる」ステップです。

ここまで、トータルで約4カ月の期間をかけています。

小説を作るとき、僕がずっと考えていたのは、「**ホームセンターの仕事には、宇宙的価値があることに気づいてもらいたい！**」ということです。

日々の仕事って、どうしてもルーティーンになりがちです。

どんなに好きな仕事でも、ワクワクできなくなったり、「何のために仕事してるんだろう」と思ってしまう瞬間があります。視野が狭くなってしまったとき、うんと視点を持ち上げ「ホームセンターって実はものすごく可能性があるよね？」と気づけるものにしたかったのです。

なので、小説内のキャラの名前などに現実のカインズに関連する言葉を使ったり、メンバーが親しみを感じられる工夫をさまざまに盛り込んであります。

長さは1万字ほど。いわゆる「短編小説」ぐらいのボリュームです。文庫や新書なら、ざっくり1冊10万字ぐらいなので、本1冊の10分の1ぐらい。1万字ぐらいなら20分ほどで読めるので、気軽に読んでもらうにはちょうどいい長さだと思います。

完成した小説は、社内報で告知されてウェブサイトで公開されたほか、ユーザー向けのオウンドメディア「となりのカインズさん」で公開される予定です。

参加者からは「週次ミーティングに未来想像タイムを入れることにした」「性別や年代に関係なく会社のメンバーと研修を受けられたのが幸せ」「店舗生産性を改革するためバックキャスティング思考で業務に取り組みたい」「造語を商品開発のヒントになるコンセプトに繋げていく」と好評だったこともあり、現在、カインズと異業種企業が連携した「異業種交流型SF思考ワークショップ研修」へと発展しています。

PART 3 新しい研究につながるアイデアを探る

食の未来――クラレ

2つ目に紹介するのは、化学メーカーのクラレのプロジェクトです。ここでの目的は新規事業開発のための新しいアイデアの創出です。

このケースでは、プロジェクトをファシリテーションしたのは三菱総合研究所で、僕はワークショップのアドバイザー兼SF小説執筆担当として参加しました。

これも、まずは何も考えず、小説を読んでみて下さい！

―作例②―

――波を食う――　宮本道人・作

1：サイボーグ婆さんはオーシャン農場で溺れ食い

「え！　あの人！　溺れてる!?」

混沌とした叫び声をあげ、私はとっさに海に飛び込んでしまった。水しぶきが盛大に跳ねる。

少し先で溺れている人の影がどうやらお婆さんであることが微かにわかってきて、私は焦る。

泳ぎには自信があるけど、助けた人も溺れたとかよく聞くし、どうすればいいんだろう……？

とにかく黙々と泳いでお婆さんに近づいた私は、しかし突然、面食らった声を出してしまった。

「へ？　お婆さん、なにか食べてる……!?」

私、**空《くう》練《ねる》処《どころ》澄《すみ》子《こ》**はここ、**岡山県海上都市構想実験特区**——通称**〈ジャバジャバシティ〉**にやってきて約10分の新参者だ。新卒で化学メーカーに入社して5年、研究室にこもりきりで**防災用シールドドローン**の素材開発を担当してきたが、実戦投入のためのプロジェクトチームの一員としてジャバジャバシティに転属された。折しも、シティには過去に類のない巨大台風が迫っており、早くも技術が試されることとなったのだ。

ジャバジャバシティは、瀬戸内海沿岸に浮かぶ小さな海上都市だ。「都市」といっても名ばかりで、実際ここはほとんど研究施設である。世界中で問題になっている海面上昇に対応し、海の上に人間の生活圏を広げていくために、さまざまな実験を行う。

オーシャン農場は、その中でも海上農業を実践的に研究するための機関だ。特にここでは、さまざまな陸海空汎用ロボットの力を借りて、ワカメとネギをハイブリッドした**「ワカメネギ」**を栽培することが行われている。ワカメネギは、海水で育つように改良されたネギの茎にワカメが葉として生えたような**〈遺伝子ブッ飛び新ベジタブル〉**である。CO2吸収量が多いために生育が速く、ブルーカーボンの観点からも近年脚光を浴びつつある、栄養素の高い期待の一品だ。一方、海上農業は、塩との戦いという難しさがあり、そこを解決するための研究などが行われているという。この都市で実験が成功したら、世界に広めていく目論見なのだ。

そうしてシティに配属された私がオーシャン農場に足を踏み入れ最初に目にしたものが、溺れながらメシを食う**ビジネスウェットスーツ**姿のお婆さんだった。

「いやぁ、驚かせちゃってスマンのぉ。**〈溺れ食い〉**がアタシャ趣味でよ！」

「お、溺れ食い……ですか？」

「そう、海にちゃぶ台を浮かせ、その上に食べ物や飲み物を置き、ちびちびやるの。今日のアフタヌーンティーは、**培養カマボコ**とワカメネギを載せた**海水ぶっかけうどん**と、**塩**

レモンティーだったんよ」

シティのはずれ、オーシャン農場のど真ん中、海上に浮かぶ橋に上がったお婆さんは、ビジネスウェットスーツから尋常ではない勢いで水を排出しながら、かくしゃくとして話す。私のびしょびしょのTシャツやデニムとは対照的だ。よく見ると、お婆さんの手は筋電義手、眼はデジタル義眼であり、これでよく海につかれるものだと感心する。特殊な素材でできているのだろうが、わざわざそれで海につかる意味がわからない。

「何のためにそんなことを?」

「海で死ぬ危険と隣り合わせの状態でご飯を食べるんが最高に美味しいんよ。それに、水の中だと食道や胃もはっきり意識できて、身体でご飯を食べとる感覚が味わえるしなぁ」

「揺れて食べにくそうですが……」

「このちゃぶ台、波があっても勝手に安定するような**海上スタビライザー**で改造したし、グリップ性を高くした備前焼の食器で、アタシの義手は自動で食べ物をつかんで口に持っていくように設定して、溺れながらでも食いやすいようにしてあるんよ」

目をぱちくりさせて固まる私を前に、かっかっかとお婆さんは笑う。

「人類は海に進出せんといけん。じゃけんアタシゃ海上農業だけでなく、最近じゃ〈どこまで海でできるかチャレンジ!〉と称して、**海上調理**や**海上食**の可能性を探っとるわけ。アンタも研究者なんじゃけぇ、このスタビライザーをどう船の転覆防止に役立てるかとか考えにゃいけんよ?」

私は、まじまじとお婆さんの顔を見た。この変なお婆さんこそ、探していた「管理人」なのかもしれないという可能性に、ようやく思い至ったからだ。

「もしかして、オーシャン農場の管理人さま、ですか?」

「ったく、気づくのが遅いのぉ。ようこそ、アタシの〈オーシャン農場〉へ!」

お婆さんは、オーシャン農場の管理人である。これまでは研究者として、海上農業研究をリードしてきた。そして、3年前にこの実験都市のプロジェクトに採用され、実際に農場の建設が終わって稼働が始まったのが1年前なのだと、私は事前に聞いていた。そしてまた、オーシャン農場は自動化を推進しているため、そのほとんどをロボットとこのお婆さんだけで担っているという驚きの事実も知っていた。そんな重要人物が、こんな変人とは……。

と、考えて気を抜いていたら、お婆さんは丁寧に頭を下げてきた。

「まぁ、こんなとこで話すのもなんじゃし……とりあえず我が家に……アタシゃ帰らせて頂くんで……もうアンタも帰りんしゃい」

家まで招かれるのかと思いきや、まさかの帰れとは。話を聞く気がないのだろうか。お婆さんは返答を待たずに歩き出し、私はあわてて後を追う。

「すでにお聞き及びかと存じますが、天気予報で、5連続の大型台風が1週間後の午前10

時に来るということだったので、共同で対策を立てられたらと思っています。当社の開発したシールドを導入するには……」

「わかったわかった、台風対策、よぉくわかっとるんよ。本当に今年中にワカメネギが無事にできるんかのぉ。あと、アタシのことは〈あなた〉じゃなくて**〈CY婆《サイバア》さん〉**と呼んどくれ。サイバーな婆さんで、サイバアさんよ」

お婆さん、もといサイバアさんは20年前の**ゲリラ大しけ**による転覆事故で、漁師であった旦那を亡くした。なので、その危険性はよくわかっているし、海への「復讐」を誓っている。彼女は、かつて旦那が使っていた船を利用しつつ、実践的な研究を事業に移し始めた。災害に強い海上都市の開発への協力は、彼女なりの仇討ちなのである。だが、前々から準備・覚悟していたとはいえ、実際に台風が農場を直撃するのは初めてのことだ。人間は避難エリアに逃げればいいが、農場の作物はそうはいかない。ロボットたちをどうするかも議論の種だった。

「ご存じの通り、この海上都市は台風の際、さまざまなユニットを海中に移動させることになっています。オーシャン農場に関しましても一時的な海中移動が要請されます」

「じゃあ、勝手にそうやっときゃぁいいがん。アタシは知らんけん」

とりつくしまのないサイバアさんを前に、私が困っていると、

「サイバアさん、そうやって来客を雑に扱ってると、いつか自分に手厳しいのが返ってく

るぜ！」

と、新たな声がして私は振り向いた。そこにはカモのような、あるいはマグロのような形をした陸海空汎用ロボットが、ぴーぴー甲高い声で騒ぎながら泳いでいる姿があった。

これが有名な**「マグロカモ」**かと、私は驚いた。マグロカモは魚と鳥の骨組みを大きくして組み合わせたような**プラスチック製機械**だ。胴体部分にはマグロ肉由来の培養肉、羽部分にはカモ肉由来の培養肉を装着して培養しており、継ぎ目の部分にはマグロとカモの合挽培養肉をつけている。マグロとカモの筋肉は、生活している温度で構成が変わっており、海にいるときはマグロ、陸にいるときはカモの筋肉を主に使い、タンパク質自体が変性してしまうのを防ぐため、それぞれの筋肉を適切な温度に保っている。さらに培養肉に免疫機能や赤血球を供給するシステムや、培養肉の成長に合わせて成長する無菌状態保持用の包膜、農場内の「巣」で無線充電できる小型バッテリーなど、最新の技術がふんだんに投入されているという。まだ開発途中で脆弱とは聞いていたが、もうほとんどカンペキなように私には見えた。

「アンタはいつもいつもうるさいのぉ。黙ってあっちで作業してきんしゃい。ほかのマグロカモのみんなは今日ずーっとワカメネギの収穫と運搬で働き詰めだって嘆いとるよ」

「うるせえな、サイバアさんだっていつも日焼けサロンよろしく、ひなたに寝転がって脳波で脳ミソからオレたちに指示を出すだけで、なんも手を動かさないじゃないか」

「アタシャ農場そのものなの。単にアンタらのおもりやメンテナンスをしてあげとるだけじゃないんが。今この瞬間に起こっとることぜんぶを脳で感じとるんじゃけぇ、外からはわからんほど大変なんじゃ！」

「お客さん、コイツがこんな偏屈バアさんでスマンな。まぁ、根はいいやつだから、勘弁してやってくれ。代わりに台風対策はオレがなんとかするからさ。何でも言ってくれ」

「当たり前じゃろ。コイツがロボットのリーダーだから、何かあったらぜんぶコイツに言いんしゃい。**ヘンゼル**っていう名前じゃ。コイツが命令すれば、他のロボットがまとめて動くけんね」

「まぁ、オレはそういう偉そうなのは嫌いなんだけどな……」

マイペースなサイバアさんの姿勢と、なんとなく頼りないマグロカモ型ロボット〈ヘンゼル〉の姿勢に、私はため息をついた。台風が来るまであと一週間。本当に対策は間に合うのだろうか。

2：着る料理屋《ウエアラブルレストラン》でキミもヒーローに変身

澄子ちゃん……アンタ、えらくマジメに語るのぉ。それじゃアタシャ話しにくいじゃないの。まぁええが、その後の話をしろって言うんじゃろ。わかっとる、わかっとるが。

とにかく、アンタが来てから、アタシらはてんやわんやだったんよ。台風に備えてまちを海に沈めろってんじゃから、そりゃもう大騒ぎになっとったよ。

オーシャン農場ではね、植物の栄養素となるマツカサウオやオコゼの排泄物とかを固定化しようって目的で、**栄養素流出防止フィルター**で農場の周りを囲んでいるんじゃけど、それが台風で破れると問題なんよ。じゃけん、最新の注意を払って、フィルターごと農場を海中に移動させたんじゃ。これがまぁ大変で……。でもさ、そこらへんの細けぇ話は、今回の本題じゃないけぇスッ飛ばさせてもろーよ。

で、いざ台風が来るって日になったわけ。それはもう朝から風がすごくて、怖かったね。

そんでさ、あと数十分での台風直撃を前に、海上都市の色んな住人と一緒に、澄子ちゃんとアタシ……サイバアさんは、海中エリアに避難をしていたんよ。ヘンゼルが頑張ったおかげで、台風に備えたロボットの配置もできていたし、まぁ後はなんとかなるかなとは思っとった。

でもね、そんな中――

「サイバアさん、**窒素肥料化ユニット**近くのシールドに、うまく作動していない箇所があるそうです。大事には至らないと思いますが、もしもこれによりユニットがダメージを受けると大事故に繋がりかねませんので、早急な対処が必要です」

澄子ちゃんがヤバい報告をしてきて、現場は一気に緊張モードになった。

このユニットは、空気中の窒素を窒素肥料に変換し植物へ供給する装置なんよ。大気中の窒素を取り込むって性質上、一部が海面に突出しとるんじゃけど、最近増設したばかりで、暴風や高波に対しての破損リスクが十分に解決されていなくてね。

「アンタが開発しよるシールドじゃろ。情けないのぉ」

「申し訳ありません。まだシールド自体、開発段階でして……不具合も多いのですが、今回、あらゆる場所にこのシールドが貸し出されたせいで、不具合を想定して準備していた予備の数が足りなくなりました。そのため、シールドをその場で調整するしかありません」

「こっちの窒素肥料化ユニットも開発途中じゃし、まぁそねーなもんかの」

「いちばん近い場所にいるロボットは……ヘンゼルさんです。サイバアさん、ヘンゼルさんをシールドの修理に派遣する命令を出していただけませんでしょうか？」

この時点で悪い予感がしてあんまり気乗りはしなかったんだけども、ヘンゼルを派遣するしかないってのはわかってた。

「おい、ヘンゼル、聞こえるかい！」

「そんな大声出さなくても聞こえるよ！」

「澄子ちゃんが、アンタに窒素肥料化ユニットに向かってほしいんじゃとさ」

「だいたいアンタのアタマの中はわかってるからな。もう向かい始めてるぜ」

「そねーに言わんでも、アンタが動き始めとるんじゃってアタシャ知っとるが」

脳内のイメージを伝えるのは難しいんじゃけど、まぁ農場のマップみたいなもんがあって、そこをヘンゼルのアイコンが移動してるのが思い浮かんだって感じよ。で、陸海空汎用ロボットにしか進めない最速ルートをヘンゼルが使っているのがわかったんじゃ。

「ユニットが壊れることは絶対に避けんといけんよ。ここにゃ、遺伝子組み換えにより、海中で成育できて窒素から栄養への変換効率を爆上げした根粒菌が入っていての、それが大気中の窒素をアンモニアに変換し植物へ供給してるんじゃけど、もしユニットが破損すると、最悪の場合、海中に流出して遺伝子汚染や富栄養化が起こるって大事故になる可能性があるけんね」

「ごちゃごちゃ言ってるうちに、もうそろそろ海上に出るぞ」

海上に出たヘンゼルはね、でぇれぇ風にさらされることになった。

ここではヘンゼルたちマグロカモがワカメネギの世話をしとるんじゃけど、ふだんから風がけっこう強くなっちまう欠陥建築みたいな箇所なんよ。まして台風だからの、そりゃばりヤバい風じゃったろうね。

「そろそろユニットにたどり着くと思うので、シールドの解説をします。このシールドは、ガラスとポリマーフィルムが交互に積層された、銃弾をも防ぐ強化合わせガラスを取り付けた自律型飛行パネルです。六角形をつなぎ合わせたような構造をしているのですが、今回の不具合は、このシールドの一部がうまく開かず、つぶれた形になって強度が劣る状態になってしまっているというものです。ヘンゼルさんが直接シールドを押し、開いた状態で固定具をつけて下されば、問題は解決するはずです」

「なんだかよくわからないけど、まぁやってみるぜ」

シールドに近づき、修理を始めたヘンゼルだったんじゃが、

「やべぇ、足にワカメネギが絡んだ！」

とヘンゼルの笑い声がして、

「ふだんと違って色んなものの配置が変わってて、油断してたらワカメネギに足を取られたぜ！」

とまぁ、情けない話が飛び込んできた。

「アンタ、ロボットなんじゃけぇ、ちーと冷静沈着でいんさい」

「〈ロボットなんだから〉っていう決めつけはロボット差別だぞ」

そねーな会話をしながら、ヘンゼルは修理を着々と進めていたんよ。でも、作業が終わって、後は確認というとき、まさかのできごとが起こった。

「うわあ！　なんだなんだ!?」

ヘンゼルが、魚に襲われたんじゃ。

ヘンゼルは猛烈な勢いでその場から逃げ始めたんじゃけど、魚はずっと追ってくる。

後でわかったことには、ここはゴマモンガラって凶暴な魚がいるエリアの近くでね。ふだんは立入禁止区域に指定してあるんだけど、台風でゴマモンガラ自身も移動しとったみたいで。このゴマモンガラ、むかしは瀬戸内海にはほとんどいなかったんじゃけど、海水温の上昇にともなってどんどん数を増しての。夏の繁殖期は特に危ないんじゃ。

這々《ほうほう》の体《てい》で農場エリアにかかる橋までたどり着いたヘンゼルだったんじゃけど、ここで、動きが鈍くなった。

「なんか……足が……動きにくいぞ」

「どねーした?」

「ヤバい……あの魚に弱点の足を噛まれて、傷がついちまって……」

「まったく、ほんまアンタは本当に手がかかる子じゃの」

「すまねえ、サイバアさん、やっちまった。動かねぇ方がいいよな。ああ、やべえ、潮水が中に入るとまずいよなぁ……」

「もぅ……いじましいのぉ……アタシが助けに行くよ」

アタシが言うと、澄子ちゃんは驚いた。

「危ないですよ。もし行くとしても、私が行きます」

「アンタみたいな新参者じゃ、この台風のなか、ジャバジャバシティを直感的に移動できんじゃろ。アイツは大事な家族なんじゃ。ほとんどの人間はたかが、ロボットと思うじゃろうからこそ、アタシだけでも助けに行かないといけないんよ」

「でも、まちは災害対策体制に移行していて、海中通路はもう人間が移動しにくくなっているし、ユニットの近辺に行くのは台風で危険な海上通路を通る必要があるはずです……」

「大丈夫。アタシゃね、魔改造した**〈着る料理屋《ウエアラブルレストラン》〉**を持ってるんじゃ。あれを着れば転倒しても大丈夫じゃし、雨の中でもへっちゃらで温かいし、えぇあんばいに大きなもんを持ち運べるポケットもついとる」

〈着る料理屋〉ってのは、超小型のスチームオーブンやウォータージェットスライサーを内蔵した、伸縮自在の服じゃ。宇宙服みたいになっていて、食材を腹のあたりにあるポケットの中に入れると、数分のうちに自動的に美味しく調理されて口元に届くようになっとる。アタシみたいな足も手もヨボヨボの老人にとっては、歩行の補助もしてくれる最高のパワードスーツでよ。

これはの、もともとは、肺が悪くなったシニア向けに、酸素吸入しながら楽に食事ができるよう開発されたアイテムなんよ。普通の酸素吸入装置は鼻にチューブを入れる型だったりして、ご飯を食べるときに違和感を覚える人もいてね。それで宇宙服型で酸素を吸えて口元までご飯が運ばれるシステムが開発されて、そこに寝たきりでも自分で料理がしたいってニーズも加わって、今みたいな異様な形になったってわけ。

アタシは**〈着る温泉《ウエアラブルスパ》〉**も持ってる**〈着る店〉**オタク、いわゆる**「自発的寝たきりアクティブ高齢者」**ってやつで、自分の〈着る料理屋〉も〈着る温泉〉も、ある程度水に浸かるような作業をしながら楽しめるようにまで魔改造したんじゃ。さらに〈着る料理屋〉には料理機能を転用して簡単な手術もできるようにしたんで、ヘンゼルの修理もできると踏んだのさ。

じゃけん、アタシはゴツい〈着る料理屋〉を着て、ヘンゼルを助けに歩いていったわけ。

ジャバジャバシティは狭いんじゃけど、海の内外に立体的に広がっているせいで、移動はけっこう煩雑なんよ。アクリルチューブで左右上下に「シマ」がつながっていて、そこを**磁力キックボード**で移動していく。しかもこのときは非常時で、ふだん海上にあるセクションも海中に移動させられていたから、なにがなんだかって感じじゃったよ。

オーシャン農場の近くに行ってもね、ふだんは普通に歩いている道が、ひどく違ったものに見えた。

で、向かっていくアタシにね、ヘンゼルは通信で語るわけ。

「アンタは実のところロボット思いだ。溺れ食いをしていたのも、単に趣味なだけじゃないだろ。オレたち陸海空汎用ロボットが水中で生活の多くを行っているのを見て、自分もなるべく水中で生活して、相手の気持ちをわかろうとしていたのを、オレはわかってるぜ」

「うるさいのぉ。黙ってないと、歩くのに集中ができないじゃろ。それに、アタシャさ、自分をサイボーグと思っとるから、ロボットを他人事だと思えないんよ。心臓やら腎臓やら食道やら喉やら、色んな臓器をぎょーさん人工内臓に置き換えとる。〈着る料理屋〉まで着ていたら、アタシのほとんどは機械みたいなもんじゃ。それだけさ」

「マジでアンタは素直じゃねぇな。みんな心底、アンタには感謝してんだよ」

コイツがなんか死にそうなことを言うからね、こんときのアタシャ気が気じゃなかったね。でもよ、まぁそうこうしてるうちに居住エリアを越えて、農場エリアの橋に入ってね。ぐったりしたヘンゼルが見えてきてさ。そりゃもう安心したさ。後は抱えて帰るだけじゃけんな。

「ほれ、老いぼれが体に鞭打ってわざわざ来てやったんじゃ。感謝しんさい」

直接声が届く距離になって、アタシがヘンゼルにそう声をかけると、

「ありがとよ」

って言うて、ヘンゼルは息も絶え絶えでアタシの〈着る料理屋〉のポケットに飛び込んできた。

ポケットに潜り込みながら、ヘンゼルはアタシに言うんよ。

「ここまで来るのに腹減っただろ。これでも食いな。さっき倒れたときに1本引っこ抜いちまった」

ボロボロになってるくせに、コイツは一丁前にカッコつけやがってよ。口の中からワカメネギを出し、アタシに渡したんじゃ。

ワカメネギを噛みしめたアタシはの、ちーとしんみりしちまって、こうつぶやいた。

「しょっぱいし、水っぽいねえ」

それが潮水のせいなのか、涙のせいなのかはわからない。でもね、この溺れ食い感こそが、生きている醍醐味なんよ。わかるかの？

〈着る料理屋〉は治療モードになって、ヘンゼルの傷を無菌状態にして、培養液を循環させながら応急処置を行って、焼いて傷口を塞いでくれた。

そねーなことをしとるうち、ようやく台風が明け、都市にはギラつかんばかりに真っ赤な夕陽がドバッと差し込んできた。

で、アタシはヘンゼルを抱き抱えて、ゆっくり帰ってきたってわけ。どうじゃ、いい話じゃったろ？

3：ネギを背負わせてカモを派遣する

オレが目を覚ましたのは、その3日後のことだ。

サイバアさんがオレを迅速に修理して栄養も与えてくれていたから、オレはほとんど元のように動けるようになっていた。ちょっとだけセンサー系の部品がすぐに手に入らず、目の前の景色が棟方志功のカラフルな版画みたいに見えていたんだが、大きな問題ではなかった。

一方で、社会は元に戻るどころか、尋常ではなく被害規模が拡大していた。台風はもともと5つ連続で上陸すると予報されていたのだが、2つ目の台風がきたところで6つ目が発生し、3つ目の台風がきたところで7つ目と8つ目が発生した。

オレが起きたときは4つ目の台風の真っ最中だったが、そろそろ9つ目と10個目も発生しそうとのことで、ニュースでは**〈10連ガチャ台風〉**と変な名前が付けられていた。なんにせよ、最近は毎年起こる「100年に一度の大災害」だということだ。

オレがロボットたちと自分の巣で待機していると、サイバアさんから連絡があった。岡山県の台風対策会議にオレが呼ばれているのだという。

巣から水中会議システムを起動すると、10体ほどの参加者のアバターが**3次元水中空間**に立ち上がってくる。ネコだのアニメキャラだの図形だの、さまざまな形をしたアバターが、神妙な面持ちで議論を交わしている。ちなみに最近のアバターの流行りは、ジョアン・ミロの絵に書かれてるみたいな抽象度の高いものらしい。

先日ジャバジャバシティに来たばかりの澄子さんも議論に参加している。

「ジャバジャバシティさんはもう大丈夫なのかもしれませんが、内陸部の方の被害は深刻なんです」

「内陸部の**ポカポカシティ**からは物資援助要請も出ています。川の増水、堤防の決壊、地盤が緩んでの土砂災害が起こり、孤立してしまったということです」

ポカポカシティで災害というニュースには驚いた。あそこは特に安定した気候で知られていて、その安定性を買われて陸上養殖などを行う実験特区に指定され、それで「ポカポカシティ」という通称までついていたのだが、数年で状況が変わってしまうとは……。

「医療ドローンや物資配達ドローンは台風で飛べません。飛ばしたものの、壊れてしまったものもあります」

「このまま台風が続けば、ポカポカシティでは食料も医療物資も足りなくなります」

「植物工場、陸上養殖場、細胞培養工場などが循環してあらゆるものを地産地消できるよう、システムが組まれていたんじゃないんですか？」

「養殖場の装置が浸水で故障し、循環装置が故障してしまったんです」

こんな議論になんでオレが呼ばれているんだ、早く休ませてくれと思っていると、会議に注意を払えというアラートがサイバアさんからオレに届き、それと同時にゲストが呼ばれた。

「本日は**全日本自由キッチンカー連合**岡山支部代表、**空練処《くうねるどころ》勇気《ゆうき》**氏に本会合への参加をお願いしています。氏は独自の調理法を駆使したシェフ活動で子どもたちに絶大な人気を誇っていらっしゃいますが、実は医師免許もお持ちでいらっしゃるため、今回はそのような知見からも、災害時の食糧・医療物資供給についてご意見を伺えたらと思っております」

……空練処。どこかで聞いたような苗字だが、どこで聞いたんだっけ……？

ふだんなら記憶アーカイブを検索するのだが、めまいがひどくてその気にならない。顔やら背格好やらが見られれば思い出せるかもしれないが、アバターはキッチンカーの形をしていて、実際は空練処勇気なる人物がどんな顔なのかはわからなかった。

「皆さん、我々キッチンカー連合は、ポカポカシティの孤立を迅速に救うことができると考えています。沿岸部にいる僕たちが、ジャバジャバシティの陸海空汎用ロボットの皆さんと協力して周囲から食料や医療物資を集め、ある程度ポカポカシティの近くに向かうことができれば、後は風が少しおさまった瞬間を狙って、陸海空汎用ロボットの皆さんにポカポカシティまで物資を運んでもらうということが可能なのではないでしょうか？」

なるほど、面倒な提案だ。三度のメシより面倒だ。だからオレに会議への参加要請が出ていたのか。

「ヘンゼルさん、陸海空汎用ロボットの代表として、今のお話をどうお考えになりますか？」

「人使いが荒いな、って言いたいところだが、オレたちはヒトじゃなくてロボットだからな。オレのおかげで誰かが助かるなら、ちょっとくらいの危険は屁のカッパだ。もちろん行きたくないロボットたちに強制はできないがな」

オレはアンパンマンのことを思い出していた。サイバアさんはよくTVでアンパンマンを見ていた。アンパンマンは、お腹の空いた子どもたちに自分の顔を配る。オレもいつかそういう存在になりたいと、ずっと思ってきた。この面倒な提案は、だから実は、願ってもないチャンスなのかもしれなかった。

「アンタ、3日前に怪我したばっかじゃが。修理が終わっても、自己修復機能で細かい部分が完全に治るまではーヶ月くらいはかかるんよ！　赤血球を作る細胞回復のための投薬だってまだ続けてる最中じゃし」

「サイバアさん、大丈夫だ。今度は失敗しない。っていうか、オレをふだん農作業にも運搬作業にも肉の培養にも使い倒して、挙句の果てに食ってるくせに、こういうときだけいたわるっておかしいだろ。偉い連中がいるからって、偽善の優しさを見せてんじゃねえよ」

「まったく、アンタは頑固じゃけん、止めたって聞きゃあせん。ふん、しゃーない、アタシの魔改造した〈着る料理屋〉と〈着る温泉〉を持っていきんしゃい。あれは小さく畳めるからの。アンタの体型にはまったく合わんけど、どっかで協力しとくれる人間がいたときに役に立つじゃろうから」

心配するサイバアさんをオレがなだめていると、どこからか、ピカッ、ピカッとオレに向けて光が当てられた。見ると、空練処勇気のアバターであるキッチンカーが、感謝の意味を込めたパッシング行為をしている。

「ヘンゼルさん、本当にありがとうございます。陸上の存在を代表して感謝申し上げます」

パッシングなんて、今どき人気のない人工知能運転車ドラマくらいでしか見ないけどな、と思いながら、オレはそれなりに満足感を覚えていた。

会議が終わってすぐ、オレたちは出発することになった。オーシャン農場の経営関係者のお偉方も、災害時の食料供給と軽作業応援のテストを兼ねる目的ということで、納得してくれた。なにしろ、オーシャン農場の働きが認められての初の実戦投入だ。みんなが気合いを入れていた。

協力を名乗り出てくれた仲間は300羽。ガアガアとにぎやかに俺の後をついてきている。嬉しい限りだが、オレの背中には300の命が預けられていると考えると、責任の重さに押しつぶされそうになる。

オレたちがオーシャン農場で手塩にかけて育てたワカメネギも背負った。栄養価の高さは折り紙つきだ。サイバアさんが無理やり持たせた〈着る料理屋〉〈着る温泉〉も、邪魔ではあったが、頑張って背負った。

台風がひどいので、もちろん空は飛べない。そこで、沿岸部への物資輸送に使われている送水管を利用することになった。

いざ送水管の前に立つと、意識を持ったものが通ることを想定されていない虚ろさに、少しばかりの恐怖を覚える。

むかしオレがオーシャン農場の仕事を一通り覚える実習をさせられたとき、魚をCO2睡眠させずにこの管に放り込んだり、野菜を個別包装せずに放り込んだりして、サイバアさんにこっぴどく怒られたことがあった。まさかそのときは、自分がここに入るとは思わなかった。

意を決して、オレはパイプに飛び込む。

暗い。狭い。しかも台風の衝撃を分散させて受け止めたせいで、やたらとぐにゃぐにゃしてやがる。

海を泳ぐのとはまったく違う。

唯一、後ろから次々に仲間が飛び込んでくるのを感じ、その水の揺れに安堵を覚える。

ガコン。音がして、管が行き先に合わせて自動的に切り替わる。どこにもぶつからない。

水流で自然に向きが変わる。

体に負担はまったくない。だが、徐々に精神に負担が出てくる。

もう10分くらいは経っただろうか？　あるいはまだ3分くらいか？　時間がわかると怖いと思って内蔵時計をあえて見ないようにしていたので、時間の感覚がなくなっている。

先に光が見えてくる。ようやくだ。

ジャボン。

オレは鯨の口から吐き出された気持ちで、沿岸部の池に落ちる。もともと壊れていたセンサーに水まで付着して、視界はすべてモネの『睡蓮』のようにしか見えない。

管からは次々にカモが落ちてきて、池はカモでいっぱいになる。池には特殊な**水中クッションが**置いてあり、管から落ちた衝撃を吸収しつつ、カモがぶつからないよう、滑るように周囲にカモを移動させていく。

すごい風がビュービュー吹いていて、水面も地震みたいに揺れている。池の周囲の柳も折れそうなくらい上下左右に動いている。

そろそろみんな落ちてきたかなと思ったときに、池の周りをたくさんの大きな影が覆った。

なんだ、これは?

それは、キッチンカーの大群だった。

色とりどり、思い思いの装飾を施してあるキッチンカーの中で、ひときわオシャレに紺碧のデニムで装飾された車のスピーカーから、音声が流れてきた。

「お初にお目にかかります、全日本自由キッチンカー連合岡山支部代表、空練処勇気と申します。この度は陸のもののためにお越しいただき、本当にありがとうございます。どうか……友人たちを助けて下さい……」

そのとき、オレは気づいた。このキッチンカーには、乗り手はいない。今話しているのは、キッチンカー自身、すなわちAIなのだ。

そして、すべてのキッチンカーが同時にパッシングをした。オレたちカモは、カモらしくガアガアと鳴いて返事をした。言語なき光と音で交流ができているのかはわからなかったが、まぁこれはこれでオレたちらしいコミュニケーションだという気がした。

4：マグロカモは野良キッチンカーにシメられたい

僕、空練処勇気は、移動しながら料理が可能なAIキッチン・自動運転装置を搭載した大型車です。ふだんは、まちの中で食材と合流し、移動しながら料理をし、店や家にできたてアツアツピッタリを提供するという仕事をしています。

ヘンゼルさんは僕のことを最初は人間だと思っていたようで、僕がキッチンカーを身体とするAIだとわかると、とてもびっくりしていました。むしろ僕からするとヘンゼルさんこそ、AIなのにずいぶんと人間じみた思考ができていて、だいぶ驚異的な存在に感じます。

僕たちはそれぞれヘンゼルさんたちを自分の車体に十数羽ずつ乗せて、さっそく移動を開始しました。

ふだんキレイな道が、たくさんの葉っぱと泥で汚れています。タイヤも車体も汚れるのは嫌ですが、耐えるしかありません。

まず向かうのは、食材のところです。僕らはふだん、食材とコミュニケーションを取り、時には食材の方からこちらに来てもらったりもしています。しかし今は**食材輸送ドローン**が台風で飛べないため、こちらから迎えに行くしかありません。

僕の身体の中に乗ったヘンゼルさんは特にやることもないらしく、しきりに僕に話しかけて来ました。

「いや、リモート会議で会ったときは、お前がキッチンカーそのものだとは思わなかったよ。キッチンカーのオーナーで、車のアバターを使っているんだとばかり……。でもさ、医師免許を取ったってのはホントなの？」

「はい。最近、キッチンドローンが進歩して、キッチンカーの需要が減っておりました。そこで増職のため、医師免許を取得し、救急車機能を車体に増設したのです」

「自分でそんなことを思いついたのか？ＡＩなのに随分とやる気があるな」

「医師になったらというアイデアは、僕の姉の澄子の発案です。澄子は……」

と僕が語り始めると、ヘンゼルさんはとても驚いた顔をして、話を遮ってきました。

「そうか、空練処ってどっかで聞いた苗字だと思ったら、この間オーシャン農場にやってきた化学メーカーの社員じゃねえか！　なかなか良いヤツだなぁと思ってたところだ！　だけど、ＡＩのアンタが人間の弟って、どういうことだ？」

「話すと長いんですが、もともと、僕は不法投棄されたＡＩキッチンカーでした。それを空練処家に拾っていただき、家族として育てていただいたのです。空練処家のご実家もポカポカシティにあります。だから僕はポカポカシティを助けたいんです」

「勇気って名前も、家族につけてもらったのか？」

「そうです。当時スマートキッチンカーをうたっていた僕に、単にスマートなだけでなく、自ら意思決定をする擬似的な『勇気』を持つようにと、名前をつけてくれたのです」

岡山県の沿岸部にある食材倉庫を回りながら、僕たちはそんな会話をしていました。

倉庫に着くと、ヘンゼルさんたちが降りて、真空引き装置で特殊保存された食材や、新鮮さを保つシートに包まれた食材を車内に運んできてくれます。食材にはすべて**代理ＡＩエージェントタグ**がついており、いつどのようにして自分を食べると何人分の栄養になるかなどを教えてくれるので、そういった情報をふまえながら、チョイスを進めていきました。

とはいえ、選べる食材は限られていました。というのも、太陽光発電や風力発電などは台風で大きなダメージを受けていて、あたりは電力不足に陥っており、多くの生モノがすでに悪くなってきていたのです。やはりマグロカモの皆さんに来て頂いていたのは正解でした。

ちなみに、僕たちキッチンカーや食材たちは、実はこのときゲームをしていました。災害復興にどれだけ自分が貢献したかを示すゲームです。勝手に自分たちが開発したもので、別に点数が高かったからと言って何か商品がもらえるわけでもありませんが、高得点だったキッチンカーや食材は、今後さまざまなメディアで紹介されたりして、新たな仕事につながるかもしれません。

この得点には、お互いに助け合うこともスコアに入ります。僕たちは助け合いながら食材を集め、そして川に沿って内陸部へ向かい始めました。

ふだん穏やかな川は、どす黒く濁った緑色になって、水位も高くなっていました。十分に気をつけないと、ここに飲み込まれたらひとたまりもありません。

ヘンゼルさんや他のマグロカモさんたちは、何か危険がありそうなとき、身体に紐をくくりつけた状態で車外に出て、周囲の様子を見て回ってくれました。

そんなとき、川沿いにある、動かなくなったキッチンカーが打ち捨てられている「墓場」の横を通り過ぎました。シダだらけの草むらに、無造作にボロボロのキッチンカーが並んでいます。

そこを通るとき、ヘンゼルさんが怪訝な顔をして聞いてきました。

「アンタたちは動かなくなると、こんなふうに放置されちまうのか?」

「ある意味では、そうです。不法投棄されたキッチンカーは、誰かが手入れをしないと、いずれ給電もできず故障がひどくなり、ゴミになります。リインカネーションされるAIチップだけを回収した上で、生分解性素材部分は土にかえされるんです。僕らも一度捨てられた身なのですが、幸運にも、ポカポカシティの人々が『共存』を選択してくれたので、生き延びています」

「それは、オーナーが変わったということとどう違うんだ?」

「僕たちには家族がいても、オーナーはいません。人間の家族や友人は、僕たちに給電してくれたり、修理や手入れをしてくれたりします。僕たちはその分、彼らに料理を振る舞ったり、望む場所まで連れて行ったりします。僕たちの夢は、ここにあるキッチンカーをすべて修理することです。まだまだ人間側にもリソースが足りません。協力してくれる人間を増やせるよう、全日本自由キッチンカー連合では、さまざまな活動をしています」

そういう話をしているうち、ヘンゼルさんと僕は、なんとなく仲良くなっていった気がしています。

危ない道を避けつつ、丘を何度も越えたり降りたりしていたら、ようやくあと1時間ほどで目的地に着くという予測がたったので、僕たちは料理を始めることにしました。

僕には、衝撃波を作って食品を一瞬で柔らかくできる**衝撃波レンジ**が積んであります。たとえばこれに果物を入れると、外見はそのままで、中身だけジュースやピュレになったりします。これを用いた**破壊系料理**は、子どもにもお年寄りにも人気の看板メニューです。

もうひとつの僕の得意技は、サーキットでぐるぐる勢いよく回ったり、大きな段差から飛び出したりして、パラパラのチャーハンやクルッと巻いたオムライスを作る**アトラクショ**

ン調理です。大げさに名前をつけてブランディングをしているのですが、単に僕が身を削ってパフォーマンスしているというだけで、味が普通の料理に比べて大きく変わるわけではありません。お客さんたちはもはや料理において「味」を重視しておらず、「体験」を求めています。なので、僕に乗って新しい料理体験をしたいという方は絶えませんでした。

ヘンゼルさんもそんな僕の機能に興味津々で、自分に衝撃波を当てたり振り回してほしいと言ってきましたが、3日前に故障したばかりのお身体に無理をさせるわけにはいかないので、ヘンゼルさんには普通のマグロカモとして、ご自身の肉を切り離してもらいました。痛みがあるか聞くと、「人間がコートを脱ぐのと同じ感覚だ」という、僕には直感的によくわからない答えが返ってきました。けれど多分、まったく痛くないということなのでしょう。ヘンゼルさんはもう10サイクルくらい、自らの体内で肉を培養し、40日ごとに提供してきたそうです。

この肉を柔らかくするのに、衝撃波と赤外線をうまく当てながら、車の揺れで軽い振動を与えていきます。

ヘンゼルさんは、肉を切り離しても元気です。骨組みだけになった身体で飛び跳ねながら、話し続けていました。

「陸の人間ってのは、最近はどんな食生活をしているんだ？　オレは海の上ばかりでさ」

「最近だと、食品はなるべくすぐに食べて、保存しないという文化**〈即食〉**が広まっていますね。でもそのせいで、こういう事態に備えた備蓄食糧が少なくなっている問題も出ているようです。包装材・食品フィルムが減ることに加え、そもそも冷蔵庫を持たずに生活する人も増えたりといった変化もあったそうで、澄子さんの勤める化学メーカーは包装材事業の売却など大幅な方向転換を迫られたそうです」

「お前、ビジネスパーソンみたいな話し方するんだな」

「僕は自分で営業をして、自分で商品を考えて商売をしていますからね。**ビジネスマシーン**、と言ったところでしょうか」

話しているうちに肉の下拵えができたので、牡蠣、タコ、レンコン、黄ニラなど岡山の名産品とワカメネギ、そしてマグロカモ肉を鍋に入れます。ワカメネギはシャキシャキして生でも美味しいですが、ゆでると食感そのままで甘みも出てきます。

薫りが減衰せずに時間変化する**4次元スパイスプリンタ**を駆使してそろそろ最後の仕上げ……と思ったところで、土砂崩れで道が寸断されているところに辿り着きました。

「これ、どうやって進む?」

「お前の電子レンジと衝撃波レンジをぶっ放せれば、こういうのは壊せそうだけどな」

「そう簡単にできたら、僕はとっくに自律駆動兵器扱いにされて、スクラップにされてますよ……」

ヘンゼルさんとそんな会話をしながら、僕は無理やり土砂を乗り越えようとしましたが、ガコン、と大きな音がしたと思った途端、岩の隙間にタイヤを取られ動けなくなってしまいました。

右手には、崩れた土砂が今も少しずつ動いているようにも見える急斜面。左手には、切り立った崖の下に増水した川が流れています。仲間のキッチンカーたちが助けに来れるような道幅も当然なく、後ろにみんなが順につっかえてしまっています。

「ヘンゼルさん、この先もう少し進むと、ポカポカシティです。ここまでくれば、もう人間も来ることができるかもしれません。風が少しおさまった瞬間を狙って、飛んでいけますか？」

そう声をかけたときにはもう、ヘンゼルさんは外に出る準備を進めていました。

「行ってくる。サイバアさんが持たせてくれた〈着る料理屋〉〈着る温泉〉を人間に着せれば、台風の中でも安全にこっちに連れてこれるはずだ」

ヘンゼルさんは肉を失い、骨組みだけになっています。しかも、3日前に故障したばかりです。

満身創痍の中、ヘンゼルさんは大きな〈着る料理屋〉〈着る温泉〉を持って、激しい風の中でうまいこと揚力をつかみ取り、竹やぶの間を飛んでいきました。

残されたキッチンカーたちとマグロカモたちで対応を相談していると、しばらくして、宇宙服のような〈着る料理屋〉と〈着る温泉〉を着た2人の人間が、こちらにやってくるのが見えました。ヘンゼルさんの頭も〈着る料理屋〉のポケットから出ています。治療モードで修理されているに違いありません。

僕はホッとしながら、アツアツのワカメネギマグロカモ鍋の匂いを、外に向けて勢いよく放出しました。〈着る料理屋〉〈着る温泉〉の外からこの匂いはわかるのかどうかはわかりませんが、少しでも人間に喜んでもらえればと、僕は思っていました。

と、そこで、その2人の顔が見えました。

なんと、それは僕の両親でした。

両親は走り寄ってきて、僕は勢いよくドアを開けます。

ドアの中に風と雨が吹き込んできますが、鍋のふたはしっかりとしめてあります。

「勇気、大丈夫？　心配したんだよ」

「すぐにみんな来てくれる。もう少しの辛抱だ」

両親の声に、僕は安心しました。

「鍋、食べる？　ヘンゼルさんと2人で作ったんだ」

タイヤを岩のスキマから抜いてもらい、僕はようやく道を進めました。仲間のキッチンカーたちに、先にポカポカシティへと向かってもらい、僕は両親とヘンゼルさんと一緒に、少しその場で休憩を取りました。

助けに来たと思ったら、結局みんなに助けられてしまったな……。両親がアツアツの鍋を食べている横で、僕は歯がゆさを感じていました。

そんなとき、遠くから歓声が聞こえてきました。キッチンカーとマグロカモたちを、ポカポカシティは待ち望んでいたのです。

両親にそっと車内に横たえてもらったボロボロのヘンゼルさんが、ぼーっと天井を見ながら、僕に話しかけてきました。

「こんなに喜んでもらえるなら、オレたちこれから一緒にビジネスするか……?」

「一緒に戦ってシメ合うプロレス団体でも、立ち上げますか」

「ああ、何度でもお前にシメられたいね」

暑苦しくてダサいセリフでしたが、悪くない気もしました。

風の勢いはますます増してきていましたが、こうしてみんなでいれば、なんでも乗り越えられると思いました。

5：光を囲んで波を食う

「で、勇気とヘンゼルさんもその後、無事にポカポカシティに到着し、食料支援や医療支援を行った、というわけですね」

「アタシたち、みんなでどぇれぇ活躍したんじゃのぉ。もっと世間には褒めて欲しいもんよ」

「サイバアさんはちょっと自分を美化しすぎだったがな。っていうか、いちばん頑張ったのはキッチンカーたちとマグロカモたちだぜ」

「チームワークの力ですよ。とにかくその後、しばらくして台風はおさまり、ポカポカシティもジャバジャバシティも復旧。これにて一件落着、ということでお話は終わりです」

「では、報告書の聞き取りは以上になります。皆さまご協力ありがとうございました。あとでこちらでまとめて提出することになります」

「ホントにこんな報告でええんかの？　アタシが悪態ばっかりついてたことしかわからんけどのぉ」

「それだけわかれば十分だろ」

「災害のときに何があったか、整理された情報より、こうしたストーリーで理解できた方が、わかりやすい部分もありますよね」

「まぁ、とにかく無事に台風を乗り越えられたんだから、祝いましょう！　もうあれから一カ月ですよ。月日が経つのは早いですね……」

「しかしあんときは、こうして無事にみんなで食卓を囲めるなんて思わんかったよ。あんときボロボロだったヘンゼルの培養肉なんてほとんど復活してるしのぉ」

「食卓を囲むって言っても、4個体いるうちの半分は充電してるだけだけどな」

「とはいえ、いつもよりも〈食べてる感〉はありますね。なんてったって高電圧の有線給電ですから。ふだんのワイヤレス給電では味わえない刺激はある気がします」


「しかし、いつから、電気をうまそうに感じさせる文化ができたんでしょう。すごい発明ですね」

「でも機械も人も一緒に食べるのって意味ないんじゃないかい？　非効率じゃよ」

「バアさんだって、人工内臓向けにカスタマイズされた食事を食べるの以外、ホントは非効率なんだろ？」

「つい最近まで、人間はコミュニケーションする食材を嫌悪していましたし、効率性なんてむしろ度外視されていましたよ」


「というか、実は人間も機械も、みんな光を食べて生きているという意味では、同じなんじゃないでしょうか？」

「突然なに言い出すんじゃ？　電気スプーンやら電気椀やらで、バーチャルに美味しさを感じ取ることが増えてるけど、そげんことか？」

「澄子さんの言ってることは、もっと哲学的なことじゃねーの？　人間は、光合成してる植物や、それを食べた動物を食べてるよな」

「で、機械は、電気を摂取しています。そんな意味でしょうか？」

「そうそう。だいたいそんな感じで言いました。この食卓も、みんなで光を囲んでいるって考えると、なんかオシャレじゃないですか？」

「アタシゃ、光なんかを食らうより、溺れながら波を食らっとる方が好きだのぉ」

「サイバアさん、光も波だぜ」

「じゃあ、みんな波を食べてるってことでいいかもしれませんね」

「お、そんな話をしていたら、皆さんそろそろ食べ終わりましたかね？」

「いやぁ、ばり美味しかったよぉ。勇気さんの料理は絶品だね」

「今度はオレの肉が復活したときにパーティーを開いてくれよ。美味しい肉を提供すっからさ」

「またぜひ、みんなでご飯を食べましょう！　僕たちの両親もまた皆さんに会いたいと言っていましたし、次回は我が家でぜひ！」

「じゃあ、そろそろ復興されたまちを元気づけに行きましょうか？」

「そうじゃな。アタシらがタッグを組んで幸せにできる場所は、色々ありそうだからの」

「それではご一緒に……」

「ごちそうさまでした！」

多種多様な研究を、社会像の中に位置づける

岡山を舞台にした、斬新な「食の未来」を描いた物語、いかがでしたか？

大量にヘンテコなテクノロジーが登場して、色々とびっくりされたんじゃないかと思います。

このプロジェクトでは、クラレがこれから進める研究や、その研究の先に生まれる新規事業の未来像を「食」と「パーソナルケア／ヘルスケア」という2つのテーマで考えることが目的でした。ここで示した作例は「2050年の食」をテーマに僕が執筆を担当したもので、「パーソナルケア／ヘルスケア」はSF作家の麦原遼さんが執筆しています。

ワークショップは計5回実施し、前半3回がSFプロトタイピング、後半2回がSFバックキャスティングのワークショップになっている点は、先ほどの例とほぼ同じです。

ただし、先の例は人事研修が目的だったのに対して、クラレの目的は「新しい研究アイデアの創出」でした。

そこでこのプロジェクトでは、ＳＦ思考のワークショップと並行して、関連技術の実現可能性や市場性、要素技術の開発状況などにまつわる三菱総研によるリサーチを並行して実施しています。

ワークショップでは、データをあえて考慮せずにアイデア出しを行う一方で、小説としてまとめる際にはリサーチから得られた知見を盛り込んだり、ワークショップを受けてそれをまた書き直したり……という行ったり来たりを繰り返しながら作っていきました。

この作例で執筆者として意識したのは、**「大量の研究アイデアと、その可能性を、色んな側面から見せよう」**というものです。

クラレが扱う素材や技術、ならびに研究者が出した未来の研究開発のアイデアは多岐にわたっていて、一つ一つがものすごく専門的です。

それらが組み合わさることで、社会を大きく変えるイノベーションにつながっていくのですが、個々の研究を見ているだけでは、なかなかその全体像はイメージできません。

こうした研究の広さと深さを、ストーリーとして示したい。そう考えました。

シンクタンクとの共同作業ということもあり、小説は成果物のごく一部に過ぎません。別途、リサーチ結果も含めた報告書とセットで納品しています。

小説というアウトプットだけでは、プロジェクトの全貌がわからない。これは、ＳＦ小説とＳＦプロトタイプの大きな違いです。こうした部分にもちょっとだけ意識を向けていただくと、SFプロトタイピングの奥深さを想像しやすくなるかなと思います。

ここまで2つの事例、楽しんでいただけたでしょうか？
それぞれの形式にも注目してみて下さい。

「超ホームセンター文明のひみつ」は、架空の発掘調査の報告書形式、次の「波を食う」は、架空のインタビュー形式です。

パート1でお話ししたように、SFプロトタイプの書き方や形式は自由です。
皆さんもぜひ、自分の書きやすい方法で、気軽になにか書き始めてみて下さいませ！

第5部のまとめ

- SFプロトタイピングの作品化で最も大切なのは、テキトーに書き、テキトーに書き終わること
- 自分で書くことにこだわらずとも、自動生成AIなども積極的に活用して良い
- 最も伝えたいことを意識して作品に仕上げられれば、書き方や形式は自由

※1 これだけ書くと、僕自身オモテに出る仕事をしていないように見えますが、原作担当漫画や共著小説が紙媒体やウェブ媒体に掲載されたり、単独で書いたSFプロトタイプ小説が企業のサイトに掲載されたり、企業の研究紹介を目的とする学会誌連載漫画の原案担当を任されたり、といった業績はあります。創作スタイル、発表スタイルを自由にできる世の中で、「単独名義の小説が書籍になる」ことにこだわりがない僕みたいな書き手はたくさんいると思います。

※2 この比較は、少しフェアではないとは思いつつ書いています。人気がないSFプロトタイプの書き手と、人気小説家を比較したら、完全に逆になるので。ただここでは、プロとアマの境界は曖昧だということ

を理解していただくために、こういった書き方をしています。

※3 空想都市へ行こう！ https://imgmap.chirijin.com/

※4 Radical Ocean Futures https://radicaloceanfutures.earth/home#about-project

※5 ちなみにこの「鼻行類」のWikipedia記事も一部がパロディになっていて、あたかも鼻行類が実在するかのような記述の作り込みがされていて面白いので、ご興味ある方はぜひ調べてみて下さい。

※6 クリエイティブ・コモンズ・ライセンスについて詳しくは、クリエイティブ・コモンズ・ジャパン（CCJP）のサイトを参照のこと。「CCライセンスとはインターネット時代のための新しい著作権ルールで、作品を公開する作者が『この条件を守れば私の作品を自由に使って構いません。』という意思表示をするためのツールです。」「CCライセンスを利用することで、作者は著作権を保持したまま作品を自由に流通させることができ、受け手はライセンス条件の範囲内で再配布やリミックスなどをすることができます。」 https://creativecommons.jp/

※7 アナログハック・オープンリソース https://w.atwiki.jp/analoghack/

※8 欧陽脩が友人の謝希深に語った言葉として、『帰田録』に登場する。

※9 ＴＲＰＧキャラクターランダム生成プログラム https://trpggasuki.com/trpg/sw2_maker.php

※10 疑似個人情報生成 http://hogehoge.tk/personal/generator/、個人情報テストデータジェネレーター https://testdata.userlocal.jp など。

※11 Brandon Sanderson on Writing Science Fiction and Fantasy https://

www.youtube.com/watch?v=-6HOdHEeosc、「Brandon Sanderson-318R-#1（Course Overview）」https://www.youtube.com/watch?v=N4ZDBOc2tX8

※12 「くみまち」とは、カインズが展開しているまちづくり活動「くみまち構想」から取ったキーワードです。

第6部

未来ストーリーを「つかう」

――フィクションを要素分解し、現実とのリンクを探す

INTRODUCTION

素材が良くても、料理が下手ならまずくなる

「予測が合っていても、解釈で間違うことはあるんですよ」

早稲田大学大学院経営管理研究科（ビジネススクール）教授の池上重輔《いけがみじゅうすけ》さんにこう言われたとき、色んなことが腑に落ちたのをよく覚えています。

早稲田大学を会場にした、日産財団の高校生向け講座で講師を担当した日の話です。この講座のまとめ役が池上さんで、講座を一通り終えた1日の最後に質問コーナーがありました。高校生がいきなり質問するのは難しいかも、ということで、まずは場を温めるためにも僕が口火を切って池上さんに質問してみる、という流れになったんです。そこで、僕は池上さんにこんな問いを投げかけてみました。

「未来を考えようとするとき、過去を参照することにどれだけ意味があるのでしょう？　過去のデータから予測できること、予測できないことはどう違うのでしょう？」

池上さんは、未来を統計的に予測するさまざまなプロジェクトを手がけています。多方面の

研究者や経営者にインタビューをしてデータを集め、未来を予測しているのです。もちろん池上さんは単にデータに詳しいだけではありません。未来についてめちゃめちゃ鋭い考えを持っている方です。その池上さんが、過去のデータを未来に活かすことについてどう考えているか、聞いてみたかったんですね。

その答えが、冒頭に掲げた言葉です。続けて池上さんは、こんな話をしてくれました。

「少子高齢化が進んだ結果、今の日本にはさまざまな課題があふれています。働き手が減っているのに、福祉や介護の費用はどんどん増えていくのですから。では、このような事態は予測されていたでしょうか？

実は1989年の時点で『高齢化で人口が減る』ということはデータを見れば明らかでした。でも、『高齢化によって日本は成長する、それがイノベーションの鍵だ』と解釈する人もいました。

つまり、事実として何が起きるかを正しく予測できたとしても、データの見方、解釈の仕方を間違えると、そこから起きる課題や問題をまったく予測できないことがあるのです」

なるほど！　と僕は思いました。そしてこれは、SFプロトタイピングにも言えることだなぁ、とも思いました。

とても面白いSF作品やビジョンが作れたのに、とんでもなくツマラン読み方、使い方をしようとしてしまう——。

そんなケースをたくさん見てきただけに、その問題の根深さはよくわかります。

僕はこれまで、数多くの企業や自治体のSFプロトタイピングに関わってきましたが、たいていの場合、とても喜んでもらえます。それもそのはずで、実際に「ワークショップはとても楽しい」のです。

体験を共有することでチームがまとまったり、組織の目的が明確になったりして、ワークショップの前後で空気が変わるのを、何度も目の当たりにしてきました。前向きで創造的な空気が生まれることは、それだけでも大きな成果です。こうした創造的な空気から生み出された未来像も、だいたいはとても面白い。問題はその先です。

第3部でも強調したように「未来をつくる」と「未来をつかう」は別物です。面白い未来を現実につなげていくためには、「SFバックキャスティング」のプロセスが必要なのです。

それは、ここまで説明してきた、SF的なプロットやビジョンの作り方とは、また別の難しさがあります。でも、せっかく面白いフィクションができたなら、それだけで終わらせずに、作品そのものを現実に引き寄せる「バックキャスティング」までやり切ってほしい。そう僕は思っています。

そこで第6部では、まず、バックキャスティングの難しさについて解説し、その後、乗り越え方について解説していきたいと思っています。

PART 1

バックキャスティングのコツ

バックキャスティングをはばむ2つの壁

第2部でも触れたように、「SF思考」とは、発想を遠くに飛ばして未来像を描く「SFプロトタイピング」と、その未来像を現実に着地させる「SFバックキャスティング」をセットにした概念です。

しかし、このバックキャスティングのプロセスで迷走してしまう企業は少なくありません。

僕も、こんな相談をこれまで何度も受けてきました。

◉SFプロトタイピングは大成功だったけど、できた作品をどう使えばいいかわからない。
◉爆誕したディストピアSF、こんなの企業のビジョンとして発信できません……。
◉宇宙人が出てくるようなSF映画、現実に役立てろっていっても無理ですよね？
◉SFでひらめいたって人はいるんだろうけど、それは生まれながらの発想力ありきじゃないの？

フィクションと現実の間に立ちはだかる、越えられない壁――。

多くの人がぶち当たるこの壁は、実は二重になっています。

ひとつは、**フィクションの世界観と現実の世界観を隔てている「テーマの壁」**。

もうひとつが、**フィクションの舞台になっている未来と、僕たちが現実に暮らしている現在を隔てている「時間の壁」**です。

SFバックキャスティングのプロセスでは、この2つの壁を取り除き、両者のギャップを丁寧に埋めていくことが求められます。どんなにエキサイティングな未来像を作っても、そうして現実に着地させなければ、宝の持ち腐れ、絵に描いた餅になってしまうのです。

もう少し噛み砕いて説明してみましょう。あなたがSF映画を見て、そこに登場していたガジェットがとても魅力的だったから「こんな商品が作りたい！」と思ったとします。でも、今の技術で再現するのは不可能だとします。どうすればいいでしょうか？

形だけそっくりの「おもちゃ」みたいな商品を企画しても、あまり面白いものにはなりませんよね。かといって、ものすごい巨費を投じてゼロから研究開発します！　なんて絵空事のような企画を立てても、まず実現しないでしょう。前者は「テーマの壁」を越えられていないし、後者は「時間の壁」を越えられていない。いずれも「未来のガジェットを、現実の、現在の世界にフィットするように翻案できていない」、つまり「バックキャスティングできていない」ということになります。

しかし、SFプロトタイピングの手法がさまざまに語られるようになった一方で、バックキャスティングの手法は、まだあまり語られていません。

その大きな理由は、「これ！」というシンプルな手法を示しにくいということがあります。

僕自身が企業のSF思考案件に関わる場合も、SFプロトタイピングについては、短期的なイベントを数多く実施してきましたが、バックキャスティングのプロセスでは、外部からコンサルタントとして関わりながら、それぞれの目的に合わせて長期的に進めていくケースがほとんどでした。

そこで、この第6部では、誰もが「バックキャスティングの2つの壁」を乗り越え、さまざまなケースに汎用的に使える、手軽なSFバックキャスティングの方法論をさまざまに示したいと考えています。

「フォアキャスティングの呪い」という落とし穴

具体的な手法に入る前に、SF思考を活用するときの「落とし穴」についても触れておきたいと思います。それは**「フォアキャスティングの呪い」**です。

遠くを見ようとして、なぜか足元ばかり見てしまう。変化を起こそうとして、なぜか現状を肯定してしまう。**バックキャスティングをしようとして、なぜかフォアキャスティングばかり**

してしまう……という落とし穴にはまってしまうケースが少なくないのです。

よく、「SFプロトタイピングはバックキャスティング的な手法だ」といわれます。ビジネスにおける未来予測の手法としてよく使われる**「マクロトレンド分析」**などは、**現在をスタート地点にして未来を予測する**のに対して、**SFプロトタイピングは、いったん荒唐無稽な方向に発想を飛ばすことで未来像を描き、未来というスタート地点から逆算して、現在からの道のりを浮かび上がらせるアプローチ**だからです。

しかし、SFプロトタイピングさえすれば、自動的にバックキャスティングができるわけではありません。肝心の「未来のプロトタイプ」をフォアキャスティング的な発想で作ってしまうと、創造的なバックキャスティングのポテンシャルが得られないのです。

よく色々な人がやりがちな「ダメパターン」は、こういう感じです。

①　**マクロトレンド分析**で、次に来そうなムーブメントを予測する
②　**萌芽事例調査**で、ムーブメントを席巻しそうな技術やビジネスを探す
③　**未来年表**を作成し、ムーブメントがどうなっていくかを考える
④　**シナリオプランニング**で、ムーブメントが作り出す未来パターンを複数考える
⑤　S**Fプロトタイピング**で、未来パターンのひとつをフィクション化する
⑥　**ビジョン・事業案**を、フィクションの中から抽出する

どこがどうダメなのでしょうか？

最大の問題はズバリ、「順番」です。

最終目標である「ビジョンや事業案の策定」に向けて、SFプロトタイピングを活用するのはいいのですが、その手前でフォアキャスティング的な手法をガッツリ使って、さんざん議論をこねくり回してしまっています。

最初の「マクロトレンド分析」は、ビジネスの方向性を見きわめるための未来予測によく使われる手法です。「地球温暖化」や「高齢化」のように、個人や企業がコントロールできないマクロな外部環境が、10年後、20年後にどう動いているか。その大きなトレンドを、政治、経済、社会、技術など、さまざまな切り口で把握しようというものです。

こうした確度の高い未来予測をふまえて、トレンドに沿った事業や技術の萌芽事例を探し、有望そうなものから優先的に未来年表に落とし込んでいく。さらにシナリオプランニングで選択肢を分岐させて複数の可能性を想定する……。

このように、フォアキャスティング的な手法で「ありそうな未来の姿」を絞り込んでから、最後に「SFプロトタイピングでビジョンを作ろう！」となる。このタイミングで僕にお声がけをいただいたりすることもあるのですが、正直、ここまでガチガチに未来の可能性を狭めてからSFプロトタイピングをやっても、ワクワクするビジョンや事業案が生まれてくる可能性は低いと言わざるを得ません。**未来があらかじめ一定の範囲に押し込められたところからスタートするので、発想が遠くに飛ばない**のです。

マジメな人、マジメな会社ほど、この落とし穴にはまりがちです。段階的に可能性を絞り込んでいくアプローチはビジネスの王道ですから、順序立てて論理を積み上げて正解を探したくなる気持ちはよくわかります。でも、フォアキャスティングな議論を材料にしてフィクションを作ろうとしても、萌芽事例調査で探してきた既存のアイデアの延長線上にある「古びた未来」に、想像力がとらえられてしまいます。

確かに、現状を肯定したいならそれでもいいかもしれません。しかし、イノベーションをもたらしてくれる斬新なビジョンは生まれてこないのです。

ボールは遠くに飛ばした方が、バックキャスティング効果が高い

これをどう変えれば「良いパターン」にできるでしょうか。

僕は、こんな順番をいつも提案しています。

① **SFプロトタイピング**で、考えたい未来よりも先の未来まで発想を飛ばす
② **シナリオプランニング**で、そこに至る道すじを複数のパターン作る
③ **未来年表**をユーザー目線で作成し、途中段階で起こるできごとを考える

④ **萌芽事例調査**で、既存のアイデアとどう接合できるか調べる
⑤ **マクロトレンド分析**で、ムーブメントにどう乗れるかを考える
⑥ **ビジョン・事業案**としてまとめる

①–⑤がさっきと逆順になっていることがわかりますよね。
最大のポイントは、未来の可能性を狭めることなく、いきなりSFプロトタイピングをやってしまうことです。そしてその後、すべてのプロセスをバックキャスティングで実施していきます。

具体的に説明してみましょう。

SFプロトタイピングで描いたブッ飛んだ未来像ありきで「シナリオプランニング」をやってみると、ブッ飛んだ未来の複数の姿が見えてきます。そこから逆算して未来年表を作れば、「まさかとは思うけど、こうなったらめっちゃオモロイな！」とか「あり得なくはないけど、一歩間違えたら人類滅亡やん……」みたいな、SFっぽい未来のエピソードがどんどん架空の年表に書き込まれることになります。

こうした未来像を前提にしつつ「実は萌芽的な事例はもう生まれているんじゃないの？」というバックキャスティング的な視点で「今ここ」の現実を眺めてみると、想定外の「未来のタネ」が見つかったりするのです。こうした「論理を超えた気づき」は、ビジョンづくりや、力を注ぐべき事業案を策定するためのヒントをもたらしてくれます。

ＳＦプロトタイピングが「現実から発想を飛ばして、別様の未来を立ち上げる手法」だとすれば、ＳＦバックキャスティングは「未来を土台にして、別様の現在を立ち上げる手法」です。

企業のプロジェクトとしてＳＦ思考に取り組む場合は、こうしたバックキャスティングは、数カ月の長期スパンで進めることが多いです。ただ、ムダに時間をかけるより、一気に思考サイクルを回してから、じっくり考えることも重要だと思います。

そこで次のパートでは、こういった「未来をつかうＳＦバックキャスティング」の思考法を、誰でもできる短期集中型ワークショップに落とし込んでみました。

読者の皆さんがひとりで実施できるような思考法になっているので、ぜひ皆さんも本書を読みながら、自分なりに想像した未来の使い方を考えていってみて下さいね。

PART 2

未来ストーリーを「つかう」SFバックキャスティングワークショップ

SF的な未来像を「今ここ」に引き寄せる！

SFバックキャスティングワークショップ〈汎用形〉

このパートでは、具体的に僕が考案したワークショップの手順を解説します。

本ワークショップは、SFという形式で描かれたフィクションの中に自ら入り込み、それを「自分ごと」として捉えるためのワークです。**テーマと時間という「2つの壁」に隔てられた世界の手触りを確かめ、ビジョンをぐっと「今」「ここ」に引き寄せる**のです。

先ほども触れたように、本来なら時間のかかるバックキャスティングのプロセスをギュッと濃縮したものですが、だからこそ流れに乗って面白い発想が出やすいというメリットがあります。未来と現在を猛スピードで行き来しながら、気持ちや思考が揺さぶられる楽しさを感じてほしいと思っています。

事前準備として、バックキャスティングしたい未来ストーリーやビジョンを用意し、メンバー全員がそれを読んだり見たりして内容を共有しておきましょう。それが映画や小説などの作品である場合は、具体的な年号が設定されていないことが多いと思いますが、ワークショップ用に、ターゲットの年号を明確に決めておきましょう。ここでは仮に2060年と設定して話を進めたいと思います。このストーリー／ビジョンが成立している2060年の世界観をさまざまな角度から考察し、具体的に描かれていない細部を考えていくのが、ざっくりしたワーク内容となります。

基本的にはSFプロトタイピングの後工程として実施することを想定していますが、必ずしも自分たちでプロトタイピングしたSFを題材にしなくても構いません。

というか、むしろ**「自分たちで作っていない」ストーリーをバックキャスティングした方が、思い込みにとらわれることなく想像を広げやすい**ので、面白いものが生まれやすくなります。複数のチームでSFプロトタイピングに取り組んだ場合は、**作品を互いに入れ替えて、SFバックキャスティングに取り組んでみる**のもいいでしょう。

もちろん、SFプロトタイピングとは完全に切り離して単独で実施してもOKです。話題のSF映画、人気のSFコミック、魅力的な他社のビジョンなど、さまざまな未来像を使って、どんどんバックキャスティングにチャレンジしてみて下さい。

さて、このワークショップは「発散フェーズ」「収束フェーズ」の2部構成になっています。

これは乗り越えるべき「2つの壁」をざっくり2つに分けたからです。その意図を説明しますと、

◉発散フェーズの目標は、主に「テーマの壁を壊す」
◉収束フェーズの目標は、主に「時間の壁を壊す」

という構成にしてあるのです。

テーマの壁を壊すというのは、「フィクションと現実の壁をなくして、自分のビジネス（あるいは人生）の持ち場に引き寄せる」ことです。これには、さまざまな観点から思考を発散させ、フィクションを再検討する必要があります。

一方、時間の壁を壊すというのは、「未来と現在の壁をなくして、時間を現在に引き寄せる」ことです。これには、現在に向けてアイデアを収束させていく必要があります。

思考の熟成を促すためにも、それぞれのフェーズを別の日に実施するのが望ましいのですが、休憩をはさんで一気にやってしまうのもアリです。

発散フェーズ、収束フェーズでそれぞれ7つのステップ、計14ステップの構成になっており、各ステップは10～30分程度を想定しています。必ずしもすべてのステップを行う必要はありません。必要に応じて取捨選択をして下さい。

１チーム４～６人を想定して組み立てていますが、お気に入りのＳＦ作品を題材にして、ひとりでやってみるのもおすすめです。

それではいよいよ、それぞれのステップの説明をしていきましょう。

【発散フェーズ】テーマの壁を壊す

ステップ１　未来のあなたは、何をしている？

このフィクションが成立している２０６０年の世界に、あなた自身が暮らしていると想像してみて下さい。年齢は現在のままでもいいし、もっと若い、あるいは老いた状態を想定しても構いません。

まず、自由時間に好きなことをしている様子を思い浮かべてみて下さい。この世界でやりたいことを思いっきりやれるなら、どこで何をしているでしょうか？　今の自分の趣味（旅行、読書、スポーツなど）が、この未来でどう変化しているかを考えたり、子どもの頃にやってみたかったことなどを思い出すと、発想の糸口をつかみやすいはずです。

続いて、平日の姿もイメージしてみましょう。今の職種や立場はいったん捨てて、この世界だからこそ実現する仕事や働き方をイメージするのがポイントです。これまでの人生ビジョンとの相違点も考えてみましょう。

ステップ2　未来の社会は、どうなっている？

フィクションを成立させている2060年の社会像をより正確に捉えるために、住宅、店舗、学校、交通機関などの社会インフラがどんな形になっているかをイメージしてみましょう。作品中にそれらがまったく登場しないとしても、作中の描写から類推してイメージを埋めていきます。

たとえば、駅はまだあるでしょうか？　あるとしたら、今の駅とどう違うでしょうか？　そこにはどんな設備がありますか？　それは、何のためにそこにあって、どんな素材、どんな部品でできているでしょうか？　絵に描くつもりで、詳細に想像してみて下さい。

今あなたの部屋の身の回りにあるモノを書き出してみて、未来社会にあるかどうかをマルバツで考えてみてもいいでしょう。

ステップ3　未来のビジネス①——あなたの会社は何をしている？

2060年に、あなたの所属している会社（会社以外の組織でもOK）がまだ存続しているとすれば、どんな事業を展開しているでしょうか？　収益をどこから得て、何に支出しているでしょうか？　実際に今取り組んでいる事業や、すでに構想している事業は外して下さい。ここまで考えてきたフィクション世界の社会状況で必要とされるであろう新しい事業を考えるのがポイントです。

続いて、競合についてもイメージしてみましょう。現在の競合とはまったく違う存在が台頭しているに違いありません。彼らはどんな強みを持っているでしょうか？　逆にあなたの組織はどんな点で彼らよりも有利でしょうか？

ステップ4　未来のビジネス②——ビジネスコンテストでプレゼンする

ステップ3までで出てきた事業案から、有望なものをいくつか選んでブラッシュアップしてみます。プロジェクトとして名前をつけ、提供価値とターゲットを設定し、ビジネスプランとしてまとめるのです。

これを、2060年の未来に開催されたビジネスコンテストにエントリーしたつもりで3分程度のピッチ（短いプレゼンテーション）にまとめましょう。現在のビジコン出場者ではなく、2060年のビジコン出場者になりきるのが大切です。

複数チームで取り組んでいる場合は、他チームのビジネスプランのどこが面白いか、自分たちのビジネスとシナジーがあるとしたらどこかを互いに考えてみましょう。

ステップ5　未来のビジネス③——未来とのギャップを把握する

さまざまなビジネスプランをここまでに考えたと思いますが、これはあくまで未来のビジネスであり、現代社会には存在していません。未来社会で有望なビジネスが、なぜ今はまだ実現していないのでしょうか？　実現をはばむボトルネックを具体的に考えてみて下さい。

ここで重要なポイントは「要素分解」です。あなたのビジネスは、どのような要素がどう組み合わさって成り立つものなのか、分解して考えるのです。そしてどこがどう足りていないのか、どの要素が現代では実現できないかを考えます。

何らかのテクノロジーが開発されれば良いのでしょうか？　法律が変われば良いのでしょうか？　あるいは、もっとマクロな社会環境が変化しないといけないのでしょうか？　そういった思考をして、未来とのギャップを把握していきます。

ステップ6　もっと未来にジャンプしてみる――歴史家の視点で

未来社会を別の角度から眺めるために、時間軸を一気に未来に飛ばしてみます。

２０６０年のさらに１００年後、２１６０年の人類になったと仮定して、この時代を振り返ってみるのです。各チームで考案したビジネスは人類史にどう刻まれているでしょうか？　過去の記録を調べる歴史家になったつもりで「人類史に残した価値」を評価し、寸劇のつもりでコメントしてみましょう。

これは、自分たちの事業の価値を捉え直すワークです。自分たちの仕事に短期的価値はあっても、長期的価値はないと思っている人はたくさんいます。しかし実際には、長期的価値につながるポイントがどこかにあるはずです。それを見つけてみましょう。

ステップ7　もっともっと未来にジャンプしてみる――宇宙人の視点で

さらに壮大な目線を獲得するために、1000年後の未来に飛んでみましょう。

このときすでに人類は滅亡していて、地球は廃墟になっているとします。そして、あなたは、さまざまな惑星の文明を調査するために地球に立ち寄ったエイリアンです。発掘作業をしていると、各チームのビジネスの痕跡を発見します。地球文化について何も知らないエイリアンの目線から見ると、それらのビジネスは、どんな意味づけをされるでしょうか？

いったん宇宙規模まで視野を広げると、発想のジャンプ力が高まります。自分とまったく違う存在になってみることで、自分たちのビジネスがまったく別の意味づけをされる可能性について思いを馳せてみるのです。

【収束フェーズ】時間の壁を壊す

ステップ8　「別様の未来」と、その手前の「分岐点」を考える

「収束フェーズ」の最初にやることは、「別様の未来」の想像です。これ、少しややこしいので、ちゃんと説明します。

ここまでで皆さんは、色々なビジネスアイデアを、元のストーリーとは別に考えてきましたよね。

このビジネスアイデアが発展したときに、元のストーリーとは別のパラレルワールドが展開する可能性というのを考えてほしいのです。

同じ技術や同じガジェットがあったとしても、使い方や発展の仕方次第で全然違う世界が訪れる可能性があることを想像してみる、ということです。

特に、元のストーリーがポジティブだったらネガティブな世界を、逆に元のストーリーがネガティブだったらポジティブな世界を想像してみて下さい。その世界ではどんな法律があり、どんなアートがあるでしょうか？

そしてまた、なぜそのような未来になったのでしょうか？　ポジティブとネガティブを分けたタイミングはいつで、そこで何が起こったのでしょうか？

現在〜2060年に至る時間軸のどこかに分岐点を設定し、どんなできごとが起きたかも設定してみましょう。

ステップ9　「分岐点」を生きる社員の1日を考える

次は、この分岐点を深掘りしていきます。

2060年までに、ネガティブな未来を回避し、ポジティブな未来を実現させるには、その手前でどんな対策を取るべきでしょうか？

ここでは大きな社会的な対策を考えるのではなく、分岐点として設定した年（仮に2040年とします）の一市民としての目線で、何ができるかを考えてみて下さい。

そしてそれを、あなたの会社（や組織）のメンバーの1日のタイムスケジュールに落とし込んでみて下さい。何時に出勤し、どんな仕事をして、いつ帰るか……。また、業務上でどんな困難に遭遇する可能性があるか、トラブルの例をリストアップしてみましょう。

ステップ10　あなたの会社は、どうして潰れたのか？

社員が頑張ったとしても、残念ながらあなたの会社は2060年までには潰れてしまった——という悲しい未来が訪れたとします。潰れた理由や経緯を考えてみましょう。

いつ、どんなタイミングで、なにが致命傷になって潰れたのでしょうか？　事件、災害、とばっちり、判断ミスなど、考えられる理由を挙げてみましょう。

また、自分が倒産に立ち会った社員だったとして、それまでを振り返って同僚同士でどんな会話を交わすでしょうか？　その内容を考えてみて下さい。

「そもそも○○が潰れたきっかけだよねえ」「あのとき、○○していればこんなことになってなかったのに……」「○○を選ぶべきだったのに△△を選んじゃったんですよね」といった感じで、メンバー全員が参加する会話劇として演じてみましょう。

ステップ11　未来年表を作ってみる①――妄想ベースで

フィクション内のキャラクターやガジェット、ここまでに考えてきたビジネスや社員といった存在には、どのような過去や歴史があるでしょうか？

実際に起こる可能性は度外視して、突飛な妄想を積極的に年表に起こしてみて下さい。ここで重要なのは、大きな社会への視点というよりも、個人や個々のプロジェクトが何を経験してきたか、という視点です。

ＳＦ映画の長寿シリーズ『スター・ウォーズ』シリーズの第1作は１９７７年公開の『エピソード４』でした。その後、22年も経った１９９９年に、登場人物の過去が明らかになる『エピソード１』が公開されています。これをお手本に、未来像から振り返って、それがスムーズに成り立つ過去のエピソードを考えてみましょう。

ステップ12　未来年表を作ってみる②――情報ベースで

ステップ11で作った年表に、今度は「不可避な未来」を加えていきましょう。ここでは、ステップ11とは違い、実現可能性の高い未来のできごとを考えていきます。「南海トラフ地震の発生」や、「平均寿命が１００歳を超える」といった、社会的影響が大きい変化と捉えるのです。その際、なんとなく考えるのではなく、シンクタンクなどが発表している未来予測[※1]などを参考にしてみると、精度が上がります。

ただ、ここにも注意点があります。それは、単にそういった未来予測を並べるだけでなく、それがキャラクターやガジェット、事業プランなどにどう影響してきたかもあわせて考えることです。巨視的な予測をしっかりと個人の視点に結びつけることが、SFバックキャスティングのミソです。

あわせて、そういったできごとが自分や自社にとってビジネスチャンスになるのか、脅威になるのかも考えてみましょう。

ステップ13 萌芽事例を探してみる

未来のビジネスの解像度が上がったところで、すでに何らかの形でそのビジネスの萌芽が見られないかを探してみます。

もちろん、そのものズバリのビジネスはないはずです。でも、目的意識を持って検索すれば、将来的につながりそうな研究が進んでいたり、論文が発表されていたり、特許が取られていたり、周辺産業のスタートアップが立ち上がっていたり……といった事例がきっと見つかります。

事例を見つけるコツは、未来のビジネスに関連するテクノロジーやニーズのキーワードに、「スタートアップ」「研究」「論文」「特許」などのワードをかけ合わせて検索すること。日本語だけでなく、Google Scholar（学術論文検索サイト）で英文検索すれば、世界中の関連論文も簡単に見つかります。英語が苦手でも大丈夫。今は無料翻訳サイトが充実しているので、概要ぐらいはすぐ把握できます。

インスピレーションを刺激する情報が見つかったら、URLをリストアップしておきましょう。

さらに、未来のビジネスで扱う商品やサービスに真っ先に食いつきそうなユーザーがいないかどうかも検索で調べてみましょう。特に「エクストリームユーザー（製品やサービスの極端な使い方をしている人）」を考えるのが大事なポイントです。たとえば次世代の通勤手段を考えるときに、今、新幹線通勤をしている人を参考にしてみる、といった形です。

ステップ14　未来に備えて、仲間を集める

未来のビジネスの輪郭がかなりはっきりしてきました。

ここで考えたような未来のビジネスに取り組むためには、現状のリソースでは、きっと足りないと思います。

そのギャップが、今、自分や自社に不足している要素を考えるヒントです。未来のビジネスの一端を担うために、あなたは今、どう動くべきでしょうか。

また、社内のどんな部署と連携すれば良いでしょうか。あるいは、社外のどのような企業（あるいは研究機関、資格保持者、専門家）などと連携すべきでしょうか。学生だったら進学先を

どう選ぶべきか、どういう資格を取るべきか、どこに行けばどういう友人を作れるかなども考えると良いと思います。

　ここで重要なのは、自分の強みや現状のリソースが何かを考えることではなく、自分の苦手なポイントを今後どうカバーしていけるかを考えることです。

　こうした議論の先に、自分や自分の所属組織が「種まき」として今始めるべきことをまとめて、発表してみましょう。


　以上で各ステップの説明は終わりです。どうでしょう、自分でもできそうでしょうか？　なんとなく考える方針が見えた！　という方は多いと思うのですが、一方で「製品開発に活かせる方法はないのかなぁ」とか「ＳＦバックキャスティングで題材にできる作品ってかなり現実的なＳＦに限られるのでは？」という感想を抱いた方もいるかもしれません。

　ここからはそんな疑問に応えるべく、僕が考案したＳＦバックキャスティングワークショップのアレンジ例を２つ紹介します。

〈汎用形〉ワークショップとも適宜組み合わせつつ、さまざまに応用していただければと思います。

PART 3

SFバックキャスティングワークショップのアレンジ例

フィクションのガジェットからヒントを得る

〈架空ガジェット分類〉

まだこの世に存在しない、画期的な製品やサービスを開発したい——。

そんな思いに応えるべく考えたアレンジが、こちらになります。

この方法論では、単一のフィクションではなく複数のフィクションを見ていくのが、大きな特徴です。


SFを中心としたフィクションには、技術開発に先行して潜在的なニーズが表現されているので、実際の製品開発においても参考になることがあります。

実際にSFに登場するガジェットが現実の世界で製品・サービス化される事例は少なくあ

りません。有名なところでは、電子書籍リーダーの代名詞となっているAmazonの「Kindle」は、ニール・スティーヴンスンのＳＦ小説『ダイヤモンド・エイジ』から着想を得たという例があります。この小説に登場する、ＡＩを搭載したインタラクティブな本、「初等読本（プリマー）」をモデルとして開発がスタートし、開発中のコードネームには、「Ｆｉｏｎａ（フィオナ）」という、本作の登場人物の名前がつけられていたくらいです。

研究者の中には、そういった効能を考え、フィクションの中に登場するガジェットやインタフェースを整理した論文を発表している人もいます。[※2]かくいう僕自身も、ＳＦに登場するＡＩの調査を行っていました。[※3]

こういった方法論をメソッド化したのが、本アレンジです。

ステップ1　テーマに沿ってフィクションを探す

まず、研究・開発をめざすジャンルのフィクションにどのような作品があるのか、ざっくりリストアップしていきます。ここではまだ、実際に考えたいガジェットがそのフィクションに登場するかどうかは考えなくても良いでしょう。その際、各種検索エンジンはもちろん、雑誌の特集に収録されている書評や映画評なども参考になります。たとえば自動車の未来を考えたかったら、カーチェイスが登場するアクションＳＦ映画を調べるのが良いでしょうし、ＶＲの未来を考えたかったら「ＳＦ小説　ＶＲ」などのキーワードで検索すると良いと思います。

ステップ2　フィクションの中に登場するガジェットの収集と分類

次に、リストアップしたフィクションをざっとチェックしていき、考えたいガジェットが登場するかどうか、もし登場するならどのような特徴があるかを調べていきます。

ここでは、特徴は大きなカテゴリとその中のサブカテゴリなどに分類していくのが良いでしょう。たとえばガジェットの操作方法、形状、インターフェースのデザイン、製品コンセプト、材質、機能など、さまざまな性質をざっと分類していくのです。

こうした調査では、ＳＦの評論家や研究者に協力を仰ぐのも手です。僕自身、「新しい○○を研究・開発したいのでＳＦにおける○○の描かれ方を収集・分析してくれ」といった案件をよく依頼されます。そこまで大規模にできないという場合、ＳＮＳで広く意見を募ってみても良いでしょう。誠実に目的を示していれば、色々な人が協力してくれると思います。

ステップ3　実在するガジェットの収集と分類

フィクションの調査と並行して、現実に存在するガジェットや、過去に存在していたガジェット、企業が構想を発表しているガジェットの特徴も調べていきましょう。

そして、その特徴を、ステップ２と同様に分類しましょう。

ちなみに、分類しにくい特徴や、カテゴリの整理から漏れるような特徴を深掘りしていくことも重要です。特に、フィクションと実在とで、分類方法を一緒にできないところはどこかなども考えてみましょう。そういったところにイノベーションの芽があったりします。

ステップ4　フィクションにしかない特徴を実現

ステップ2で集めたデータと、ステップ3で集めたデータを見比べましょう。すると、フィクションの中には存在するけれども、実在しないガジェットの特徴にはどのようなものがあるかなど、「差」が見えてきます。

これを利用することで、これから作るべきガジェットの方針が立てられます。たとえば、フィクションでよく描かれている特徴というのは、みんながほしいと思っている特徴かもしれません。しかしそれがまだ現実世界にないとしたら、作る価値はあるでしょう。

あるいは、フィクションでもあまり触れられていない特徴があるかもしれません。そういった特徴は、まだ人々が気付いていない新しい価値になり得ます。それをいち早く現実に作ったら、話題になるでしょう。

逆に、自社で作ろうと考えている技術がまだフィクションに登場していないであろうことがわかったら、ＳＦ作家と組んでその製品をフィクションに登場させるようなＳＦプロトタイピングをしてみても良いかもしれません。

以上が**〈架空ガジェット分類〉**でした。ちょっと難しそうな方法だなぁ、と思われたかもしれませんが、色々なSFを調べてみるだけでも楽しいので、遊びのつもりで取り組んでいただければ嬉しいです。

では次に「SFバックキャスティングで題材にできる作品ってかなり現実的なSFに限られるのでは?」という疑問に答えて、ファンタジー的な作品からでもバックキャスティングができる方法論をお話ししたいと思います。

魔法にロジックを与える〈ファンタジーバックキャスティング〉

先ほどの「SFバックキャスティングワークショップ〈汎用形〉」の紹介では、具体的に2060年の未来が舞台のSFを題材にすることを前提にしていました。でも、SFって、第1部で解説したように、もっとファンタジー的なものもあるわけですね。たとえば『ドラえもん』だって、けっこうファンタジー寄りで、「科学的」かというと疑問に思われる方もいるかもしれません。さらに、SFは平行世界、パラレルワールドを扱ったものも多く、そうなると舞台となる年代は「今」だったり「過去」だったりします。でも、そういった作品がバックキャスティングに向いていないかというと、そうではないというのが、僕の意見です。どんな作品も勝手に未来として捉えて、テーマの壁と時間の壁さえ突破してしまえば、現実に引き寄せることはいくらでも可能なのです。

そこで応用として、ファンタジーからバックキャストする方法論を考案してみた、というのがこのワークショップになります。

そもそも、ファンタジーとSFってどう違うのでしょうか?

ファンタジーというと、『ハリー・ポッター』シリーズや『指輪物語』などの海外作品をイメージする人が多いのですが、『鬼滅の刃』や『ONE PIECE』のような日本のマンガもファンタジーといっていいと思います。あるいは『ドラゴンクエスト』や『ゼルダの伝説』といったゲームもファンタジーですね。

さて、**SFとファンタジーの違いのひとつは、「物語内の架空のモノやコト」に対する態度**にあります。同じ題材を扱っていても、非現実的な物事を科学的に説明しようとすると「SF的」と言われます。それに対して「謎の力」が登場するのに、その理屈は深く掘られないと「ファンタジー的」と言われます。

しかし、魔法と科学の違いは、実はそれほど明確ではありません。今の科学技術も、もし中世の人たちが見たら魔法でしょうし、僕たちが未来社会をのぞき見たら、そこで暮らす人々が魔法使いに見える可能性は十分にあります。

では、ファンタジーにおける「超常現象」に着目して、それをSFにおける「ガジェット」のように無理やり説明していこうとしたら、どうなるでしょう？

なぜこの杖は強いのか？　その怪物の能力をもし科学的に説明しようとしたら？　魔法や超常現象、呪文など、科学で説明がつかないものに無理やり説明をつけていくのです。エンターテイメントとして楽しんでいるこれらの作品が、実は現実を考えるためのヒントになるんですね。

こうしたプロセスをメソッド化したのが、このワークショップになります。

ちなみに、パート2まで紹介していた「SFバックキャスティングワークショップ〈汎用形〉」とは違い、このワークの内容はビジネス寄りではなく、どちらかというと日常寄りです。あまり難しいことまで考えず、中高生世代にも気軽に実施してほしいなと思っているからです。皆さまもぜひ、仕事的な脳ミソから離れて、楽しむつもりでこの思考を試してみて下さい。

ステップ1　バックキャスティングするアイテムを選ぶ

まず、小説でも映画でもアニメでもゲームでもいいので、魅力的な世界観を持つファンタジー作品を選びます。そして、作中に登場する理屈では説明できないアイテムを選びます。魔法や、特別な力を持つ呪文、パワーのあるアイテムや動物など、何でも構いません。

ステップ2　それを使ったいたずらを考える

このアイテムを使って、面白いいたずらを考えてみましょう。そのいたずらを特に迷惑に感じる人は誰でしょうか？　そのいたずらを防ぐためには、アイテムにどのように制限がかかると良いでしょうか？　いたずらがバレた人になりきって謝罪会見も演じてみましょう。

ステップ3　このアイテムを使った実験を考える

このアイテムを使ったら、どういう実験ができるでしょうか？　学問的な方法論で、そのメカニズムをどう解き明かすことができるでしょうか？　科学的な視点でそのアイテムを見直して、できることを考えてみましょう。

ステップ4　このアイテムが未来に実現するとしたら？

魔法も超常現象も、地球の物理法則に従っていないように見えます。しかしそれは、現在というフィルターを通して見ているからであって、実は未来の技術では再現できるのかもしれません。たとえば「手から火が出てくる」みたいな能力でも、ライター機能のついた小さな爪を装着すれば可能かもしれないですよね。そうやって科学的に実現できそうな部分を考えていくのです。

ステップ5　魔法世界のゴミと不足物を考える

この世界では何が余っていたり、何がゴミになっているでしょうか？　また、この世界では何が足りていなかったり、何が必要とされているでしょうか？　ＳＤＧｓ的な観点で、魔法や超常現象を見直してみましょう。

ステップ6　今あるテクノロジーと組み合わせる

もしこのアイテムが現在の地球に現れたとして、今ある別のテクノロジーと組み合わせたら、どのようなことが可能になるでしょうか？　新しい可能性を考えてみましょう。

以上で、2つのアレンジ例の紹介がすべて終わりました。どれか試してみたいと思えるアレンジはあったでしょうか？

さて、実はまだまだＳＦバックキャスティングの方法論はたくさんあります。

次のパートでは、僕自身が考えた方法論ではなく、ユニークな友人の取り組みを僕の方で簡単に整理したものを、いくつか紹介していきたいと思います。

PART 4

まだまだある！ SFバックキャスティング

架空のビジネスを数字に落とし込む
〈SF損益計算書〉

まず最初に紹介するのは、ビジネスパーソン向けの手法です。SFに登場する特定のガジェットに注目し、そのビジネスモデルを考え、「損益計算書」を作るという、めちゃめちゃ実践的なものです。

損益計算書とは、年間の企業の経営成績を示す書類のこと。これにすべての収入金額と、すべての支出金額を記載して、その差額から「いくら儲かったか、あるいはいくら損したか」を明らかにします。この書類を、架空のガジェットについても作ってみよう、というのが本手法の提案です。

といっても、経験もナシにいきなりそんな書類を書くのは無理！ って皆さん思われると思います。なので、この手法ではだいぶプロセスを噛み砕いて、順番にやればそれっぽく考えられるというエッセンスだけをワークショップ化しています。

これを編みだしたのは、三菱総合研究所のシニアプロデューサーの藤本敦也さんです。第4部で紹介したSFプロトタイピングワークショップ〈汎用形〉を一緒に開発した仲間ですね。

藤本さんと2人で最初にSF思考のメソッド化を考えていたとき、まず未来ストーリーを書いて、そこに登場するビジネスについて考えるというのを色々なパターンで試していました。そのとき、脳にAIチップを埋め込んで知能を高めた〈エンハンスト犬〉というガジェットを2人で考え、「これってビジネスとして成り立つでしょうかね？」と雑談していたら、藤本さんがさまざまな試算を元に「損益計算書」を作ってくれました。実際に数字で埋められたシートを見て、ガジェットのリアリティが一気に増して感動したことをよく覚えています。

藤本さんはビジネスコンサルタントとして、新規事業やスタートアップのコンサルティングを日常的に手がけています。そして「そのビジネスモデルで本当に成長できるのか」という視点で、本物の事業計画にビシバシとツッコミを入れている立場です。だからこそ、SFに見慣れないガジェットが登場すると、「これってどういうロジックでビジネスが成り立っているの？」とつい考えてしまうといいます。

どんなに素晴らしいビジネスアイデアも、コストに見合う対価を支払ってくれるお客さんがいなければ、世の中に普及させることはできません。架空のビジネスに数字という論拠を与えるこの方法は、バックキャスティング力をぐっと高めてくれます。

そんな藤本さんの方法論を、僕の方で聞き出してステップに整理したので、ぜひ皆さまもビジネスコンサルタントになったつもりで、この方法論を試してみて下さいませ。

ステップ1　SFのガジェットの、ビジネスモデルを問う

SFに面白そうなガジェットが登場していたら、とりあえず「それってどんなビジネスモデル？」という問いを立ててみましょう。

ビジネスモデルとは「誰に（顧客）、何を（価値）、どうやって（手段）、どのように（収益モデル）提供するか」という仕組みのこと。そのガジェットがビジネスとして成り立っているとしたら、この4つの要素がきちんと噛み合って、収益が生まれているはずです。

ステップ2　ビジネスの主体は誰？

そのガジェットをビジネス化したのはどんな会社でしょうか？　その会社にはどんな強みがあって、他にどんなビジネスを手がけているかを考えてみます。

ステップ3　市場規模を見積もってみる

自社がどのように関わるにしても、最低10億円ぐらいの市場規模がなければビジネスとしての成長が見込めません。ざっくり「ターゲットの人口規模×ガジェットを利用する人の割合×利用頻度×利用量」で求めてみましょう。

ターゲットの人口規模は、ステップ1で想定した顧客像を元に、人口動態予測などでだいたい推定できます。これより増えるか減るかは、未来の世界観にかかってくるので、ここはひとまず不確定要素としておきましょう。

問題は、そのうち顧客になってくれる人がどれぐらいいて、対価としていくら支払ってくれるかです。現実の新規事業なら対象者にアンケート調査すればいいのですが、未来人からアンケートを取るわけにはいきません。そこで、現在の類似サービスに置き換えて推定することになります。

類似サービスを想定するときのポイントは、「見た目の類似性」より「解決できる困りごとの類似性」に着目することです。現在において同様の困りごとを解決しているサービスに、ターゲット層がどれぐらいの支出をしているか、がひとつの目安になります。

ステップ4　バリューチェーンを設計してコストを算出

どんなビジネスでも、自社のリソースだけで成り立たせるのは不可能ですから、原料の調達から顧客への価値提供まで、他社とのパートナーシップを結ぶ仕組みを構築しなければなりません。また、自社においてはどのような投資が必要で、維持費がどれだけかかるのかも見積もってコストを明らかにします。

ステップ5　サービスの価格を決める

コストと、ターゲット層の困りごと解決価値を考慮し、サービスに値付けします。

柱となるビジネスだけでは収支のバランスが取れない場合、そのリソースを活用して、別の顧客層に横展開できそうなサービスについても考えます。

ステップ6　マクロ環境を考える

ここまで想定した以上にこのビジネスが成長する可能性があるとしたら、経済環境や社会情勢などにどんな変化があることが望ましいでしょうか？

起こり得る非連続な変化を考えてみましょう。

以上がSF損益計算書を考える手法でした。

ＳＦ映画の大道具・小道具を勝手に作る！

〈ＳＦ映画を手がかりにしたデザイン教育プログラム〉

次に紹介するのは、大阪芸術大学講師、木塚あゆみさんの方法論です。

こちらは手を動かしてイメージを形にしたい方におすすめのワークショップになります。

木塚さんは、『ブレードランナー』や『スター・トレック』などのＳＦ映画を活用して、エンジニアやデザイナーをめざす学生向けのデザインワークショップを考案・実践しています。[※4]

内容はとてもユニークです。人気のＳＦ映画の監督から「この映画の追加シーンを撮影することになったから、世界観に合った大道具（小道具）と、その使用シーンをプレゼンせよ！」という指令を受けたと仮定して、プロトタイプを実作するというもの。

ＳＦ映画を鑑賞し、作品世界に入り込んで世界観を理解し、画面に映っていない部分まで妄想し、ガジェットのアイデアを次々に出して形にしていく……。デザイナーに求められる問題発見力、発想力、表現力が高められるよう工夫された楽しいワークショップです。

以下の３ステップを３日間で実施するのが基本形ですが、ステップ１を各自の事前課題にすれば２日間に、さらにステップ３のプロトタイプづくりを省略してアイデア段階で発表するようにすれば、１日だけのプログラムにアレンジ可能です。

ステップ1　ＳＦ映画を鑑賞しながら、作品世界をスケッチする

課題となるＳＦ映画は、ただぼーっと眺めるのではなく、映像をよく観察し、スケッチしながら鑑賞します。手を動かしながら細部を観察することで「この人の持ってる荷物って何？」とか「この部品、何の意味があるんだろう」といった疑問に気づきやすくなります。

木塚さんいわく、ここでの大事なポイントは、もし作中に整合性の取れない表現が出てきたとしても、冷笑的に切り捨ててしまわず、前向きに発想を広げること。

たとえば、ハイテクな未来という設定なのに、ブラウン管ＴＶなどが出てきたりすると、「昭和か！」などとツッコミたくなりますよね。でも、それで終わると思考もそこで止まります。ひとまず表現をまるごと受け入れて、「レトロなのは見た目だけで、実はすごい技術を搭載した超新型ディスプレイかも」などと、前向きに想像をめぐらせてみることから、発想が広がります。

ステップ2　映画の世界観に没入し、「妄想出し」でアイデアを広げる

ここからはチームワークです。まず、作品世界を深く理解できるように、大きな紙に要素を書き出してみたり、登場人物名を書いたふせんを相関関係通りに貼ってみたりして、作品世界を俯瞰できる箱庭（模型）を作ります。

この箱庭を眺めながら妄想を広げて、ガジェットのアイデアを出していきます。「映画の登場人物は大人ばかりだけど、子どもたちはどう過ごしているのだろう?」など、見えないところに想像をめぐらすと、発想力も鍛えられ、世界に対する理解も深まります。

ガジェットのアイデアは、図にタイトルと説明を添えたシートにまとめてたくさん出していきます。そして、アイデア同士を組み合わせたり、ブラッシュアップしながら、プロトタイプ用のアイデアを絞り込んでいきます。

ステップ3　実寸プロトタイプを制作し、使用シーンを演じる

アイデアの中からひとつ選んで、段ボールなどで「実物大」のプロトタイプを作ります。実物大にすれば、「使い勝手が悪い」とか、「圧迫感をおぼえる」とか、実感のこもった使用体験を得ることができます。段ボールのような雑な素材で作ることもポイントで、テクノロジーの制約に縛られず、あるべきデザインから発想したプロトタイプが作れます。

プロトタイプが完成したら、寸劇形式のプレゼン（アクティングアウト）で使用シーンを実演します。モノとしての完成度だけでなく、いかに映画の世界観にマッチしたガジェットになっているかも評価のポイントです。

近年、ビジネスの現場に浸透している「デザイン思考」では、現実を観察し、ユーザー視点で課題を見つけ、それをデザインで解決していくことを重視します。しかし、「使う人の立場に立って課題を解決する」といっても、思い込みや常識に邪魔をされ、課題をありのままに捉えるのはなかなか難しいことです。

このワークショップで「ＳＦ」という非現実を現実に代入することで固定観念から自由になれるよう工夫されています。そして、あるがままを観察することで、発想が飛ばしやすくなるのです。

書かれていない背景を勝手に考える

〈穴埋め式ＳＦ発想法〉

最後に、フィクションに描かれていない背景をどう見つけて、どうアイデアを取り出すかの参考になる、ユニークな考え方を3つまとめて、第6部を終わりにしたいと思います。

この発想法に気付いたきっかけは、僕がメンバーである「ＡＩ×ＳＦプロジェクト」の企画で、ＡＩ研究者の方々にＳＦからの影響をインタビューしたことでした。研究者の方々のＳＦの見方を聞いて、これはバックキャスティング的な発想法としてまとめられるぞ、と思ったのです。もとになったインタビュー記事は『ＳＦマガジン』に「ＳＦの射程距離」として連載していたので[※5]、もしご興味ある方はぜひ当時の記事を読んでみて下さい。

その1　情報が欠落した部分を想像する

ＳＦにはキャラクターや敵がたくさん出てきますが、その背景や過去がすべて説明されるわけではありませんよね。特にゲームやアニメなどでは、「モブキャラ」と呼ばれる細かい設定のないキャラクターがたくさん出てきます。そういったものの背景を妄想するという考え方です。

これは、ゲームＡＩ研究者である三宅陽一郎《みやけよういちろう》さんの考えを参考にしています。三宅さんは小さい頃からゲームが好きで、「電源を切っている間にキャラクターは何をしているのか」を考えていたそうです。まさにゲームＡＩ研究者になっていく思考のあらわれですね。また、昔はＴＶの画質が悪かったり、いつ放送されるかわからなかったりしたことで、断片的にしか物語を追えなかったときに、自分で物語を考えていたと言います。今もアニメを6話→2話→9話みたいな変な順番で見ることがあるそうで、そこから間を想像する楽しみがあると、三宅さんは仰っていました。

変わった鑑賞方法ですが、長大なシリーズアニメなどもサブスクで見られる今だからこそ気軽にできるし、チャレンジしてみる価値がありそうです。自分で存分に妄想してから「答え合わせ」をしてみても面白いと思います。

その2　アニメやドラマのオープニングやエンディングから考える

ＳＦというと、ストーリーや、その中で描かれるガジェットに注目が集まりがちです。でも実は、ＳＦを構成する要素はそれだけではありません。映像作品ならオープニングやエンディングもありますし、本ならカバーイラストがあったりします。こういったものから想像をふくらませて、ストーリーに描かれなかった部分を想像するのも手です。

これは、ロボット研究者の梶田秀司《かじたしゅうじ》さんの考えを参考にしています。

梶田さんは小さい頃、アニメの『マジンガーZ』が好きで、特にエンディングに描かれているマジンガーZの設計図が気になっていたと言います。足のところに大きいコイルばねが入っているのを見て「ばねが要るのかな」と考えていたとのことでした。梶田さんはロボットの歩行の研究者ですから、これが将来に繋がっていくひとつのきっかけになったのかもしれません。毎週放映される作品ならオープニングやエンディングは何度も流れますし、このような見方でアニメをじっくり考察していくのも良いのではないでしょうか。

その3　ぬいぐるみやグッズから考える

ＳＦ作品というものはさらに、グッズやフィギュアなどにまで拡大した存在になっていることもあります。たとえば『仮面ライダー』シリーズなどの特撮は、変身ベルトなどの売上が、シリーズを支える大きな要素のひとつで、売れるグッズをどう作るかという構想ありきで企画も立てられているわけです。こういったグッズも、SFを考える材料のひとつです。もととなる作品がない玩具やぬいぐるみから想像をふくらませても良いでしょう。

これは、ヒューマンエージェントインタラクション研究者の米澤朋子《よねざわともこ》さんの考えを参考にしています。

米澤さんはぬいぐるみを研究対象に使っていて、ぬいぐるみの心を音楽で表現する研究をしていたりします。「もしぬいぐるみに機嫌があったら」といったことを考えていらっしゃると仰っていて、これもまたSF思考だ！　と思いました。

以上で第6部は終わりです。

ここまで紹介してきたワークショップや思考法を使って生まれるアイデアを、ぜひ未来を見通す糸口にしていただければと思います。

次の第7部では、SFを現実化させる方法を紹介します。

第6部のまとめ（用途別　おすすめ「SFバックキャスティング」）

⧗ゼロベースで、未来から逆算した今やるべきことを見出したい
↓SFバックキャスティングワークショップ〈汎用形〉

⧗新しい製品やサービスを作るために何をすべきか考えたい
↓〈架空ガジェット分類〉・〈ファンタジーバックキャスティング〉・〈SF損益計算書〉・〈SF映画を手がかりにしたデザイン教育プログラム〉

⧗なるべくハードルの低い「SFバックキャスティング」を実践したい
↓〈穴埋め式SF発想法〉

※1 生活総研「未来年表」https://seikatsusoken.jp/futuretimeline/や、ディー・フォー・ディー・アール株式会社「未来コンセプトペディア」https://www.d4dr.jp/fcpedia/などが参考になります。

※2 https://www.researchgate.net/publication/275964337_An_Open_Catalog_of_Hand_Gestures_from_Sci-Fi_Movies
https://www.researchgate.net/publication/300545073_Sci-Fi_Gestures_Catalog
https://www.researchgate.net/publication/311857360_Towards_an_

Agenda_for_Sci-Fi_Inspired_HCI_Research

※3 https://link.springer.com/article/10.1007/s12369-022-00876-z

※4 https://www.jstage.jst.go.jp/article/jssd/62/0/62_142/_article
https://cir.nii.ac.jp/crid/1390001288047268864

※5 今回の発想法のもととなった3つの記事は、どれも僕が聞き手のひとりで、構成も担当しています。

第7部

未来ストーリーに「なる」

――フィクションから生まれたアイデアを現実化する

INTRODUCTION

あなたのすぐそばにフィクションが広がっている

「未来ストーリーをつくったら、やっぱり現実にしていくことが大事だと思うんですよね。第7部では、**フィクションを現実化しようって話をしたいんですよ。世界をフィクションで書き換えちゃうう**っていうか、**自分自身がフィクションになる**っていうか……」

「まぁ、ジョギングのついでにうっかり宇宙に行ったり、平安時代に行ったりすることはありますよね」

「え、小林さん、それ一体どういう意味ですか……？」

第7部を書き始めるにあたって（本書内における、まさに「今」です）、本書の構成ライターの小林直美《こばやしなおみ》さんと僕は、こんな会話を交わしました。

小林さんはジョギングが日課で、だいたい走りながら耳にイヤホンを突っ込んで何かを聴いているのだそうです。

「最近はもっぱらAudibleで本を聴いてて、中国ＳＦの『三体』三部作は、ほとんどジョギングしながら聴いちゃいました」

「なんとなく、小林さんの言いたいことがわかってきた気がします。**フィクションと現実が重なってくる**ってことですね？」

「はい。目では近所の風景を見てるだけなのに、耳からはずっとSFが聞こえてくるわけじゃないですか。どうしても目の前の風景とSFが結びついちゃうんですよね。めっちゃ普通の住宅街でも、私の脳内では『この橋は国連の瞑想室』『この壁は冥王星の地下の入口』とかになっちゃってるんで、そのあたりに来るだけで、ついルオ・ジー博士になっちゃって、地球の命運を左右する決断をしそうになるんですよ」

「では、平安時代というのは？」

「Audibleにはまる前は、放送大学をよく聴いてて、特に島内裕子《しまうちゆうこ》先生の『日本文学の名作を読む』[※1]が大好きで……」

「ほうほう」

「清少納言が『枕草子』のあとがきに、真っ白い紙の束に、めっちゃワクワクして言葉を埋め尽くした！　みたいなことを書いてる、ってエピソードが解説されてるのを走りながら聴いてむちゃくちゃ感動したんですよね。で、今も、それを聴いた場所を走ったら絶対に思い出して、自分も原稿頑張ろう！……って気分になるという」

「なるほど。それって**自分の中で、世界をちょっとだけ書き換えてる**ってことですよね。すごく面白い話です……」

日常的な風景が、宇宙になったり、平安時代になったり。

フィクションを現実に重ねると、世界が書き換わります。

空間に言葉を乗せて、現実の意味をちょっと変える——。実はそんな商品やサービスって、意外に世の中に存在しています。

最近、面白いなあと思ったのが、「HOTEL SHE, KYOTO」という京都のホテルが期間限定で実施した**「詩のホテル」**という企画です。

ホテルの部屋に入ると、壁に、枕に、クッションに、シャンプーに……と、色々な場所に詩が投影されたり、印刷されたりしていて、宿泊客は詩に包まれて時間を過ごせるというものです。テキストは詩人の最果《さいはて》タヒが、この企画のために書き下ろしたものだそう。VRなどのデジタル技術を使わなくても、バーチャルな世界に入り込める面白い仕掛けです。

では、コンビニで手渡された**レジ袋に、小説**が印刷されていたらどうでしょう?

レジ袋が有料化される直前の2020年6月、メルカリとナチュラルローソンがコラボして「読むレジ袋」という試みが行われました。作者は、伊坂幸太郎、吉本ばなな、筒井康隆の3氏というのですから贅沢です。

レシートに小説が載せられた例もあります。2016年に、SF作家の田丸雅智《たまるまさとも》のショートショート集『夢巻』が文庫化されたことを記念した企画で、三省堂書店で文庫を買った人には、数百字で完結する超短編SFが掲載されたレシートが渡されました。

パンに小説を書いた人もいます。SF作家の甘木零《あまきこぼる》は、2020年にTwitterで「#食パン小説」という実験的な試みをしていました。子ども用の教育誌『小学一年生』の付録「アンキパンメーカー」を使って、パンに文学を印刷しようというのです。

これに反応したのが『100文字SF』の北野勇作《きたのゆうさく》です。北野が18字のマイクロノベルをTwitterに投稿し、それを甘木がパンに焼き付ける……。

「ぼくは、どこにでもあるごくふつうのしょくぱんです。」から始まる小説がトーストに浮かび上がる写真を見たとき、僕はとても不思議な気持ちになりました。パンが自分語りをしているように見えたからです。

ふだんなら存在すら見過ごしてしまうような小さなモノ、当たり前のモノに、フィクションの言葉が乗ると、そこに奇妙なスキマが現れて、現実がちょっと攪乱《かくらん》される——。それは、現実を異化するための手軽な方法だし、新たな視点をもたらしてくれるのです。

第6部までは、「SF思考」を実践する思考プロセスの枠組みとして、ワークショップを中心に、さまざまな手法を紹介してきました。学校の友人や会社の同僚と一緒に（もちろんひとりでも!）、ぜひチャレンジしてみて下さい。いつもと違う思考プロセスを試すだけで、きっと色んな発見があると思います。

ただし、ワークショップをやったからといって、現実が動くわけではありません。ワークショップも、フィクションの制作も、それだけでは現実と隔絶した非日常のイベントです。あえて強い言葉でいえば「机上の空論」なのです。

では、空論を現実に変えるためにはどうすればいいのでしょうか。フィクションを血肉化し、外部にアウトプットするには、どんな方法があるでしょうか。

フィクションは、なかなか現実と遠いところにある気がしてしまいます。また、あなた自身がそうは思っていなくても、まわりの人はなかなかそう理解してくれなくて、協力が得られないということもあると思います。そんなとき、どう世界を動かし、フィクションをどう現実に重ね合わせていくべきなのでしょうか？

そのためのヒントとして、第7部では、第6部までのステップを助走にして、未来にジャンプする方法をあれこれとお伝えしたいと思います。

PART 1

あなたの中の「SF」を解き放とう！

「憧れの人はSFの登場人物」が可能性の扉を開く

【SFのキャラクターをロールモデルにしよう】

メイ・ジェミソンという人物をご存じでしょうか？

1992年にケネディ宇宙センターから、スペースシャトル「エンデバー号」に乗って宇宙へ旅立った、「アフリカ系アメリカ人女性」としての初めての宇宙飛行士です。そしてもうひとつ、SF宇宙ドラマの古典『スター・トレック』※2に出演した初めての「本物の」宇宙飛行士、というユニークなキャリアを持つ人物でもあります。

『スター・トレック』と彼女の縁はそれだけではありません。そもそもジェミソンが宇宙飛行士を目指したきっかけが、このドラマでした。中でも彼女の憧れの存在は、宇宙船「USS

エンタープライズ号」で活躍する女性乗組員、ニヨタ・ウフーラ。初回から長年にわたって、黒人女優のニシェル・ニコルズが、このウフーラ役を務めていました。

『スター・トレック』のTVシリーズの放映が始まったのは1966年。当然ながら、現実世界に黒人女性宇宙飛行士はまだ存在していません。

それどころか、フィクションの世界でも、黒人女優の役どころといえばメイドばかり、というステレオタイプがまだまだ強かった時代です。そんな中、宇宙飛行士として颯爽《さっそう》と働くウフーラの姿は、幼いジェミソンにどれほどの勇気を与えたことでしょう。[※3]

『スター・トレック』の時代設定は23世紀頃の未来。深宇宙への進出を果たした人類は、さまざまな異星人とのコンタクトに成功しており、宇宙船では、性別や人種はもちろん、出身星すら異にする多様なキャラクターが活躍しています。[※4] 本作には、属性の違いを超えた人々が協力し合う未来が描かれている——。だからこそ前途ある少女に、素晴らしいロールモデルを提供できたのです。

「ロールモデルを置こう」と考えたら、多くの皆さんは「自分の理想の生き方をしている有名人」とか「お手本になる憧れの先輩」とかをイメージしますよね。でも有名人も先輩も、言ってみれば「先行事例」です。まったく新しい道を切り拓《ひら》こうとするとき、その道における先生は存在しません。

そこで、**SFのキャラクターにロールモデルを探して真似してみよう**、と僕は薦めたいのです。

ちなみに僕自身、研究者を志した原点を探ってみると、子どもの頃に見た映画『バック・トゥ・ザ・フューチャー』のドクの姿にたどり着きます。ドクに限らず、SFには色んなタイプの「変な科学者」が登場するので、SFがきっかけで研究者をめざしたという人は、僕の周りにたくさんいます。

作ったSFプロトタイプや既存のSFからロールモデルを探して真似をしていく――。そんな観点で作品に触れてみると、思わぬ形で未来の自分に出会えるかもしれません。

【SFに出てくる架空の職業をめざそう】

宇宙飛行士は現実に職業として存在しますが、SFには架空の職業もたくさん登場します。そういった**架空の職業になろうとする**のも、ひとつの手です。

たとえば、アイザック・アシモフが50年にわたって書き継いだ壮大なSF叙事詩『銀河帝国興亡史（ファウンデーション）』シリーズには、ハリ・セルダンという学者が登場します。

セルダンは、架空の学問「心理歴史学」の研究者であり、創始者です。これは、数学的手法で未来を予測するという、自然科学と人文科学を高度に融合させた学問ということになっています。このハリ・**セルダンに憧れて経済学者を志した**、と公言しているのがポール・クルーグマンです。彼は２００８年に、国際貿易にまつわる新理論を打ち立ててノーベル経済学賞を受賞していますから、確かにハリ・セルダンにいちばん近い経済学者といえるかもしれません。**「ロボット工学」**（**※英語でいう「ロボティクス」**）**もアシモフが生み出した言葉**ですが、今となってはロボット工学者がたくさん生まれていることを思えば、いずれ心理歴史学者もポピュラーな存在になるかもしれません。

第４部で紹介した「ＳＦプロトタイピングワークショップ〈汎用形〉」でも、架空の職業を考えようと提案しました。既存のＳＦの中に登場する架空の職業をめざすということは、自分の手でオリジナルな未来を作るための、とても有力な方法だと思います。

めざすだけでなく、勝手に名乗ってみても構いません。僕も「応用文学者」「科学文化作家」「ＳＦコンサルタント」といったオリジナル肩書きを勝手に名乗っていますが、今、文学を現実に応用する方法を多くの人に紹介するこんな本を書いているのも、肩書きがそういう仕事をたくさん呼んでくれた結果、という側面もあります。**思い切って名乗ってしまえば、それに応じた仕事が来る**のです。

さらに、「職業や肩書きを勝手に作る」という方法は、個人でやるだけでなく、会社として組織ぐるみでやればもっとインパクトが強まります。

「地位が人を作る」なんて言い方を聞いたことがあると思いますが、オリジナルな役職を作る

だけでも、

◉その組織に必要な人物像が明らかになる。
◉「こんな人を採用しよう」とか「こんな才能を持つ人を抜擢しよう」という機運が生まれる。
◉いつの間にかそれに賛同する人が集まってくるようになる。

といった変化が生まれ、会社が望む方向に進んでいきます。

近年、日本企業にもCEO（Chief Executive Officer＝最高経営責任者）や、COO（Chief Operating Officer＝最高執行責任者）といった、経営者の責任範囲を明確にした役職名が浸透してきました。この「CxO」にはたくさんのバリエーションがあって、ちょっと変わった責任範囲をあてはめたユニークな役職を作る会社も増えています。

たとえば、バイオテクノロジー企業のユーグレナはCFO（Chief Future Officer＝最高未来責任者）という役職を作っていて、ここには18歳以下の子どもが就任することになっています。業務は「会社と未来を変えるためのすべて」。面白いですよね。SF思考的な取り組みだなあと思います。

SFプロトタイプとあわせて、企業内に役職を作ってしまったり、オリジナル肩書きを名乗ってみたり、ぜひ遊ぶような気持ちで名乗りを上げてみて下さいね。

フィクションを現実にバラまこう

【エイプリルフールに、SFみたいなウソをつこう】

2012年4月1日、Googleが発表した動画が話題になりました。「Introducing Google Maps 8bit（グーグルマップ 8 ビット版のご紹介）」[※5]というタイトルのその動画は、開発者のピッチにデモ映像をはさんだ、いかにも「IT企業のプレゼン動画」風の形式です。ただし内容は大ボラ。ファミコンにカシャッとカセットを差し込んで使える、8ビット版Google Mapsを新サービスとしてローンチした、というのです！

皆さんお気づきのように、もちろんこれは、エイプリルフールの粋《いき》な試みでした。ただ、ウソといってもさすがはGoogle、手の込んだチャレンジをしていました。本物のGoogle Mapsにも「ぼうけん」ボタンが加えられ、押すとビット絵風の地図が閲覧《えつらん》できるようになっていたのです。地図を拡大すると、ところどころにドラクエ風のモンスターが隠れているという凝《こ》ったつくりで、これはファミコン世代を熱狂させました。

さらにGoogleは、2年後の2014年のエイプリルフールにも、Google Mapsを使ったネタを投下します。今度の動画は「架空の人材募集」。Google Mapsを相棒に世界をめぐり、各地に生息するポケモンをつかまえた優秀なポケモンマスターをGoogle社員として採用するという架空の告知です。この時もGoogle Maps上に「ポケモンチャレンジ」というゲームがちゃんと用意され、実際にプレイできるようになっていました。

話はここで終わりません。この企画でGoogleと任天堂が連携したのをきっかけに、現実にリンクした地図とポケモンを組み合わせたARゲーム『ポケモンGO』の企画が生まれました。その後、このゲームが世界的にヒットしたのは、皆さんもよくご存じの通りです。

今や世界中で愛されているゲームが、エイプリルフールのホラ話から始まった——。これはまさしくSFプロトタイピングです。というわけで、僕はエイプリルフールを「SFプロトタイピングの日」と勝手に捉えています。

ちょっとした失言も、炎上すれば巨大な損失につながりかねないSNS時代。ビジネスにおける「コンプライアンス（法令や規則の遵守）」の優先順位は上がる一方です。ウソの告知なんて許されるはずがありません……エイプリルフール以外は。

だから毎年、4月1日をめざして、真剣にウソを考える大人がたくさんいます。そう考えるだけでなんだか楽しくなってきませんか？　そして『ポケモンGO』の例でもわかる通り、それがすべてフィクションのままで終わるわけでもありません。ウケが良かったら現実に商品化されることもあるし、企業イメージや株価が上がったりもします。

僕の身近なところでは、友人のライター・編集者である矢代真也《やしろしんや》さんが2016年4月1日に『WIRED』に書いたルポ風のホラ記事が印象に残っています。※6 日本の銭湯文化に感銘を受けたフランス人起業家が「お風呂のシェアリングサービス」という架空のビジネスを始めて、「お風呂のAirbnb」として世界に広げようとしている……というホラ話を、ビジネス記事風に書いたものです。

中身はまったくのウソなんですが、ウソだから役に立たないかというと、そんなことはありません。「シェアリングビジネスはどこまで可能か？」「入浴文化が社会に与える影響は？」「海外からの観光客を迎えるとき、どんな配慮が必要か？」など、現実に接続できる論点がたくさん含まれているからです。

エイプリルフールにSFみたいなウソをつくことも、立派なSF思考です。ブッ飛んだ面白いウソは、周囲からさまざまな反応を引き起こし、妄想のビジョンの進化を誘発します。４月１日は、「ウソから出たまこと」「ひょうたんから駒」がしょっちゅう起こる特異日です。

読者の皆さんも、ＳＦプロトタイピングで変なフィクションができたら、エイプリルフールに発信してみて下さい。思わぬ化学反応が起きて、びっくりするような楽しい未来がやってくるかもしれません。

【まちをＳＦ空間に見立てて人を呼び込もう】

エイプリルフールから生まれたゲーム『ポケモンGO』は、AR技術を使って現実世界を半分ファンタジーに変えてしまう……という意味でも面白いゲームです。日常空間にいきなりピカチュウやイーブイが飛び出してくるわけですから。

もちろん、色んな技を繰り出すポケモンも、くるくる回せるポケストップも、現実には存在しません。でも、現実空間内で「架空のキャラやモノが存在していることにする」という見立てが、人を呼び寄せる理由になります。

フィクションを融合させることで現実の人の動きが大きく変わり、ビジネスが生まれてくるんですね。

現実世界をSF的な空間に見立てる試みも、「まちおこし」や「観光客誘致」の文脈で各地に広がっています。その一例を紹介してみましょう。

例1　火星キャンプが体験できる町――中国・青海省冷湖鎮

中国青海省に、かつて石油採掘で賑わった冷《れい》湖《こ》鎮《ちん》という砂漠のまちがあります。しかし、石油資源が枯渇してしまった後、そこには、浸食の進んだ岩と一面の砂だけが残されました。その荒涼とした風景は「まるで火星のよう」と形容されることもありました。

それだけでは「何もない」というのとほぼ同義ですが、面白いのは、その「何もなさ」を逆に利用する観光施策が2017年に始まったことです。行政と民間企業がタッグを組んで「冷湖火星都市計画」が始動し、火星での生活が疑似体験できる「火星キャンプ」づくりが行われました。[※7]

「冷湖＝火星」というイメージを発信しようと、2018年には冷湖をテーマにしたSF小説のコンテストが実施されました。審査員には世界的ベストセラーになった『三体』の作者として知られるSF作家の劉慈欣《りゅうじきん》も名を連ねています。

以降、火星キャンプの体験ツアーが組まれたり、子ども向けの科学教育の拠点として活用されたり、ロケットの打ち上げ実験が行われたり……と、火星化計画は着々と進行。

中国国内でもサイエンスの拠点として存在感が高まっていき、巨大望遠鏡の建設も進んでいるとか。[※8] 着実に「宇宙に近いまち」へと進化し続けているようです。

例2　月面に降り立って、ミッションを遂行――鳥取砂丘

特定の場所を宇宙に見立ててまちを活性化しようという試みは、日本でも始まっています。鳥取県で「鳥取砂丘月面化プロジェクト」が2022年に本格的に始動したのです。

これは、鳥取砂丘と月面の類似性を生かして、宇宙関連ビジネスの実証実験ができる体制を整え、産業や観光の誘致に生かそうというもの。

プロジェクト発足に先駆けて、2021年には、夜の砂丘で月面が疑似体験できるアトラクション「月面極地探査実験A」がスタート。ARグラスをかけて、チームで協力しながら宇宙飛行士のミッションを遂行するというもので、xR（VRやARなど、現実世界と仮想世界を融合させる技術の総称）、ロボット、AIなどの技術で宇宙体験プログラムの制作を手がけるテックベンチャー「amulapo（アミュラポ）」が運営しています。

鳥取砂丘のきめ細かい砂質や土地の起伏は、もともと「月面に似ている」と言われていて、かつては月面探査車の走行試験が行われたことも。こうした動きが広がっていけば、月といえば鳥取砂丘、という新たなイメージが定着していくかもしれません。

例3　架空の都市を妄想してみる——多層都市「幕張市」／チバ・シティ

千葉市の幕張地区では、世間に流布する「勘違い」を逆手に取って、フィクションのような仮想都市を創造する試みが行われています。

「幕張」というのは、もともと千葉市内の一地区を示す名称に過ぎません。しかし、1980年代以降のウォーターフロント開発で「幕張新都心」の形成が進み、幕張メッセができ、外資系企業が集積し、国家戦略特区に指定され……と複合的な機能を備えた都市空間として発展したことで、全国区の知名度を獲得するに至りました。

その結果、「千葉県幕張市」が存在している、という勘違いが大量発生してしまったのです。ならば、あえて架空の都市名を前提にして「ありうる都市」を考えてみよう——。

そんな逆転の発想から、2019年にMETACITY推進協議会によって立ち上げられたのが、「多層都市『幕張市』」プロジェクトです。

社会実験やアートを通じて、まちづくりを思考実験していく……というこのプロジェクトのコンセプトそのものも面白いのですが、それ以上に僕が強い衝撃を受けたのが、METACITYのキックオフカンファレンスで、当時の千葉市長の熊谷俊人さん（2022年現在は千葉県知事）が、次のように語っていたことです。[※9]

市政をやっていくなかで、『ニューロマンサー』はかなり意識しながらやっていますよ。

『ニューロマンサー』とは、サイバーパンクSFの元祖といわれるウィリアム・ギブスンの小説です。その最初の舞台として登場するのが、架空のサイバー未来都市「チバ・シティ」なのです。世界中に読者がいる有名SFに登場しているという意味では喜ばしいとはいえ、このチバ・シティは「憧れの未来都市」とはほど遠いイメージで描かれています。猥雑《わいざつ》で治安は悪そうだし、犯罪は横行しているし、そもそも行政機能がまともに働いているようには思えません。でも、わけのわからないエネルギーに満ちた都市像が描写されていることは確かです。

現実の市政を行う上で、この仮想の都市像を意識しているというのは、かなり先端をいくSF思考ではないでしょうか。

「見立て」によって現実空間とSFとの接点を見出し、未来を変えていく――。

こうした視点は、これからの地方創生にとって、とても重要だと思います。

今、有名な観光地の観光資源といえば、歴史という名の「過去」にちなんだものがほとんどです。だから、まちおこしといえば「土器が出土したから、縄文のまちでいこう」とか、「お城があるから、城下町をPRしよう」みたいな、過去のイメージに依存した施策を打ちがちです。

しかし、SFとの類似点を発見すれば、目立った歴史遺産がない土地にも、ゼロから意外な付加価値をつけられることがあります。それは、**「過去」ではなく「未来」を観光資源にしていくこと**であり、未来志向のまちづくりにつながっていきます。

SFで未来に備えよう

【SF作品から、ルールを作ろう】

SFの世界では超有名な「ロボット三原則」というルールがあります。

第一条　ロボットは人間に危害を加えてはならない。また、その危険を看過することによって、人間に危害を及ぼしてはならない。

第二条　ロボットは人間にあたえられた命令に服従しなければならない。ただし、あたえられた命令が、第一条に反する場合は、この限りではない。

第三条　ロボットは、前掲第一条および第二条に反するおそれのないかぎり、自己をまもらなければならない。※10

これは『われはロボット』『鋼鉄都市』など、アイザック・アシモフの一連の「ロボットもの」の小説世界に共通するルールです。人間と、知性のある人間型ロボットが共存する架空の未来で、決して犯してはならない法律のようなものです。

アシモフの小説は、この三原則が巧妙に読者を攪乱させるように設計されていて、ミステリを成立させる仕掛けとしても重要な役割を果たしています。つまり、この項目は「この3つでぜんぶうまくいきます」と自信満々に提示されたものではなく、最初から「この3つで本当に大丈夫？」と読者に考えさせる、議論の誘発を意図したものなのです。

こういった特徴もあり、ロボット三原則は現実に少なからぬ影響を与えています。ロボットやＡＩ技術の開発にまつわる重要な論点を含んでいるとして、今もよく議論の題材になっているんですね。

たとえば千葉大学では2007年、ロボット関連の研究活動を安全に進めるために、**「ロボット三原則」を下敷きにした「千葉大学ロボット憲章」**（知能ロボット技術の教育と研究開発に関する千葉大学憲章）を制定しています。※11

このように、後世に大きな影響を与えている三原則ですが、実はこれ、アシモフがひとりで作り上げたものではありません。アシモフの担当編集者で、自身も作家だったジョン・W・キャンベルJr.が、アシモフの小説を読んで、作中のロボットが一定の規範に従って行動していることに気づいたことがきっかけだったといいます。

それを三原則として明文化したことで、アシモフの描こうとした未来の社会像がクリアになったことは間違いないでしょう。

ある物語から、その世界を支配している法則を読み取って議論し、言語化しようとしたキャンベルの姿勢には、学ぶべき点が多いと僕は思います。というのも、そういう姿勢でフィクションに接することは、新しい技術が普及したときに、あるべき運用方法を考える上でとても役に立つからです。

面白いSFを読んだとき、もしそれが「素敵な世界だな」と思ったら、その世界がどんなルールで成り立っているのかを考えてみる。逆に「ひどいディストピアだな」だと感じたら、その世界にどんなルールを導入すれば社会が良くなるのかを考えてみる。さらに、そのルールをできるだけ明快に言葉にしてみる——。

こうした思考は、実際にテクノロジーが普及したときのガイドラインづくりにも役立つし、自分の価値観を再確認し、個人の行動指針を考える上でもとても役に立ちます。

【SFでサバイバル力を高めよう】

SF作品には、ありとあらゆるピンチが登場します。

そこで、SFを活用して、自分なりの「サバイバルマニュアル」を作ってみるというのはどうでしょう?

というとバカバカしいと思われるかもしれませんが、フィクションに大真面目に備えることは、それほど荒唐無稽な話でもありません。

たとえば、**アメリカ国防総省が「対ゾンビマニュアル」を作成している**ことをご存じでしょうか。「CONOP 8888-11」という名のそのマニュアルでは、病原菌、放射能、疫病、黒魔術、ベジタリアン……など、わりと特殊なゾンビまで想定した上で細かく対策が考えられていて、謎の本気度を感じます。

実際にゾンビが襲来する可能性は限りなくゼロに近いとはいえ、「ゾンビ」という、多くの人が共通イメージを描くことのできる存在を引き合いに出しつつ、未知のリスクに襲われたときのための対策を考えておくことそのものは、実はかなり有用です。

サバイバルマニュアルを考える上で、ぜひ読んでほしいのが、高嶋哲夫《たかしまてつお》のSFです。理由を説明する代わりに、まずは著作のタイトルをご覧下さい。

『メルトダウン』(2003)、『M8』(2004)、『TSUNAMI 津波』(2005)、『首都感染』(2010)……。

え、ノンフィクション? と思うようなタイトルが並んでいますが、発表年をよく見て下さい。そう、さまざまな災害や事件を予言するかのようなSF作品を、たくさん生み出しているのです。

そのため、震災やコロナ禍が発生した後、「未来を予言していた!」と、あらためて注目されていました。しかし僕は、できごとが当たったか、当たっていないかにはそれほど大きな意味はないと思っています。それよりも、**起こりうる事態が多様なバリエーションで想定されている**ことにこそ注目してほしいのです。こうした作品を幅広く読んでおけば、実際にどう備えるかを脳内でシミュレーションするチャンスが得られる、ということこそが重要ではないでしょうか。

先に挙げた例以外にも、『東京大洪水』(2008)、『首都崩壊』(2014)、『富士山噴火』(2015)、『都庁爆破!』(2001)、『日本核武装』(2016)、『官邸襲撃』(2018)、など、まだまだ多くの作品があります。不測の事態が起きた社会の様子をのぞいてみたい……という人は、ぜひ読んでみて下さい。

歴史をさかのぼれば、１９７０年代にＳＦ大作を次々に発表し、日本の近代ＳＦを代表する作家となった小松左京も、危機的な状況における社会や政治の動きを詳細に描く「**ポリティカルフィクション**」を得意としていました。

こうした作風ゆえか、政治家や官僚にも愛読されたようで、自身による半生記『ＳＦ魂』には、**すべての政党の機関紙からインタビューや党首対談を依頼された**という驚きのエピソードが綴《つづ》られています。

アメリカには、**来るべき破滅的な危機に備えて、自給自足できる農場を持ったり、地下シェルターを作ったりする「プレッパー（準備する人）」**と呼ばれる人たちが数百万人もいるといわれています。

その狂信的なエピソードを耳にすると「それはさすがにやりすぎ……」と思うのですが、彼らの行動を「下らない」の一言で終わらせるのではなく、現実的な備えについて、ある程度は真剣に考えて行動しておくべきだと思うのです。

日本は災害の多い国です。台風、地震、水害などに日ごろから備えている人も多いでしょう。しかし、コロナ禍にも備えていた、という人はほとんどいないのではないでしょうか。人は未知の災害には無防備です。

想定外の災害が起きると、ふだん無意識に使っている都市インフラも、公共サービスも、機能不全に陥る可能性が十分にあります。それをリアルに想像したことがあるかないかで、サバイバル力に差がつきます。

ＳＦにふだんから親しみ、フィクションによってひどい未来を疑似体験しておくことは、個人にとっても、組織にとっても、これからますます大事になるのではないでしょうか。

PART 2

あなたの力で世界をＳＦにしよう

ＳＦのガジェットを実現する

【ＳＦの言葉で世界と話そう】

ＳＦ思考では、フィクションの中で未知のガジェットを作り出し、それを「実現すべきビジョンの一部」と見なして現実化しようとします。

そのために大切なアクションは、「ＳＦの言葉を使う」ことです。

試しに、日常会話に架空のガジェットの名前を持ち出してみて下さい。現実に埋め込まれた虚構の言葉は、じわじわと周囲の現実に浸透して、やがて現実の一部になっていきます。魔法のような話ですが本当です。実際に、それはこれまで何度も繰り返されてきたことです。今ではすっかり普通の名詞になった「ロボット」も「サイバースペース」も「アバター」も、もともとはSFの中で使われた架空の概念を示す言葉でした。

2020年代のバズワード「メタバース」も、ニール・スティーヴンスンがSF小説『スノウ・クラッシュ』で初めて使った言葉です。1992年にこの小説を発表したとき、彼は巻末の謝辞にこう記しています。

本書で使われている意味での〝アヴァター〟と、〝メタヴァース〟という用語を作り出したのはわたしであり、それは〝ヴァーチャル・リアリティ〟といった既存の用語が気に食わなかったからであった。（433〜434頁）※12

なぜニール・スティーヴンスンがそう考えたかの真意はわかりませんが、英語の「バーチャルリアリティ」という言葉は「実質的な現実感」みたいなニュアンスが強く、現実から離れたファンタジー世界を感じる響きではありません。一方、「メタ（高次の）」と「ユニバース（世界、宇宙）」を組み合わせた「メタバース」からは、我々の世界を超越した世界が実は存在し、我々は気づかぬうちにそこにも属しているのだという、奇妙なビジョンが感じられます。

だからこそ、シリコンバレーの起業家たちのイマジネーションを大いに刺激して、多くのITビジネスに大きな影響を与えたのでしょう。2021年には、フェイスブックの社名まで「メタ」になっています。※13 今ある言葉を新しい言葉に置き換えることは、大きなビジョンを育む種子になるのです。

もうひとつ例を挙げてみましょう。

「クォーク」という言葉をご存じでしょうか？　この世界を構成する最小単位「素粒子」のひとつで、原子の中にある、原子核のそのまた中の、中性子や陽子などを構成する粒子です。現在では存在が確認されていますが、かつては理論的に存在が予測されているだけでした。1964年に、その理論上の粒子に「クォーク」という名前をつけたのは、物理学者のマレイ・ゲルマンです。彼はこの未知の粒子の名前を、フィクションの中に求めました。

マーク大将のために三唱せよ、くっくっクォーク！※14

(Three quarks for Muster Mark!)

ジェイムズ・ジョイスの『フィネガンズ・ウェイク』の一節です。物語中では、カモメのような鳥の鳴き声とされていますが、なにしろ、言葉に多重な意味を持たせた難解な小説なので、意味を単純に決めることはできません。

しかし、クォークという奇妙な響きも、それが3回繰り返されることも、未知の粒子にぴったりであるとゲルマンは考えました。その粒子は、理論上、3個一組で出現すると考えられたからです。[※15]

SFには、現実にはまだない概念を示す新しい言葉がたくさん出てきます。逆に、聞き慣れた言葉が、全然違う意味で使われることもあります。

それが現実でも使われるようになると、言葉に引っ張られるように、現実がSFみたいに変化していくことは珍しくありません。「こういう意味で使うことにしよう」という人がひとりでもいれば、言葉に意外な意味が付け加わったり、言葉が指し示す概念の範囲は容易に変わっていきます。

言葉は生き物のようなもので、使えば使うほど、他の言葉や概念との接触や、衝突や、融合が起きやすくなり、どんどん意味やイメージが変化したり、成長したりします。絶対に意味の変わらない言葉も、絶対的に「キレイな言葉」も、絶対的に「汚い言葉」もありません。

そんな言葉の変化や進化を加速させるのは、SFというフィクションのひとつの特徴でもあります。

フィクションの中の言葉を現実で使うと、その瞬間はものすごく違和感が生まれます。でも、違和感やズレがあるからこそ、落差から新しい可能性が生まれ、思わぬイノベーションが起こります。

結果などひとまず気にせず、SFに出てきた変な言葉を、どんどん使ってみてほしいと思います。

【SFのガジェットを作ってみよう】

SFに登場するガジェットについて語るだけでも現実化の第一歩になりますが、もっといいのは、実際に作ってしまうことです。実際に目の前にモノが出現すると、「ここを改善するともっと良くなるな」とか「この形は実用的じゃないな」とか、色んなアイデアが出てくるはずです。

何も最初から精密に作る必要はありません。実際に、SFから生まれた商品やサービスも、最初は素朴なプロトタイプからスタートしたに違いありません。僕は幼稚園の頃、TVで見ていた『特捜ロボ ジャンパーソン』のロボットヒーローを自分なりにオリジナル改変した猫ロボット「ニャンパーソン」を段ボールで作ろうとしていました。第6部で、木塚あゆみさんの段ボールを用いたワークショップを紹介しましたが、最初はそういった楽しい枠組みから始め、徐々にちゃんと作っていけばいいのです。

Amazonが開発した電子書籍リーダー「Kindle」は、ニール・スティーヴンスンの『ダイヤモンド・エイジ』に登場する「初等読本（プリマー）」というガジェットが元になっていることはすでに紹介しましたが、「Alexa」に代表されるスマートスピーカーも、１９９０年代のフィクションに登場するガジェットを参考にしているといわれています。また、便利かどうかは別として、『バック・トゥ・ザ・フューチャーＰＡＲＴⅡ』で主人公のマーティンが履いていた「靴ひもが自動で結ばれるスニーカー」をナイキが実際に商品化した、なんて例もあります。

もっと身近でないところにも、ＳＦは影響を与えています。アメリカ海軍の軍艦には１９４０年代からＣＩＣ（Combat Information Center＝戦闘指揮所）と呼ばれる指揮の中枢設備があるのですが、その開発者のＣ・ラニング中佐は、「レンズマン」シリーズ[※16]に登場する宇宙戦艦「ブリタニア号」から着想を得たことを明らかにしています。

これらがすべて、ＳＦのガジェットを完全に実現しているわけではありません。Kindleは〈プリマー〉とイコールではないし、Alexaもあらゆる質問に答えてくれるわけではありません。**発想源となったガジェットを要素分解し、実現できそうなポイントだけを取り出して部分的に実現されている**のです。

友人に、幼少期から「ドラえもんを作りたい」と夢見て、その実現に力を尽くしている研究者がいます。日本大学助教の大澤正彦《おおさわまさひこ》さんです。[※17] もちろん、人間の心にきめ細かく寄り添い、人間と同じ食事を取り、人間と同じ言葉を話し、四次元ポケットにあらゆるひみつ道具を格納し、大したメンテナンスも要しない……というスーパーロボットを現実に作るのは難しいでしょう。しかし、それらを丁寧に要素分解していけば、部分的に実現できる部分はけっこう見つかるはずです。実際に大澤さんは、友達のように交流できるという要素にフォーカスして、楽しいコミュニケーションロボットを開発しています。

また、「ガジェットを作ろう」というと、ハードウェアを作ることをイメージするかもしれませんが、ハードよりソフト、機能ではなく操作方法、内部構造よりインターフェースに注目するのも面白い方法です。

SF映画やアニメを見ていると、どんな技術がどんな構造で搭載されて動いているのかまったくわからない謎の機械がたくさん登場します。すごい機能をたくさん積んだ車とか、めっちゃ便利な超小型コミュニケーションロボットとか……。そんな未来のガジェットをすぐに現実に作るのは無理としても、形や操作方法などのデザインだけなら、けっこう真似られるし、参考になります。

「使い方」のイメージからスタートして技術自体が開発されることもあり、実際に今普及しているロボットや電子機器も、SF的なデザインありきで開発されているものがけっこうあります。中身はともかく、見た目や操作感だけでも実現できないかな？　という方向からSF

を現実化していくのもおすすめです。※18

【メタバース空間を作ろう、体験しよう】

ＳＦの中に面白そうなガジェットを見つけても、すぐには作れないものもたくさんあります。そういう場合はＶＲを積極的に活用してみましょう。

最近では使いやすいメタバースプラットフォームが続々と生まれています。たとえば「ロブロックス」というサービスは、誰でも簡単にメタバース空間を作って交流することができるツールです。※19

メタバースのポイントは、社会のシミュレーターとして使えること。つまり、簡単に未来の予行練習ができるのです。まだ建っていない家をＶＲで体験できるバーチャルモデルルームが普及しつつありますが、これを長期スパンで試してみることを考えてみて下さい。ヘッドセットをかぶってその仮想空間で暮らしてみて、同じく仮想空間にアクセスしている人々と交流するのです。すると、実際に共同生活がそこでできるのか、といったことがわかってくるはずです。こんな未来の機能がついた家ってずっと住むのに適しているんだっけ？　といった疑問を、事前に解決できます。

ここでは家を例に出しましたが、こんな通信機器がある未来なら？　こんな移動手段がある都市なら？　といったさまざまなシミュレーションもあり得ます。もっとＳＦ的にブッ飛んだ例も考えてみましょう。

２０２１年、VRChatというソーシャルＶＲサービス上に「Space Colony "Island-4"」という空間が公開されました。ＳＦでおなじみの「円筒型スペースコロニー」をアバターで歩き回って体験できるＶＲコンテンツです。

巨大なシリンダー内部の世界では、遠方に行くほど地面がせり上がり、地平線はありません。頭ではそういうものだと理解していても、実際にヘッドセットを通して主観で見てみると、重力感覚と方向感覚が狂って、かなり奇妙な気分に襲われます。そして、「自分はこういうコロニーで生活できるだろうか？」「この世界で生まれ育ったら、何が変わるだろうか？」といった問いをリアルに考えられるような気がしてきます。

こうしたＶＲの作成は、ＳＦ的な現実に近づくための一歩です。

ＳＦの共通言語で世界を変える

【ＳＦのコスプレで意見を訴えよう】

顔が隠れる白い帽子と、体をすっぽり包む赤いマント――。2017年以降、独特のコスチュームに身を包んだ女性たちによる中絶禁止法案などに抗議するデモが、世界各地で起こるようになりました。

これは、Huluのオリジナルドラマ『ハンドメイズ・テイル／侍女の物語』に登場する「侍女」の扮装です。原作者はカナダの女性作家、マーガレット・アトウッド。クーデターで成立した宗教国家「ギレアデ共和国」に支配された近未来のアメリカを描くSFです。

ギレアデは独裁体制の男尊女卑社会で、「侍女」と呼ばれる身分の女性が「子づくりの道具」として奴隷的に扱われています。この**「侍女」に扮《ふん》することが、女性の権利を侵害する動きに抵抗するための連帯のシンボルになっている**のです。

このように、SFのコスプレで意見を表明する例は他にもあります。

たとえば、2011年にウォール街から巻き起こったオキュパイ（占拠）運動や、2019～20年の香港民主化デモでは、「ガイ・フォークスマスク」といわれる、不気味な笑みを浮かべる白い仮面をかぶった抗議者が街にあふれました。

これは、2006年公開のSF映画『Vフォー・ヴェンデッタ』の主人公Vがかぶっていたものです。Vが全体主義体制を打ち破るために行動し、無名の群衆に連帯を呼びかけた物語が、デモの参加者の共通の認識となっていました。

ガイ・フォークスマスクに象徴されるように、こうした発信は、匿名でもできることが大きな特徴です。物語で意味づけられた服を着ることは、大きな声を持たない個人による意思表示のひとつの形であり、それを集結することで、社会を変える力が生まれることもあります。

SFプロトタイプを作る際にも、こういったコスチュームなどをデザインし、コスプレの面からも普及を目指すといったアプローチはあり得ると思います。

【SFのシンボルを掲げよう】

『ミズ・マーベル』をご存じでしょうか。

アメリカに暮らす、パキスタン系ムスリム（イスラーム教徒）の女子高校生、カマラ・カーンがスーパー・ヒーローとして活躍するヒーロー・コミックです。

日本での知名度はまだそれほどではありませんが、アメリカで2013年に出版されたときにはステレオタイプを打ち破る新時代のヒーローの出現が旋風を巻き起こしました。そして、マイノリティーをエンパワーする物語として多くのファンを獲得しています。

2015年、反イスラーム団体が、ムスリムに対する差別的なバス広告を掲出したときには、カーンのイラストで広告を塗りつぶす運動が起きています。

ＬＧＢＴＱ＋の尊厳を守る活動のシンボル「レインボーフラッグ」も、セクシャルマイノリティへの理解を積極的に示したハリウッドスター、ジュディ・ガーランドが映画『オズの魔法使い』で「虹の彼方に（Over the Rainbow）」を歌っていることに由来するといわれています。フィクションの中のシンボルを、現実を変えるために意見を表明する人々の連帯のしるしとして使うことは、運動を広げていく上でも、とても大きな意味を持ちます。

モノとして「実体」を持っていないシンボルもあります。たとえば、ジェスチャーやハンドサインです。

新型コロナウイルス感染症拡大初期に鮮やかな対策を示し、日本のメディアによく取り上げられるようになった台湾のデジタル担当大臣、オードリー・タンは、ＴＶやＳＮＳでよく独特のハンドサインをしています。インタビューの最後や日本へのメッセージを載せたツイートの写真などに、中指と薬指の間を空けた手のひらをこちらに向けているのです。

わかる人にはわかる、このジェスチャーの正体は、『スター・トレック』に出てくるバルカン星式の挨拶「バルカン・サリュート」です。

『スター・トレック』には、異星人もたくさん登場します。中でも有名なのが、バルカン星にルーツを持つ「ミスター・スポック」です。

とがった耳とつりあがった眉、徹底した論理思考と他星人に対する友好的な態度を特徴とするバルカン人は、「長寿と繁栄を」というフレーズとともに、バルカン・サリュートで挨拶します。このハンドサインには、党派性を超えた世界平和への願いが込められています。

2014年にはタイで、2021年にはミャンマーでクーデターによる軍事政権が誕生し、市民の多くが抗議運動に立ち上がりました。彼らの多くが、人差し指、中指、薬指の3本を立てるハンドサインを示していました。

これは、独裁国家が生まれた架空のアメリカを描いたSF映画『ハンガー・ゲーム』で、哀悼の意を示す仕草としてこのハンドサインが使われていたことに由来するものです。

SF生まれの架空の言語ともいえるハンドサイン、ごく単純なジェスチャーが、国境や言葉を超えた共通言語になるのです。

SFプロトタイプを作る際に、ジェスチャーやハンドサインまでデザインする人は少ないかもしれませんが、作品のキャラクターはこのシーンでどういう動きをしているだろうか？といったことを考えて、その動きを現実でも使って何かを主張してみるというのは良い方法だと思います。

PART 3

みんなの力を借りてSFを現実化しよう

SFの魅力を発信する

【SFを人に薦めよう】

世界の名だたる起業家や研究者がSFを愛読していることは、ここまでにも何度も触れてきました。それが広く知られているのは、彼らがインタビューや著作などで折に触れて、自分がどんなSFに影響を受けてきたかを話しているからです。特に第1部では、イーロン・マスクが幼少期から本を大量に読んできたことを紹介しました。彼は今も自身のビジネスに絡めて愛読書について積極的に言及しており、ロバート・A・ハインラインの『月は無慈悲な夜の女王』、アイザック・アシモフの『銀河帝国興亡史（ファウンデーション・シリーズ）』、ダグラス・アダムスの『銀河ヒッチハイク・ガイド』などを特によく挙げています。

投資家や経営者は、人や資金を動かすのが仕事です。そのためには、自分の考えを人に伝え、理解してもらわなくてはいけません。自分の考えと人の考えをつなぐ共通言語として、面白かった本、好きな本について積極的に話し、それを周囲の人にも読んでもらうことは、とても大きな意味を持つのです。

特に、SF作品の世界観を共有することは、課題意識やビジョンを仲間と共有したい人にぴったりの方法です。そこで、お手本にしたいのが、「おすすめブックリスト」を定期的に公開している世界のリーダーたちです。

たとえば、**ビル・ゲイツ**は大変な読書家で、年に2回は別荘にこもって読書三昧の日々を過ごしているそうです。そして、おすすめの本のリストを、自身のブログ「GatesNotes」[※20]で定期的に公開しています。2022年の最新リストを見てみると、なんと5冊のうち2冊がSFです。キム・スタンリー・ロビンスンの『The Ministry for the Future』（未邦訳）と、ナオミ・オルダーマンの『パワー』が挙げられています。

元アメリカ大統領の**バラク・オバマ**も、大統領に就任した2009年から**「Summer Reading List」**を公開するのが恒例になりました。出版されたばかりの本がいち早く紹介されることが多く、SFの目利きも相当なもの。ゲイツがおすすめしていた2冊も、前者は2020年、後者は2017年にすでにオバマのブックリストに入っています。

フェイスブック改めメタのCEOの**マーク・ザッカーバーグ**は、2015年に「2週間ごとに新しい本を読む」という目標を掲げて、**「yearbooks」**というフェイスブックのグループを立ち上げました。10万人以上が「いいね！」を押して、本の情報を活発に交換しています。

日本にも読書家のビジネスパーソンは大勢いますし、SFが好きという人も少なくありません。しかし、「おすすめは？」と聞かれたとき、いわずとしれた名作や古典を薦めることが多いように思います。まだ評価の定まっていない新しい本を紹介するのは、なんだか気恥ずかしい、という心理があるのかもしれませんし、紹介したくても、SFのようなエンタメ色の強い本を読んでいたのは若い頃だけで、今は新作に積極的に手を出さなくなってしまった、という人も多いのかもしれません。

でも、**社会が今直面している課題を考えるためにも、未来を展望するためにも、新しいSFを読んで刺激を受けることはとても重要**です。もっとアグレッシブに新作を読んで、それらの魅力をどんどん発信する人が増えればいいなあ、と僕は思っています。

そして、人に本を薦めるとき、一冊一冊の内容と同じぐらい大事なのが「バランス」です。**たとえば5冊の本を人に薦めるとしたら、それらの作品の著者がどんな構成になっているか、ちょっと確認してみてほしいのです。たとえば権威のある男性ばかりになっていないでしょうか？** だとしたら、自分がこれまで受け取ってきた情報やメッセージも、似たような属性の人たち、もっといえばマジョリティが発信している「古びた未来」に偏っている可能性があります。

「マイノリティ」というと身構えてしまう人もいるかもしれませんが、自分や、これまで読んできた本の著者と異なる属性を持つ著者が書いた本も、ぜひ愛読書やおすすめ本のリストに加えてみてほしいと思います。それだけで、本そのものから得られる情報も、おすすめした相手から得られる情報も、もっと多様になるはずです。

また、ＳＦプロトタイプはプロジェクト内で閉じてしまい、なかなか外に薦められる機会がありません。もし社内でＳＦプロトタイプを作った場合は、それを社内報などで人に薦めるような流れを作れると良いと思います。

ＳＦプロトタイプを紹介する際は、単体で紹介するだけでなく、それを作る際に参考にした書籍や、関連するテーマを扱っている作品をあわせて提示すると、意義をもっとよく理解してもらえるようになると思います。ＳＦをどんどん紹介していくことで、現実はＳＦ化していくのです。

【自分らしいＳＦの「読み方」を発信しよう】

面白いＳＦを読んだら、どんどん人におすすめしていく。それをもう一歩進めて、感想や批評をアウトプットすれば、コミュニケーションはもっと大きく広がります。

といっても「ちゃんとした批評を」と気負う必要はありません。ツッコミを入れて、そこから対話が広がっていくことが大事です。

ＳＦ思考の面白さは、参加者それぞれの専門性を活かせることです。ＳＦ作家は全知全能の神様ではありません。どれほど緻密に構築されたＳＦでも、その筋の専門家が見れば「あり得ない」こともあるでしょう。逆に、作品中では曖昧にぼかされていた技術的な裏づけなどを、専門家の視点からなら説明できるというケースもあります。

ＳＦという形で示された世界観に、別の角度からツッコミを入れてみる。ツッコミが実際に合っているか間違っているかは置いておいて、それは思考の枠や視点を拡大させるものです。すると、そのツッコミにもまた別の角度からツッコミが入る――。こうしてＳＦをネタに対話が無限に広がっていくことが、すなわちＳＦ思考の面白さです。

たとえば最近では、オックスフォード大学出版局が発行する学術誌「Oxford Open Economics」に、**『ハリー・ポッター』の世界の経済学を真面目に考察した論文『ポッタリアン経済学』**[※21]が掲載されていました。経済学者のヒュー・ロコフが１９９０年に、**『オズの魔法使い』を銀本位制にまつわる寓話として読み解いた論文**[※22]もあります。いずれも専門性を生かしたフィクションへの高度なツッコミといえるのではないでしょうか。さらに子どもに大人気の『空想科学読本』シリーズも、このひとつです。

第6部で、三菱総合研究所の藤本敦也さんの〈SF損益計算書〉という方法を紹介しましたが、これもビジネスコンサルタントという専門性を生かしたツッコミの一例です。

虚構の枠組みに現実の論理を与えるこうした試みは、やり方次第でひとつのSF作品として成立させることもできそうです。

こうした批評は、なにも経済学者やコンサルタントにしかできないことではありません。作品世界を、自分の専門に引きつけて読み解いてしまう、というのが面白さの核なので、自分の知識や仕事との接点を無理やりにでも見つけて「自分はこう読んだ！」「こうも読める！」という読解をどんどん発表することが大切です。

SFプロトタイプを社員や読者がこう読んだ、といった感想も、どんどん発信すると良いと思います。三菱総合研究所が50年後の未来を考えたプロジェクトでも、作成したSFプロトタイプを日比谷高等学校の生徒に読んでもらい、そこでもらった感想を社内で共有したほか、『SF思考』の書籍の中にも一部を作品とともに提示しました。こうした対話からも、現実はSF化していきます。

【SFを教材にしよう】

SFやファンタジーの傑作を多数手がけている作家、アーシュラ・K・ル＝グウィンに

『オメラスから歩み去る人々』という短編があります。すぐ読める短い作品ですが、現代社会に潜む問題をえぐり出す手腕は鮮やかで、読み終わると「自分ならどうする？」と深く考えざるを得ません。

この物語を、「ハーバード白熱教室」でおなじみの政治哲学者、マイケル・サンデルが「功利主義」について考えるための教材として使っています。[※23]倫理や哲学をめぐる問いには、明確な正解があるわけではありません。しかも、弱者やマイノリティにまつわる問題はデリケートで、安易に実在の人物や組織を引き合いに出すのは難しい。しかし、こういったフィクションなら誰も直接的には傷つけずに思考実験を深めることができるのです。

マサチューセッツ工科大学（ＭＩＴ）のメディアラボでも、２０１３年から「Science Fiction to Science Fabrication」と題して、ＳＦに登場する製品のプロトタイプを作る講座が開講されています。初期に講師を務めたソフィア・ブルックナーは「ＳＦを読むことは、発明者にとって倫理の授業のようなもの」とその意図を語っています。[※24]

中国政府も「思考力の育成に役立つ」として、ＳＦを積極的に教材にしています。教科書にも、大学の入試問題にもＳＦが採用されていて、２０２０年には、教育部（日本の文科省に当たる省庁）の小中高生向けの推薦文学リストに『三体』が掲載されました。[※25]ジェンダーの授業にＳＦを用いるといった話もよく聞きます。[※26]

このほか、社会学や倫理学などを学ぶための教材としても、ＳＦはよく使われます。ＳＦには、さまざまな要素が絡み合った現実の問題が、誰にでも理解できるように抽象化されているからでしょう。

先ほどの日比谷高等学校の例でも、三菱総合研究所で作成したＳＦプロトタイプを読んでもらって生徒に議論してもらう形式を授業で実施していたように、総合学習の時間などの対話のタネにＳＦプロトタイプを使うのも手です。何かを人に教えるとき、一緒に考えたいとき、学びたいとき、ぜひＳＦを教材にしてみて下さい。

ＳＦが輝く場を作る

【ＳＦについて語る場を作ろう】

ペイパルを創業したピーター・ティールは、ニール・スティーヴンスンのＳＦ『クリプトノミコン』が初期のペイパル・チームの必読書だった、と著書で語っています。[※27] また、創業前には共同創業者のリード・ホフマンと、同じスティーヴンスン作の『スノウ・クラッシュ』についてじっくり語り合う時間を持ったそうです。[※28]

これまで見てきたように、ＳＦは、ただ見たり読んだりするだけでなく、語り合うことによって意味が広がり、進化していくタイプのフィクションです。SFについて気軽に語る場を作ることは、すなわちイノベーションが活発に起こり得る場を作ることになるのではないか、と僕は考えています。

僕自身、（少し第2部で触れたように）慶應義塾大学のSF研究会というサークルに所属して、読書会を開いて好きな作品について語りまくり、友人たちと自主制作映画を撮り、小説や評論を書いて部誌を発行し、といった学生生活を送っていました。そして、本書でも紹介したSF作家の草野原々さんはこのSF研の同期だし、SFプロトタイピングに取り組むきっかけを与えてくれた慶應義塾大学准教授の大澤博隆さんもSF研の先輩です。

「SF研」のある大学は多く、似たようなコミュニティは世界中にあります。

たとえばマサチューセッツ工科大学のSF協会は6万冊以上のSF関連の蔵書を持つ図書館を一般に開放していますし、[※29]イギリスのインペリアル・カレッジ・ロンドンのSF研究会は、Discordを使って、世界のどこからでも参加できる週例会を行っているほか、9000冊以上の蔵書と1800以上の動画コレクションのある図書室で上映会も頻繁に開催されているとか。[※30]

第4部でも紹介したように、アメリカのアリゾナ州立大学には「科学と想像力センター」という施設が併設されていて、市民を巻き込んだSFプロトタイピングなどの活動が活発に行われています。カリフォルニア大学サンディエゴ校にも、『2001年宇宙の旅』などで知られるSF作家、クラークの遺志を継ぐ場として「アーサー・C・クラーク人類想像力センター」が創設されています。

こういう「なんとかSFセンター」みたいなものが各地にあることの意義はなんでしょう？　SF知識の啓蒙？　SF研究者の育成？

そういった側面もあるとは思いますが、僕の考えでは、**SFが媒介になって対話が生まれること、SFそのものが科学や未来について語る「場」になる**ことに、大きな存在意義があるのではないかと思います。

似たような例に、ゲームを分析的に遊んでいる人たちのコミュニティがあります。たとえば「リモートポケモン学会」や「マリオメーカー学会」といったものです。これらはアカデミズムの中にある「学会」的なものとは少し違う冗談めいた存在ではあるのですが、その活動内容を見ると、実は名前に恥じない、けっこう高度な対話が繰り広げられています。ポケモンという架空の生物を、生物学的、あるいは物理学的に掘り下げて新たな解釈を生み出したり、ゲームのコースを自由に設計できる「マリオメーカー」の機能を斜め上の方向に使って、高度な計算機を作り上げてしまったり……。

SFだけでなく、アニメでもゲームでも、どのようなコンテンツでも構いません。**何らかの作品を媒介に、色々な人が自分の専門知識を駆使して色々なことを語り出し、そこから対話が活性化し、現実や未来がちょっと変化していく。**そんなサイクルを回すことが大事なのです。

SFプロトタイプも、第6部で示したようなバックキャスティングワークショップを開くことはもちろん、そこでの議論もふまえて外部の人々と感想を話せるような場を継続的に作っていくことが大事です。誰もが自分の視点でSFを語ることができる場づくりは、僕自身もこれから意識的に取り組んでいきたいと思っています。

【賞を作ってSFを評価しよう】

SFの中の表象を活用して、コスプレをしたり、ジェスチャーを真似たりすることが、個人の意見を主張するための共通言語になる、という話を先ほどしましたが、これを一歩進めて、「共通言語として活用できるSF」が、もっと活発に生まれる仕組みを作ってみるという考えもあります。

テーマのはっきりした「SFの賞」を作るのです。

たとえば、リバタリアニズムの思想を表現した優れたSFに対して与えられる「プロメテウス賞」という賞があります。リバタリアニズムとは、「個人の自由」と「経済的な自由」をともに尊重する思想です。[※31] つまり、国家の影響は最小限に抑えられた社会で、個人が最大限に尊重されるような未来像を提示し、かつ質の高いSFが評価される賞なのです。

もちろん、テーマは思想に限りません。

「SF都市宣言」をしている中国の都市、成都では「100年後の成都」をテーマにしたSFコンテストが開催され、日本人も応募して賞を獲得しています。成都のある四川省では、青少年にSF小説やSF的な絵画などの創作を呼びかけるプロジェクトも始まっています。

このような賞を創設すると、自分たちのまちの未来について、外部の人たちが一生懸命考えてくれることになり、まちのファンを増やすという意味でも大きな力になり得ます。

日本では、徳島新聞と徳島文学協会が、徳島をテーマにした文学を公募する「阿波しらさぎ文学賞」を2018年に創設しています。最初はかなりマニアックな文学賞でしたが、回を重ねるにつれて注目が高まっていて、なぜか特にSFコミュニティの盛り上がりが大きいという不思議な賞です。こういった賞の創設は、内外から地域の多様な魅力をあぶり出すことにもつながりますし、そこに暮らす人の愛着を高める効果も大きい、良い取り組みだと思います。

賞を作る上でのポイントについても触れておきましょう。

参考になるのが、ジェンダーSF研究会の主催する「Sense of Gender賞」です。ジェンダーをテーマにした作品を対象にする文学賞で、僕は第19回（2019年度）に選考委員を務めさせていただきましたが、すごくいいなぁ、と思ったのが、授賞方針を「一方的ではありますが、褒め称えさせていただく」[※32]としているところです。

賞って、もらえるとたいていは嬉しいわけですが、ノミネートされて落ちた場合はなんとも複雑な気分になります。与える側が勝手にノミネートしておいて「落ちました」と発表するのは、一方的にけなしていることになりかねません。そこで、あくまでも褒め称えることを目的にして、選評でもノミネート作品を褒め称えることを中心にしようという方針が立てられています。いいことをしているつもりで、やり方次第では暴力にもなりかねないことというのは、世の中にたくさんあります。それを自覚して事前に防ぐのは、賞を作る上では大事なポイントだと思います。

また、賞には「審査員問題」もつきまといます。【SFを人に薦めよう】の項目にも書きましたが、バランスよく「選ぶ」ためには、多様性がすごく大事です。審査員が男性ばっかりとか、似たような年代の人ばかり、ということになるとどうしても審査も偏ってしまいます。性別や年齢、立場などの多様性を確保するように注意したいところです。[※33]

SFプロトタイピングも、よくコンテスト形式やコンペティション形式で実施することがあります。僕が関わった事例でも、社内でチームごとに競ってもらったり、学校で個人個人に小説を書いてもらったりといった形を取ったことがあります。公募でSFプロトタイプを募集していた企業もありました。

こういった事例では、単に大賞を設けるだけでなく、○○賞と名を付けた賞をたくさん作ったりすると良いと思います。

SFプロトタイピングを評価する軸や枠組みは、なるべくたくさんあった方がいいのです。

以上、ここまで現実や未来を変えるためのアクションを一気に紹介してきました。

「やってみたい！」と思うものはありましたか？

第1部で「未来圧」について否定的に語っていた割に、自分からめちゃくちゃ未来圧かけてくるやん！　と思われた方もいるかもしれません。でも、これは全然「べき論」ではありません。ただ「方法はたくさんあるよ」と伝えたいだけなのです。いっぱいアイデアを紹介すれば、このうちひとつでも自分に合う方法論を見つけられるんじゃないかな、と思いまして。

そもそも僕自身、このすべてを実践できているわけではありません。実を言うとウソが苦手なので、エイプリルフールにウソをつくことすら、自分ではしていないです……。

とにかく、ちょっとハードルが高いなと感じた方法も、深く考えずに「へえ、そんな方法もあるのか」くらいのテンションで頭の片隅に入れておく、というのが良いかなと思います。

そして、それ以上に強く意識してほしいのは、これらはあくまで手段であって、目的ではないということです。

最初からアウトプットを意識しすぎて目的ドリブンになってしまうと、想像力の羽ばたきをさまたげてしまいかねません。大事なのは、あらゆる義務感から解放されて、自由に未来を描くこと。

ここで紹介した方法も、明日からこんな行動をすれば幸せになれるとか、社会が良くなるとか、そんな大げさなものではありません。ピンとくるものがあれば、ちょっとだけやってみる。すると、現実に少しフィクションが混じって、昨日よりちょっと面白いことが起きるかも？

そんな軽い気持ちで取り組んでもらえればと思います。

第7部のまとめ

- 移り変わりのスピードがかつてないほど速まった今、ロールモデルは「ＳＦ」の中にいる
- 「ＳＦ」に登場する道具なども、それを現実化するハードルは思っているより低い
- どんな未来を作るかは、あなたの「読み方」にかかっている

※1　テキストは『日本文学の名作を読む』（島内裕子、放送大学教育振興

会、２０１７）として出版されています。古典から近代までの日本文学の名作をさまざまに取り上げて解説されていて『枕草子』に言及されるのは第1回です。

※2 メイ・ジェミソンがゲスト出演した回は『新スター・トレック』シーズン6のエピソード24「もう一人のウィリアム・ライカー（Second Chances）」。ニシェル・ニコルズとは共演していないものの、劇中でジェミソンはウフーラを思わせる任務を遂行しています。

※3 ２０２２年7月のニシェル・ニコルズの訃報に際して、メイ・ジェミソンは自身のTwitterで、彼女との親交に触れつつ「ニシェル・ニコルズは、私にとって永遠に、優雅さ、大胆さ、知性、楽しさ、インスピレーション、美しさ、才能、そして未来を体現する存在です」と、哀悼の意を示しています。https://twitter.com/maejemison/status/1553823767775813632

※4 日本では『宇宙大作戦』のタイトルで放映され、アジア系乗組員のヒカル・スールーがミスター・カトーの名前で親しまれました。ＴＶドラマのシーズン3では、ウフーラとカーク船長のキスシーンが放映され、これがアメリカのＴＶドラマで初めての黒人と白人のキスシーンだといわれています。

※5 この動画は本稿執筆中の２０２２年9月現在もYouTubeに残されていて、これまでに17万回以上再生されています。https://youtu.be/aM7otCqbFCU

※6 「お風呂のAirbnb」日本からはじまる：二番風呂なら半額以下に https://wired.jp/2016/04/01/oh-you-eureka/

※7 MARS CAMP http://www.marscamp.com/

※8 望遠鏡プロジェクトの建設が進む青海冷湖天文観測拠点 https://spc.jst.go.jp/news/220704/topic_4_05.html

※9 アートとテクノロジーの実験区はかくして実装される：千葉市長・熊谷俊人との対話で見えた都市の未来図 https://wired.jp/2019/12/11/metacity-session-chiba-city-blues/

※10 この「ロボット三原則」は、『われはロボット 決定版』（アイザック・アシモフ著、小尾芙佐訳、早川書房、２００４）から引用しています。

※11 千葉大学ロボット憲章は、大学のサイトで公開されています。https://www.chiba-u.ac.jp/others/topics/info/2007-11-27.html

※12 『スノウ・クラッシュ〔新版〕下』（ニール・スティーヴンスン著、日暮雅通訳、早川書房、２０２２）

※13 フェイスブックのメタバース戦略には違和感を覚えるところも多々あります。メタバースを現実社会の延長にしようとしすぎているせいで、それこそ「古びた未来」を押し付けてきていないか、みたいな気持ちになるのです。

※14 "Finnegans Wake"（James Joyce）。日本語訳は『フィネガンズ・ウェイク』（河出文庫、柳瀬尚紀訳）によりました。マレイ・ゲルマンは自伝『クォークとジャガー　たゆみなく進化する複雑系』（野本陽代訳、草思社、１９９７）で〈一九六三年、核子のこの基本的な構成要素に「クォーク」という名前をつけたとき、私は綴りを考えずに、まず音を選んだ。そのオンを綴れば「kwork」であっただろう。それ

から、その当時私が熟読していたジェームズ・ジョイスの『フィネガンズ・ウェイク』のなか（中略）に「quark」という言葉を見つけた〉〈何しろ、三という数字は、自然界にクォークが出現する方法とぴたりと一致していた〉と、クォークという名前をつけた当時のことを語っています。

※15 その後、素粒子物理学の研究が進み、現在では6種類のクォークが見つかっています。

※16 「レンズマン」シリーズは、E・E・スミスによって主に1930年代に書かれたSFです。作中で壮大な宇宙戦争が繰り広げられるスペースオペラで、『スター・ウォーズ』にも影響を与えた作品です。

※17 大澤正彦『ドラえもんを本気でつくる』（PHP新書、2020）

※18 『SF映画で学ぶインタフェースデザイン アイデアと想像力を鍛え上げるための141のレッスン』（Nathan Shedroff,Christopher Noessel著、安藤幸央 監訳、赤羽太郎・飯尾淳・飯塚 重善ほか 訳、丸善出版、2014）は、さまざまなSF映画に登場するガジェットのインターフェースを調査、分析しようという意図で編まれた本です。

※19 https://gamewith.jp/gamedb/article/show/316196?from=ios

※20 ビル・ゲイツのブログ　https://www.gatesnotes.com/

※21 Potterian Economics（Oxford Open Economics, Vol. 1, Issue 1, 1-32, 2022）https://arxiv.org/abs/2208.03564

※22 The "Wizard of Oz" as a Monetary Allegory　https://www.jstor.org/stable/2937766

※23 『これからの「正義」の話をしよう』（マイケル・サンデル著、鬼澤忍

訳、早川書房、2010）

※24 https://www.media.mit.edu/courses/sci-fab-science-fiction-inspired-envisioneering-futurecrafting/

※25 『三体』が国の推薦図書リストに選ばれたことを報じる記事。https://new.qq.com/omn/20200425/20200425A0AKMI00.html

※26 Lips, Hilary M. “Using Science Fiction to Teach the Psychology of Sex and Gender” Teaching of Psychology 1990, Vol. 17, Issue 3, pp 197-198

※27 『ゼロ・トゥ・ワン』（ピーター・ティール・ブレイク・マスターズ共著、関 美和訳、ＮＨＫ出版、２０１４）

※28 アントレプレナーシップにおけるＳＦの重要性　https://techcrunch.com/2016/10/08/the-importance-of-science-fiction-to-entrepreneurship/

※29 MIT Science Fiction Society（MITSFS）http://mitsfs.mit.edu/

※30 Imperial College Science Fiction, Fantasy, and Gothic Horror Society（ICSD）https://www.union.ic.ac.uk/scc/icsf/

※31 リバタリアニズムと一口に言っても、その中にはさまざまな方針の人がいて、問題になっているケースもあります。それらも含めて手放しで褒めることはできませんが、とても大事な考え方だと個人的には思っています。

※32 賞を主催するジェンダーＳＦ研究会のサイト（https://gender-sf.org/sog/）では、同賞の定義が「Sense of Gender 賞は、前年度の１月１日から12月31日までに刊行されたＳＦ＆ファンタジー関連作品を対象

に、性的役割というテーマを探求し深めたものに与えられるものです。ひらたくいうと、「SF的にジェンダーについて深く考えさせる日本の作品を選び、あなたのSF的ジェンダー考察は、すばらしい」と、一方的ではありますが、褒め称えさせていただく賞です」と説明されています。

※33 2020年に、表現の現場の不平等を解消し、ハラスメントのない自由な表現の場を作ることを目的に、表現者や研究者らが設立した「表現の現場調査団」が、2022年に、表現のさまざまな分野のジェンダーバランスの調査をまとめた『ジェンダーバランス白書2022』を公表しています。これを見ると、審査員と大賞受賞者が男性に偏っている賞が多いことがわかります。https://www.hyogen-genba.com/gender

おわりに

現実とフィクションの追いかけっこ

小学生の頃、よく周囲と話が食い違うことがありました。

たとえば僕はおばあちゃんにピアノを教わっていたのですが、おばあちゃんに「譜面を見て弾きなさい」と言われても、その空間がほとんど見えないのです。仕方ないので、僕はたいていの曲を暗記して、譜面を見ているフリをして弾いていました。

あとになって、それは「目が悪い」という視力の問題だと分かりました。でも、僕はそれまでずっと、**みんな見えているものが違うのかなぁ**、と不思議に思っていました。

あるいは、クラスメイトと話していて、過去のことが話題に出ると、記憶していることが違っている、なんてこともありました。僕は手だけで水鉄砲をするのが得意なのですが、そのテクニックを友人が考案して僕に教えたのか、僕が考案して友人に教えたのかで、ちょっとだけケンカになったり……。

小さい頃というのは、記憶が曖昧なものです。ただ、これも僕はやっぱり、**僕だけが違う世界を体験してきているのかなぁ**、なんて妄想をしていました。

ふとした瞬間に、人間というものは、別の世界に迷い込んでしまう。でもその世界は僕たちの住む世界とそっくりで、ほとんど区別がつかない。で、また何かの拍子にもとの世界に戻ってくる。いや、そもそも「もとの世界」なんてなくて、それぞれの住む世界は違っていて、それが重なり合ったり、ズレたりしているだけなのだ。**人間は互いの世界をストーリーで書き換え合う生き物なのだ**――

物語が好きだった僕は、そんなことばかり考えていました。自分は現実ではなくフィクションの世界に住んでいるのではないかと怖くなったり、自分がいつか大幅に世界からハズレたら元の世界に帰れなくなるのではないかとおびえたり、良くも悪くも想像力が活発だったのです。

そんな世界と自分とのズレをちゃんと考えたいと思い始めたのも、同じく小学生の頃のことです。

僕は、障子の敷居（レールのような溝）にビー玉を転がして遊ぶのが好きでした。いくつかビー玉を並べ、その端に別のビー玉を当てると、反対の端のビー玉だけが動きます。当てるビー玉の数を増やすと、同じ数のビー玉が反対の端から動きます。これを僕はスゴく不思議に思っていました。直感に反するんですね。でも、結果は何度やっても変わりません。

おかしいのは僕なのか、世界なのか。やっぱり僕はフィクションの世界に生きていて、なんか変なバグが生じているのではないか。

気になった僕は家族に相談し、そこで「運動量保存則」「力学的エネルギー保存則」といった概念を知ることになります。小学校の先生に渡す日記にそれを書いたら、「ニュートンのゆりかご」という装置（カチカチ玉やバランスボールといった別名もあります）を持ってきてくれたりもして、ようやく「僕が住んでいる世界はフィクションの世界ではないんだな」と納得できた記憶があります。

中学生の頃にSFと出会って、ますますフィクションと現実の混じり合いへの興味は増していきました。

当時の僕は小林泰三《こばやしやすみ》やフィリップ・K・ディックといった作家が好きだったのですが、彼らの作品のなかでは、**フィクション世界が僕らの世界を侵食してるんじゃないかという妄想に取り憑かれる不気味さ**が見事に表現されていたのです。

それは僕自身が感じてきたことそのものでした。

でも、高校生になると、僕が周囲を「フィクション」だと感じていたセンスは、少しずつ鈍っていきました。皆さんも、小さいころは夜中に自分の影におびえたり、お手洗いの鏡を怖がっていたのに、大人になったらすっかり怖くなくなった、みたいな成長を遂げてきたと思います。

そういう変化は基本的には良いものだと思いますが、僕はなんとなく、自分から虚構の世界が離れていってしまったように感じ、どこか寂しく思っていました。

もう一度、虚構の世界を現実の世界に引き寄せたい。虚構と現実を重ねたい。そのために、虚構と現実の双方を研究し、虚構と現実の繋がりを理解したい——

そんな思いを抱いたまま、僕は大人になりました。

大学では素粒子や原子核の理論物理を学びました。この現実自体の構造を知りたいと思ったからです。

大学院では、神経科学を学びました。現実を観測し、フィクション的に解釈する脳ミソってどういうものなのか、を明らかにしたいと思ったからです。

並行して評論をはじめ、フィクションを分析するようになりました。

博士号取得後は、大学で研究員として働き、VRやAIに関連する領域を研究し始めました。VRは現実をフィクション化したもの、AIは脳ミソをフィクション化したものと捉えると、これも同じ興味の上にあることがわかっていただけるかと思います。

僕の人生はずっと、フィクションを追いかけてきたようでもあり、逆にフィクションに追いかけられてきたようでもあります。

話が飛躍するようですが、人類文明もフィクションを追いかけ、フィクションに追いかけられて発展してきたのではないでしょうか。

フィクションにインスパイアされて新しい技術が誕生し、技術にインスパイアされて新しいフィクションが生まれる……**現実とフィクションは、追い越したり、追い越されたりしながら、互いに「ズレ」を書き換えあって、SF思考のサイクルを回して、進化してきた**のです。

「フィクションと現実の追いかけっこ」は、社会という大きな単位だけでなく、一人一人の人間のなかでも起こっています。僕がまさにそうだったように。

そしていま、SF思考関連の仕事をしていていちばん楽しいのは、色々な人の「フィクションと現実の追いかけっこ」を誘発できることです。

僕はたくさんの未来ビジョンやフィクションを聞いてきましたし、それが新しく生まれる現場に立ち会ってきました。**ワークショップがなかったら出会わなかったであろう人同士が未来ビジョンを共有し、仲良くなり、フィクションを生み出し、そこからビジネスアイデアを考える**――そういった交流から、「フィクションと現実の追いかけっこ」がエキサイティングに始まってゆくのを見るのは、望外の喜びです。

「世界がフィクションに書き換えられてしまうかも」というかつての不安は、「フィクションを意識的に活用する」ことで、楽しいものへと変わりました。

SF思考についてSF思考で考える

ちょうど今から2年前、2020年の11月、一通のメールが僕のもとに届きました。

「実践としてのSF」という観点で本を書かないか、というお誘いです。

これが、本書の編集者、光文社の杉本洋樹さんとの初めてのやり取りでした。

「自分は文系で科学に詳しいわけでもないし、SFにもそこまで詳しくない。それでも、SF思考の手法は創作論として面白く感じられた」というようなことを、杉本さんは最初のメールに書いていました。

そこから僕は杉本さんと何度もリモート会議を繰り返し、本書の企画は徐々に具体化していくことになります。

当初、僕がやろうとしたのは、SFの応用可能性を「研究」のようなアプローチで示すことでした。

SFが現実に影響を与えた事例をかき集め、分類し、特徴を抽出し、めっちゃマジメな文章を書き……。

でも、一年くらいそんなことをした後に、僕は自分のやっていることに違和感をおぼえました。


◉未来を考える手法を示すのに、過去の事例を集めてるだけっておかしくない？

◉SFの力を証明したとて、一部の人にしか届かなかったら、社会は変わんないよね？

◉それって結局「古びた未来」を再生産、強化するだけなのでは？

悩みながら、杉本さんのアドバイスをもらい、僕は本書の大幅な書き換えを計画しはじめます。

もちろん、SFプロトタイピングの客観的な分析・評価には意味があります。そうでないと、どんな手法でも無責任に「これは使えるよ」と言いふらすことができるし、逆に勝手に「これは使えないよ」「これは危険だ」とレッテル貼りされてしまうからです。

実際のところ、SFプロトタイピングはこの頃から世間の注目を大きく集めるようになり、いい加減な方法論を吹聴する人や、キツい言葉で実践者を批判する人が増えていました。「宮本さん、ウチのSFプロトタイピングプロジェクトに協力お願いします」と言われて顔を出してみると、誰もなんの関連書籍も読んでおらず、未来予想広告を作家に丸投げして作ってもらう手法だと全員が思いこんでいた、みたいな事態もありました。

新聞に「SFの社会活用についてインタビューに答えてくれ」と言われ、いつの間にか微妙に意図が伝わりにくい原稿が自分の言葉として掲載され、SF活用に反対する大量の人にSNSで叩かれてツラくなる、なんてこともありました。

で、こういった状況からわかったのは、**混沌としたSFプロトタイピング業界の状況を整理し、さまざまな手法を分析するのと同時に、過去の方法論の良い部分を伸ばし、悪い部分を明**

らかにし、誰でもそれができるように改良し、さらにそれを広く一般に届けるのが大事、ということです。

めっちゃ項目多いやんけ……こんなことホンマにできるんかいな？　と僕は悩みましたが、こういうときこそ「ＳＦ思考」の出番です。

まずは、ぜんぜん関係ないところから発想しようと、日常のなかだったり、旅行先だったりで、本書になにか使えるエピソードはないかなぁと常に探すようにしました。それから、友人たちに色々ヒントを訪ねてまわりました。それが本書のさまざまな部分に活かされているのは、読んでもらったとおりです。

そしていちばん大きかった変化が、小林直美さんに構成ライターをお願いしたことです。小林さんはもともと『ＳＦ思考』に執筆協力いただいたことで知り合った方です。僕のダイヤモンド・オンライン連載でも構成をお願いしているのですが、そうやってＳＦ思考の話をめっちゃしているうちに、いつの間にやら小林さん自身がＳＦ思考にめちゃくちゃ詳しくなっていて、これはもう小林さんに本書の構成を頼むしかないと思ったのでした。

小林さんとの執筆プロセスはこうです。僕が本書の流れと各トピック、文章の断片を準備し、小林さんにリモートで一部ずつ内容を語ります。で、そこから小林さんが一度草稿を書いて下さり、それを僕が自分の文章に直したりトピックを追加したりして、また小林さんが修正、最後にさらに僕が修正する。そんな感じで、小林さんとの対話を通して本書は完成していきました。

対話こそが、自分を革新してゆくキモなのです。

本書の先こそが本番

本書はたくさんのアイデアを詰め込んだ結果かなり長くなってしまいましたが、実はまだまだ語りきれていないことがあります。

ＳＦ思考の評価方法とか、それぞれの個性に合ったＳＦ思考の伸ばし方とか、人と異なるＳＦ思考プロジェクトを作るコツとか、ＳＦ思考はどんな技術と組み合わせるともっと面白くなるかとか、ＳＦプロトタイピングに向いている作家の特徴とか、ＳＦ思考に興味を示さない上司を説得してプロジェクトを通す方法とか、ＳＦワークショップをアナログゲーム的に構築する手順とか……。

紹介している事例も、集めたもののうち10分の１くらいですし、ワークショップももっと沢山設計してきたので、紙幅があったらいくらでも語りたいくらいでした。

でも、今回は「未来ストーリーをつくる↓あらわす↓つかう↓なる」の基本サイクルをちゃんと皆さまに理解していただくということに主眼をおいたので、語ることをだいぶ絞っています。

本書の内容はあくまで入口に過ぎず、ここから先が本番なのです。

読者の皆さまがもっと自分でSF思考を考えていきたいと思われた際には、たとえば目的に応じて、以下のような書籍や連載を参照いただくと良いと思います。

- 『SF思考　ビジネスと自分の未来を考えるスキル』（ダイヤモンド社　※宮本の編著）：ビジネスシーンにおけるSF活用のコツや、実際に企業で実施された事例を詳しく知りたい方におすすめ
- 『SFプロトタイピング　SFからイノベーションを生み出す新戦略』（早川書房　※宮本の編著・監修）：国内外のさまざまなSFプロトタイピング実践者・研究者の考えや事例を知りたい方におすすめ
- 「SFプロトタイパー・宮本道人がピックアップ！　世界のビジネスを動かしたSF作家」および「SFプロトタイパー・宮本道人が選ぶ！　ビジネスパーソンが知っておくべきSF」（ダイヤモンド・オンラインでの連載　※宮本が執筆）：社会に影響を与えているSF作品を知りたい方におすすめ
- 「SFの射程距離」（『SFマガジン』2019年12月号から2021年6月号まで全10回の連載※宮本は共同企画、5回の構成を担当）：研究者がSFからどのような影響を受けてきたか知りたい方におすすめ

●「対震災実用文学論　東日本大震災において文学はどう使われたか」（南雲堂、限界研編『東日本大震災後文学論』所収　※宮本が執筆）：文学が実際の社会で実用された実例を知りたい方におすすめ

●『ポストコロナのSF』および『2084年のSF』（ともに早川書房、日本SF作家クラブ編　※宮本は各篇解説）：お題にあわせ、SF作家たちがどのように未来を描くか知りたい方におすすめ

これ以外にも、僕はウェブメディアや雑誌、新聞などで色々とSF思考について語っているので、ご興味あればぜひ僕の名前で検索いただければ幸いです。

こういった情報を通じて、SF思考の解像度はどんどん上げられるはずです。

ちなみに、SF思考の可能性を考える際には、自分の仕事や人生に役に立たせるという目線以外に、もっと大きなメタ的な視点に立つと、意外な広がりも見えてきます。

たとえば、SF思考ワークショップを世界中のさまざまな場所でさまざまな人と実施し、たくさんの未来ストーリーを集めて比較することができたら、面白いと思いませんか？　どの地域のどの年齢層ではどういう未来が想像されやすいのかが分析でき、それぞれの人が望む社会や望まない社会が透けて見えるかもしれません。次にムーブメントになる意外なアイデアはど

のようなものかを当てに行く、いわば**「奇想予報」**をすることもできるのです。

そういったシステムを通して自分の考えた未来ストーリーをオープンにしたいという人がいたらどうでしょう？　自分と近いビジョンを持つ人に連絡が取れたり、投資ができたりするマッチングができるかもしれません。システムに自分のビジョンを預ける、いうなれば「**ビジョンバンク**」です。

たくさんデータがあると、システムが「これは既存のネタだ」とか、ワークショップ中に教えてくれやすくなります。逆に、「こういうのはまだない発想の組み合わせだよ」と教えてくれることもあるでしょう。こんなシステムができたら、イノベーションが起こりやすくなります。「**自動ＳＦ思考システム**」の誕生ですね。

今、僕たちが未来を「検索」することは容易ではありません。ためしに、Googleなどの検索エンジンで、なにかの未来を調べようとしてみて下さい。「○○　未来」というキーワードで調べても、最先端で研究開発されている技術はこうです、みたいな話ばかりが出てきて、インスピレーションのもとになるような妄想はあまり見当たらないと思います。

未来に限った検索ができない。過去と現在がノイズになって未来が見通しにくくなっている——そんな状況が作られているとも言えます。

ＳＦ思考ワークショップで得られるデータは、こういったノイズの少ない、ヘンテコな可能性の蓄積です。大きなテクノロジー企業、シンクタンクやコンサルタントなどが後生大事に握っている未来予測とは異なる**「自由な未来」**です。

SF思考が社会に浸透していったら、自由な未来をみんなが使いこなしていき、その先には誰もが気軽にブッ飛んだイメージを次々現実化してゆく世界が来るのではないでしょうか？

「世界を書き換える『ストーリー』のつくり方とつかい方」と、本書のサブタイトルに掲げました。それはまさに、こういった未来の可能性です。

仕事ではこのくらい規模のデカいアイデアをよく求められますし、自分自身としても実際カッコいいことをしてみたいのは確かです。

でも、**一緒にSFを作りあげる中で友情が芽生えたり、自分のアイデアからインスピレーションを得た人がひとりいるだけでも、それはもう立派に世界を書き換えている**といえます。

地球規模の大きな世界だけが「世界」ではありません。**自分の周囲数メートルの世界だって「世界」**です。

むしろそうして、使えるフィクションを作ろうとするのではなく、楽しくフィクションとたわむれる先にこそ、いつか世間を賑わせる話題作や、あっと驚く発明や、巨万の富につながる事業アイデアが生まれるのではないでしょうか。

本書を読み終わったら、皆さんも、家族や友人に、フィクションのはなしを振ってみて下さい。一緒に映画を観に行って感想を語るとか、オススメの小説のポイントを語るとか、それだけでも構いません。

そういう**何気ない会話から、現実はフィクションを追いかけ始め、フィクションもまた現実を追いかけ始める**のです。

開かれた本、開かれた未来

さて、いよいよ本書も終わりが近づいてきました。どう終わろうか悩んだのですが、最後の最後にひとつだけ、「古びた未来を壊す方法」を付け加えて、本書を締めたいと思います。それは、

本書で身につけた、ストーリーで未来を書き換える思考法を、なるべく捨て去る努力をする。

というものです。

じゃあなんでこの本を読ませたんだよ、と思われる方がほとんどだと思いますが、もちろんこれにはちゃんと意図があります。

本というものは、一度読んでしまうと、だいぶ自分のなかに著者の考え方のクセがインストールされてしまうものです。特に「こういう思考をすると良いよ」とオススメする本書はな

おさらです。

そしてついつい普段からその目線で世界を捉えてしまうわけですが、それはときには、もともとあなたの持っていた世界の見方を邪魔することがあるし、新しいことを身につける邪魔にもなるし、自分なりの思考を考え出す邪魔にもなるかもしれません。

たとえば、本書を読んできだ皆さんのなかには「ＳＦ思考の○○の部分って○○と似てるよね。わかるわかる」みたいな感じで、自分の知っている思考法と似ている部分を探してしまった方がいるのではないでしょうか？　逆に自分が共感できなかった部分について「ここは参考にならないな」と思った方もいるでしょう。

これは一見、前に学んだ思考が新しい思考の理解を促進しているようにも感じられますが、一方で純粋な理解を妨げている側面もあると思います。こういった**自分の思考のクセを捉えて、適宜捨て去ってゆくこと**が必要なのです。

ここで、ＳＦ思考の問題点を、２つ紹介しましょう。

ひとつ目。世の中には、言葉にしないで感じた方が面白い芸術はたくさんあります。それらを無意識のうちにストーリーとして捉えてしまい、ストーリーからこぼれたものを見落とすこともあるでしょう。一度身につけたものの見方を捨て去って、まっさらな目でものを見るというのは、非常に難しいのです。

2つ目。陰謀論的なことの大半も、本来ストーリーがないところにストーリーがあると思い込む思考によって始まっていたりします。そこにはさらにストーリーで人を騙そうという人もいたりします。「自分はSF思考ができるんだ」と自信を持ってしまうと、足元をすくわれてしまうかもしれません。

こうやって2つ言うだけでも、カンペキな思考などではないことがよくわかりますよね。どんな思考にも、長所と短所があります。

では、そんなSF思考から、どう離れればよいのでしょうか?

一度身についた思考法を捨てるためには、新しい思考法を考え出すのがいちばんです。

皆さんに**本書に書いてあることを疑ってもらい、自分なりの思考法を編み出してもらい、臨機応変にさまざまな思考法を切り替えられるようになってもらう**ことこそが、本書の正しい使われ方です。

というかそもそも、「古びた未来を壊そう」と訴える本書は、構造的な矛盾を抱えています。この本に限らず、**あらゆる方法論は、書かれたそばから「古びた未来」にならざるを得ない**のです。

もっというと、僕は、この本の刊行時期には33歳になっています。若いといえば若いですが、社会人としても、生き物としてもいい年だし、もう古びているといってもいい。

本書では「マイノリティの視点が大事」と繰り返し語ってきましたが、僕自身は日本社会でマジョリティ側に位置することの方が多い存在です。無意識のうちにさまざまなゲタを履かせてもらってきたと思いますし、まだまだ気付いていないゲタもあると思っています。そんな僕の語る方法論なんて、「古びた未来」そのもののはずです。

あなたが若ければ、あるいはマイノリティなら、そして、色々なものからハズレていれば、僕よりあなたの方が、未来を語るにふさわしいかもしれません。どんなものだって別の視点から考えられるタネを持っているはずです。

いや、誰が「未来を語るにふさわしい」かなんて、気にしなくていいのです。別にあなたがそれなりの年齢だって、マジョリティだって、人生で一度もレールからハズレたことがなくたって、未来を語って悪いわけがありません。語り始めたそのときにはもう、あなたのレールはひん曲がってきているはずです。

この本に書いたことも、みんなどんどん疑って、自分なりにどんどん改善して、もっと新しい方法論を開拓してほしい。そのように、書き換え、いじくりまわすためにこそ——

本は閉じられるべきではなく、開かれているべきなのです。

謝辞

本書はたくさんの方々にご協力いただいてできた本です。ここで皆さんに感謝の言葉を述べさせていただきます。

●ハミ山クリニカさん：ハミ山さんとは色々なＳＦプロトタイピングのプロジェクトでタッグを組ませていただき、いつも刺激をもらっています。今回もカバーイラストをお願いして最高の本に仕上げていただきましたし、本書の内容にもハミ山さんとの仕事のなかで考えたことが盛り込まれています。

●大澤博隆さん、藤本敦也さん。お二人とはずっと一緒にＳＦ思考のプロジェクトを実施してきており、本書に書いた内容は、ほとんどお二人と一緒に考えたことと言っても過言ではありません。

●草野原々さん、麦原遼さん：お二人にはたびたび執筆相談に乗ってもらい、本書を書く大きな支えになりました。いつも本当にありがとう。

●JST RISTEX「想像力のアップデート：人工知能のデザインフィクション」（JPMJRX18H6）のメンバーの皆さま（長谷敏司さん、西條玲奈さん、福地健太郎さん、三宅陽一郎さんなど）：執筆時の情報収集にあたって、このプロジェクトの支援を受けました。皆さまとのプロジェクトがなかったら、本書の構想を僕は思いつかなかったと思います。

◉JST RISTEX「責任ある研究とイノベーションを促進するSFプロトタイピング手法の企画調査」（JPMJRX21J6）のメンバーの皆さま（西中美和さん、清河幸子さん、峯岸朋弥さん、難波優輝さん、長谷川愛さん、宮田龍さんなど）：執筆時の情報収集にあたって、このプロジェクトの支援を受けました。皆さまとのディスカッションや、皆さまからいただいた情報は、本書の核になっています。

◉限界研の皆さま（蔓葉信博さん、藤田直哉さん、海老原豊さん、渡邉大輔さん、飯田一史さん、藤井義允さん、竹本竜都さんなど）：フィクションの社会への影響を分析するという考え方や、フィクションの構造が色々な領域に転用できるという視点は、皆さまから学んだ部分が大きいです。

◉『SFプロトタイピング』の執筆時にご協力いただいた皆さま（宮本裕人さん、一ノ瀬翔太さん、樋口恭介さんなど）：皆さまにいただいた情報が本書にはたくさん盛り込まれています。

◉『SF思考』の執筆時にご協力いただいた皆さま（関根秀真さん、音湘省一郎さんなど）：皆さまとSF思考を考えた時間がなければ、本書は誕生しなかったかもしれません。

◉「SFの射程距離」にご協力いただいた皆さま（梶田秀司さん、米澤朋子さんなど）：SFバックキャスティングの方法論は、皆さまの考え方から抽出したところも大きいです。

●変人類学研究所の皆さま（小西公大さん、長尾真紀子さん、伊倉真紀さん、松倉由紀さんなど）：ワークショップを新しく開発するのに、皆さまにアドバイスをもらったり、一緒に試行錯誤できた時間はめちゃめちゃ役に立ちました。

●アリゾナ州立大学科学と想像力センターの皆さま（ルース・ワイリーさん、エド・フィンさんなど）：皆さまからSFプロトタイピングを最初に学んでいなかったら、本書は全く違ったものになっていたかもしれません。

●コレクティブ・フィクションの皆さま（竹ノ内ひとみさん、矢代真也さん、森尾貴広さん、安藤英由樹さん）：皆さまとの共同制作経験は、本書の基礎になっています。

●日産財団「未来のリーダー教室」で一緒に講師を務めた皆さまやスタッフの皆さま（池上重輔さん、原田宏昭さん、大谷利一さん、石坂美佳子さんなど）：皆さまからのSF思考へのフィードバックは非常に参考になりました。

●日本ファシリテーション協会の皆さま（石川肇さんなど）：ワークショップにご協力いただき、またフィードバックをいただき、大変感謝しております。

●SugoiFushigiShowの皆さま（橋本輝幸さん、八島游舷さんなど）：皆さんから会合やSNSでいただいた情報は、本書にずいぶん活用させていただきましたし、最近の僕のSFの見方にいちばん強い影響を与えて下さっているのは皆さまだと思います。

●谷川嘉浩さん：京都を案内していただいたのは本当に良い思い出です。観光しながら

SF思考についてディスカッションするのは、超エキサイティングな体験でした。

◉木塚あゆみさん：木塚さんからお話をお聞きしたのはとても短い時間でしたが、本書に与えて下さった影響は大きいです。手法も掲載させていただけて、本書の有用性が高まりました。

◉鳴海拓志さん：授業にSF思考を取り入れたというご連絡をいただいたとき、とても嬉しく思いました。実際に映像作品の形でアウトプットができている事例を見ることは少ないので、参考になりました。

◉大槻祥平さん：大槻さんとはたくさん議論しましたね。新しくビジネスを考える姿勢に、さまざまな刺激を受けました。オープンソースに関する考え方など、本書にはだいぶ大きな影響を与えています。大槻さんに薦められたAllbirdsを今も履いています。

◉鷲川紗弥さん：鷲川さんにたくさん質問をしていただいたおかげで、言語化できていなかった部分に一気に光が当たり、思考がかなり整理されました。いただいた質問に対する答えを文章化していくことで生み出されたパートも多いです。

◉株式会社カインズのご担当者の皆さま：いつも楽しくワークショップを実施させていただき、ありがとうございます。新しい取り組みにも果敢に挑戦いただき、こちらもいつも楽しいです。作品の掲載やプロジェクトについての記述を快く許可いただき、本当に助かりました。

◉株式会社クラレのご担当者の皆さま：倉敷の街を案内いただき、研究所を見せていただき、最高の時間をありがとうございました。小説のガジェットのアイデア、非常に面白かったです。作品の掲載やプロジェクトについての記述を快く許可いただき、本当に助かりました。

◉株式会社三菱総合研究所のご担当者の皆さま：いつもSF思考ワークショップを推進いただき、感謝の限りです。SF思考がブラッシュアップされ続けているのは、皆さまのお力によるところも大きいです。作品の掲載やプロジェクトについての記述を快く許可いただき、本当に助かりました。

◉小林直美さん：小林さんは、ご自身でも丁寧に一次資料をあたってトピックを提案して下さったり、僕にはない楽しい語り口を作って下さったりする、素晴らしいライターです。小林さんがいなかったら、本書はこれほど読みやすい本にはなっていなかったと思います。

◉杉本洋樹さん：途中で杉本さんが「古びた未来」という言葉を提示して下さったことで、本書の輪郭が一気に明確になったと思っています。途中途中で迷走しがちな2年間を辛抱強く支えて下さり、本当にありがとうございました。

以上、皆さまには心より感謝申し上げます。ちなみに、2つ以上のカテゴリでお世話になっている人もいらっしゃいますが、ここではお名前は1回のみ掲載しています。なお、もし本書に掲載した内容に間違いがあったら、それはすべて僕の責任によるものです。

まだまだたくさんの方のお名前を挙げたいところですが、すべて挙げていたら尋常ではない長さになりそうなので、このへんでやめておきます。でも、応援してくれている友人すべてに感謝していることだけは書いておきます。特に僕は返信が苦手で、いただいたメールやSNSのコメントを放置しがちで、皆さんにすごく失礼なことをしてしまっているなと常に反省しております。どうかこれに懲りずにまた連絡をいただければとても嬉しいです……。

そして、いつも支えてくれている父・宮本久義と母・宮本麻理に、心からの感謝を捧げます。僕の名前「道人」には、「何かしらの道を極める人になってほしい」という思いと、「そうなってもおごらず、道ばたにいるただの人でいてほしい」という思いの両方がこもっていると、小さい頃から聞かされて育ちました。本書はその思いへの僕なりの答えのつもりです。

親戚の皆さまにも深い感謝を捧げます。皆さまが色々な分野の知識を教えてくれたり、温かい励ましをしてくれたりしているのが、本書で提示しているモノの見方の原点にあります。

亡くなってしまった親戚にも感謝を。特に第1部や「おわりに」で話したおばあちゃんの存在がなければ、僕は創作に興味を持っていなかったかもしれません。僕は死後の世界や輪廻転生などを信じているわけではありませんが、魂は「おはなし」を通して受け継がれていくのかなと思っています。

ちなみに、そのおばあちゃんは母方のおばあちゃんなのですが、父方のおばあちゃんの方も、また別の形で「おはなし」が上手い人でした。というのも、話を短くまとめ、会話が長くなりそうになると「おわりっ！」と言ってすぐ切り上げてくれるのです（こうして文章をだらだら書きがちな僕とは大違いですね）。すごく潔い姿勢だなとずっと思ってきて、「おわりっ！」は今、僕の口癖になっています。亡くなった父方のおばあちゃんを見習って、本書もこれで最後にしたいと思います。

読者の皆さま、ここまでお読み下さり、ありがとうございました！　では！　おわりっ！

Dohjin Miyamoto

宮本道人

応用文学者／科学文化作家／SFコンサルタント

科学技術、エンタメ、社会の開かれた関係を築くべく、研究、創作、ビジネスに取り組む。虚構と現実の繋がりに関心がある。


東京大学大学院情報理工学系研究科特任研究員、慶應義塾大学理工学部訪問研究員、変人類学研究所（東京学芸大こども未来研究所内）スーパーバイザー。日本SF作家クラブ会員。

四社（〆、BIOTOPE、グローバルインパクト、T.K.Science）顧問。


編著に『SF思考 ビジネスと自分の未来を考えるスキル』（ダイヤモンド社）、『SFプロトタイピング SFからイノベーションを生み出す新戦略』（早川書房）、『プレイヤーはどこへ行くのか デジタルゲームへの批評的接近』（南雲堂）。

原作担当漫画に「Her Tastes」（国立台湾美術館2020年招待展示）、「デジタルヘヴン」（『RE-END』所収）。

AI学会誌、VR学会誌、ダイヤモンド・オンラインで連載、『実験医学』『現代思想』『ユリイカ』『週刊読書人』に寄稿など幅広い分野で執筆。


様々なSF思考メソッドを開発し、カインズ、日産財団、日本科学未来館など多数の企業、自治体、学術機関の新規事業開発、ビジョン研修、公開ワークショップに協力。

三菱総合研究所と共同で、クラレ、農林水産省、日比谷高等学校などの未来共創企画を監修。

その取り組みは日経新聞、NewsPicksをはじめ各種メディアに取り上げられ、『SFプロトタイピング』は星雲賞ノミネート、『SF思考』は中国で翻訳出版される予定など、国内外から注目を浴びている。


1989年東京生まれ。慶應義塾大学理工学部物理学科卒業。

東京大学大学院理学系研究科物理学専攻博士課程修了。博士（理学）。

筑波大学システム情報系研究員、東京大学大学院新領域創成科学研究科客員連携研究員などを経て、現職。

古《ふる》びた未来《みらい》をどう壊《こわ》す？

世界《せかい》を書《か》き換《か》える「ストーリー」のつくり方《かた》とつかい方《かた》

2023年1月30日　初版第1刷発行

著者　宮本道人《みやもとどうじん》

構成　小林直美
ブックデザイン　西垂水敦・松山千尋（krran）

発行者　三宅貴久
発行所　株式会社　光文社
〒112-8011　東京都文京区音羽1-16-6
編集部 03-5395-8172
書籍販売部 03-5395-8116
業務部 03-5395-8125
メール　non@kobunsha.com

落丁本・乱丁本は業務部へご連絡くだされば、お取り替えいたします。

組版　堀内印刷
印刷所　堀内印刷
製本所　国宝社

ISBN978-4-334-95348-5